清廉金融

QINGLIAN JINRONG

《清廉金融》编委会 〇 编

西南财经大学出版社
Southwestern University of Finance & Economics Press
中国 · 成都

图书在版编目(CIP)数据

清廉金融/《清廉金融》编委会编.—成都:西南财经大学出版社,2021.9
(2023.12 重印)
ISBN 978-7-5504-4989-3

Ⅰ.①清… Ⅱ.①清… Ⅲ.①金融管理—高等学校—教材 Ⅳ.①F830.2

中国版本图书馆 CIP 数据核字(2021)第 146153 号

清廉金融

《清廉金融》编委会 编

责任编辑:李晓嵩
助理编辑:金欣蕾
责任校对:杜显钰
封面设计:何东琳设计工作室
责任印制:朱曼丽

出版发行	西南财经大学出版社(四川省成都市光华村街 55 号)
网　　址	http://cbs.swufe.edu.cn
电子邮件	bookcj@swufe.edu.cn
邮政编码	610074
电　　话	028-87353785
照　　排	四川胜翔数码印务设计有限公司
印　　刷	四川新财印务有限公司
成品尺寸	185mm×260mm
印　　张	15.5
字　　数	283 千字
版　　次	2021 年 9 月第 1 版
印　　次	2023 年 12 月第 8 次印刷
印　　数	21001— 21500 册
书　　号	ISBN 978-7-5504-4989-3
定　　价	49.80 元

前言

在中国共产党的坚强领导下，中华民族实现了从站起来、富起来到强起来的伟大飞跃，迎来了中华民族伟大复兴的光明前景。我国已经成为世界第二大经济体，综合国力和国际影响力实现了历史性跨越。伴随着经济的快速发展，金融业作为国民经济的重要组成部分，在改革创新中不断发展壮大，焕发出无限生机与活力。金融机构及其从业人员数量大幅增加，业务规模持续扩大，合理分工、互相补充、功能完整的现代金融体系初步形成，金融业在加快构建现代化经济体系和全面建设社会主义现代化国家新征程中的作用愈加重要。

我国金融业的发展史，是一部改革创新史。经济的发展离不开金融的支持和配合，金融的发展离不开改革创新。我国金融业的发展壮大和取得的成就，既是社会主义市场经济下改革开放的结果，也是金融业坚持服务国家战略和实体经济、不断探索创新和发展的成果。我国金融业的发展史，又是一部风险管理史。在金融业的发展历史上，国有商业银行曾经受制于各种不良资产的影响，金融市场曾出现过不少的风险隐患、风险暴露以及风险损失。近些年，有的金融控股集团盲目扩张、野蛮生长，风险不断累积和暴露；互联网金融点对点借贷平台（P2P）行业的雷声渐停，但余音未消，可谓教训深刻。从金融业的特征来看，金融业具有较强的外部性与脆弱性，金融风险容易跨业务、跨机构、跨市场传染与扩散。金融风险破坏力之大、影响范围之广、影响周期之长，往往远超其他风险。因此，金融风险防范或处置不当，可能导致损失或引发系统性风险，甚至会诱发金融危机。从1997年的亚洲金融危机，到2008年的全球金融危机，世界经济为之付出了沉重的代价。

防止发生系统性金融风险是金融工作的永恒主题。中国共产党第十八次全国代表大会（以下简称“党的十八大”）以来，以习近平同志为核心的党中央高度重视金融工作和金融事业的发展。习近平总书记在关于金融工作和全面从严治党的重要论述中多次强调金融领域全面从严治党的重要性以及防范化解系统性金融风险的紧迫性和复杂性。习近平总书记指出，金融是国家重要的核心竞争力，金融安全是国家安全的重要组成部分，金融制度是经济社会发展中重要的基础性制度。维护金融安全，是关系我国经济社会发展全局的一件带有战略性、根本性的大事。习近平在中国共产党第十九次全国代表大会（以下简称“党的十九大”）上的报告，把防范化解重大风险攻坚战放在精准脱贫攻坚战和污染防治攻坚战之前，列于“三大攻坚战”之首，可见防范化解重大风险之于中国经济社会健康发展的重要性。

在形成和影响金融风险的众多因素之中，金融腐败是不可忽视的重要因素之一。习近平总书记强调，要坚决查处各种风险背后的腐败问题，深化金融领域反腐败工作，加大国有企业反腐力度，加强国家资源、国有资产管理，查处地方债务风险中隐藏的腐败问题。金融领域、国有企业领域等都涉及国家经济安全。在这些领域发生的腐败案件中，往往经济问题与政治问题交织，权钱交易错综复杂。以反腐败的方式来化解这些领域的风险，往往能够抓住问题的关键。习近平总书记的重要论述，为开展金融反腐和以反腐方式化解金融领域风险指明了方向并提供了遵循。由于金融领域的腐败问题给金融市场的正常运行带来了负面影响，不仅破坏市场秩序、扰乱行业风气、抬高交易成本，甚至对金融安全和国家经济安全也产生了威胁，因此必须对金融风险和金融腐败进行一体化治理。同时，金融腐败所造成的金融风险，无论是主观故意，还是玩忽职守，本质上都是人的风险。正因如此，金融业在改革发展过程中，既要着力防范化解金融风险，让金融更好地服务实体经济和国家发展战略；又要找准切入点，大力开展金融反腐并以此防范化解由腐败引致的金融领域风险。

2021年8月，习近平总书记在中央财经委员会第十次会议上强调，在高质量发展中促进共同富裕，统筹做好重大金融风险防范化解工作。要落实全面从严治党要求，一体推进惩治金融腐败和防控金融风险。要加强金融法治和基础设施建设，深化信用体系建设，发挥信用在金融风险识别、监测、管理、处置等环节的基础作用，做好金融市场舆情引导。习近平总书记的这些重要论述及指示批示精神，是指导加强金融法治与基础设施、监管与信用制度等建设，杜绝腐败行为，形成不敢腐、不能腐、不想腐的有效机制的强大思想武器。为此，从学习教育和价值观塑造等层面，大力开展清廉金融教育、加快推进清廉金融建设工程、加强清廉金融文化建设，是我们贯彻落实习近平总书记重要论述及指示批示精神的政治要求，是新时代中国金融治理体系现代化的现实需求，是营造风清气正的金融从业氛围和良好的金融政治生态的迫切需要，是立足新发展阶段应对复杂环境、确保自身健康发展的必然追求，也是金融业反腐倡廉斗争这项系统工程的内在要求。因此，开展清廉金融建设，培育清廉金融文化，具有十分迫切的现实意义和深远的历史意义。

对金融业及其从业者而言，清廉金融及其文化建设注重清廉品质的崇尚与追求，着力营造和构建廉洁从业的良好氛围。清廉金融建设要求金融市场的参与者具有高尚的职业伦理和职业道德，严格遵守从业行为准则，从认识上不断自我提升和净化，从思想根源上切断利益输送和贪腐的链条。清廉金融建设要求将廉洁从业、合规经营融入金融机构的规章制度和日常业务流程之中，持续深入整治金融领域的形式主义、官僚主义、享乐主义和奢靡之风，推动建立“亲”“清”新型监管关系，构建和形成风险控制与管理的长效机制。对经济金融类专业的大学生来说，引导他们树立正确的价值观、职业观和廉洁观，恪守职业伦理和职业道德，培育为民服务、勤勉敬业、廉洁诚信的意识，筑牢思想根基与道德防线，是我们培养堪当中华民族伟大复兴重任的时代新人的责任使命。总之，清廉金融建设对金融从业人员及监管者守正笃实、廉洁自律提出了新的时代要求。因此，金融从业人员和即将进入金融业的在校经济金融等专业大学生只有学习清廉金融知识、培养清廉金融意识、树立清廉金融自觉，才能有效抑制金融腐败，为防范化解金融风险履职尽责。

从我国清廉金融建设实践来看，近年来，在金融监管部门的引领下，各金融机构不断吸收和融入优秀的传统清廉文化，积极开展了形式多样、内容丰富的清廉金融建设活动，增强了金融从业人员抵御风险和腐败侵蚀的能力，共同营造清正廉洁的金融生态。2020年，中国银行保险监督管理委员会四川监管局（以下简称“四川银保监局”）和西南财经大学合作签约，共建全国首个清廉金融教育基地。基地揭牌当天，中央纪委国家监委驻中国银保监会纪检监察组领导为金融从业人员和西南财经大学师生讲授了“清廉金融第一课”。合作双方率先将清廉金融纳入西南财经大学本科生修读课程，受到大学生的热烈欢迎。清廉金融教育基地的建立和清廉金融课程的开设，开创了金融监管部门与知名高校合作开展清廉金融教育的新模式。为填补清廉金融教材建设的“空白”，在总结清廉金融授课内容的基础上，本着更高站位、更成体系、更全知识、更加可读等原则，双方在2020年12月启动了《清廉金融》教材编写工作。在中央纪委国家监委驻中国银保监会纪检监察组和四川省纪委监委的大力支持与悉心指导下，在教材编委会的直接领导、组织、指导和支持下，经过策划、构思、设计、编撰和多次研讨修改，历时大半年，本书终在2021年9月付梓，呈现于各位读者面前。《清廉金融》教材的出版，是西南财经大学和四川银保监局以及相关金融机构与协会（学会）产学研政跨界合作的成果，是对中国清廉金融建设的学术探索和实践总结，是一次具有开创性和里程碑意义的大胆尝试与积极探索。本书的出版是清廉金融建设中的一件大事，旨在巩固我国清廉金融建设的有益成果，力图为积极推进新时代清廉金融建设贡献力量。同时，本书的出版也是西南财经大学“新财经”人才培养和系列教材建设的有益探索与实践。

《清廉金融》一书坚持以习近平新时代中国特色社会主义思想为指导，深入贯彻落实习近平总书记关于金融工作和全面从严治党的重要指示批示精神，介绍和阐释了清廉金融及其文化建设的时代背景、文化特征与重要意义；从内部控制和外部监管两个方面，提出如何将清廉金融更好地融入制度建设，以实现清廉金融的目标；结合银行业、保险业以及证券业的典型案例，深入分析清廉金融对金融安全的重要意义，深化读者对金融风险的认识。本书可以作为在校学生学习清廉金融知识、培养清廉金融意识的教材，也可以作为培训金融从业人员合规执业、树立红线意识的读本，还可以作为从事经济金融管理工作的党政机关干部、清廉金融研究者的学习读物或参考资料。

清廉金融建设并非一蹴而就，而是一项长期且艰巨的任务，需要金融业齐心协力，常抓不懈，久久为功。我们希望借助本书传递清正之理念，厚植廉洁之根基，通过广泛、持续、系统的教育引导，不断提高清廉金融文化的影响力、渗透力、感染力，持续推动金融业高质量发展。

《清廉金融》编委会

2021 年 9 月

目录 CONTENTS

第一章

清廉金融概述

第一节　金融工作与惩治金融腐败的重要性

一、习近平总书记关于金融工作和全面从严治党的重要论述

2017 年 4 月 25 日，习近平总书记在中共中央政治局就维护国家金融安全进行第四十次集体学习时强调，金融安全是国家安全的重要组成部分，是经济平稳健康发展的重要基础。维护金融安全，是关系我国经济社会发展全局的一件带有战略性、根本性的大事。金融活，经济活；金融稳，经济稳。必须充分认识金融在经济发展和社会生活中的重要地位和作用，切实把维护金融安全作为治国理政的一件大事，扎扎实实把金融工作做好①。

2017 年 7 月 14 日至 15 日，习近平总书记在全国金融工作会议上指出，防止发生系统性金融风险是金融工作的永恒主题。要把主动防范化解系统性金融风险放在更加重要的位置，科学防范，早识别、早预警、早发现、早处置，着力防范化解重点领域风险，着力完善金融安全防线和风险应急处置机制。要推动经济去杠杆，坚定执行稳健的货币政策，处理好稳增长、调结构、控总量的关系。要把国有企业降杠杆作为重中之重，抓好处置“僵尸企业”工作。各级地方党委和政府要树立正确政绩观，严控地方政府债务增量，终身问责，倒查责任。要坚决整治严重干扰金融市场秩序的行为，严格规范金融市场交易行为，规范金融综合经营和产融结合，加强互联网金融监管，强化金融机构防范风险主体责任。要加强社会信用体系建设，健全符合我国国情的金融法治体系②。

2019 年 1 月 11 日，习近平总书记在中国共产党第十九届中央纪律检查委员会第三次全体会议上强调，要坚持靶向治疗、精确惩治，聚焦党的十八大以来着力查处的重点对象，紧盯事关发展全局和国家安全的重大工程、重点领域、关键岗位，加大金融领域反腐力度，对存在腐败问题的，发现一起

---

① 新华社. 习近平主持中共中央政治局第四十次集体学习［EB/OL］.（2017-04-26）［2021-07-10］. http://www.gov.cn/xinwen/2017-04/26/content_5189103.htm.

② 新华社. 全国金融工作会议在京召开［EB/OL］.（2017-07-15）［2021-07-10］. http://www.gov.cn/xinwen/2017-07/15/content_5210774.htm.

坚决查处一起。要深化标本兼治，夯实治本基础，一体推进不敢腐、不能腐、不想腐[①]。

2019 年 2 月 22 日，习近平总书记在主持中共中央政治局第十三次集体学习时发表重要讲话，强调坚决打好防范化解包括金融风险在内的重大风险攻坚战，推动我国金融业健康发展。防范化解金融风险特别是防止发生系统性金融风险，是金融工作的根本性任务。要做到“管住人、看住钱、扎牢制度防火墙”。要管住金融机构、金融监管部门主要负责人和高中级管理人员，加强对他们的教育监督管理，加强金融领域反腐败力度[②]。

2020 年 1 月 13 日，习近平总书记在中国共产党第十九届中央纪律检查委员会第四次全体会议上强调，要坚决查处各种风险背后的腐败问题，深化金融领域反腐败工作，加大国有企业反腐力度，加强国家资源、国有资产管理，查处地方债务风险中隐藏的腐败问题[③]。

2021 年 1 月 22 日，习近平总书记在中国共产党第十九届中央纪律检查委员会第五次全体会议上指出，要坚定不移推进反腐败斗争，不断实现不敢腐、不能腐、不想腐一体推进战略目标。要将正风肃纪反腐与深化改革、完善制度、促进治理贯通起来，用好“四种形态”，综合发挥惩治震慑、惩戒挽救、教育警醒的功效。要持续压实金融管理部门、监管机构和地方党委、政府主体责任，做好金融反腐和处置金融风险统筹衔接，强化金融领域监管和内部治理。要将防腐措施与改革举措同谋划、同部署、同落实，推进重点领域监督机制改革，有针对性地补齐制度短板。习近平总书记强调，要深入贯彻全面从严治党方针，充分发挥全面从严治党引领保障作用，坚定政治方向，保持政治定力，做到态度不能变、决心不能减、尺度不能松，确保“十四五”时期我国发展的目标任务落到实处[④]。

2021 年 8 月 17 日，习近平总书记在中央财经委员会第十次会议上发表重要讲话强调，共同富裕是社会主义的本质要求，是中国式现代化的重要特

---

① 人民日报. 习近平在十九届中央纪委三次全会上发表重要讲话强调 取得全面从严治党更大战略性成果 巩固发展反腐败斗争压倒性胜利［EB/OL］.（2019-01-14）［2021-07-10］. http://dangjian.people.com.cn/n1/2019/0114/c117092-30525818.html.

② 新华社. 习近平主持中共中央政治局第十三次集体学习并讲话［EB/OL］.（2019-02-23）［2021-07-10］. http://www.gov.cn/xinwen/2019-02/23/content_5367953.htm.

③ 新华社. 习近平在十九届中央纪委四次全会上发表重要讲话［EB/OL］.（2020-01-13）［2021-07-10］. qstheory.cn/yaowen/2020-01/13/c_1125457497.htm.

④ 央广网. 习近平在十九届中央纪委五次全会上发表重要讲话［EB/OL］.（2021-01-23）［2021-07-10］. china.cnr.cn/news/20200114/t20200114_524936613.shtml.

征，要坚持以人民为中心的发展思想，在高质量发展中促进共同富裕；金融是现代经济的核心，关系发展和安全，要遵循市场化法治化原则，统筹做好重大金融风险防范化解工作。会议强调，确保经济金融大局稳定，意义十分重大。要坚持底线思维，增强系统观念，遵循市场化法治化原则，统筹做好重大金融风险防范化解工作。要夯实金融稳定的基础，处理好稳增长和防风险的关系，巩固经济恢复向好势头，以经济高质量发展化解系统性金融风险，防止在处置其他领域风险过程中引发次生金融风险。要落实地方党政同责，压实各方责任，畅通机制、明确职责、分工配合、形成合力。要落实全面从严治党要求，提升金融系统干部队伍监管能力，提高监管数字化智能化水平，一体推进惩治金融腐败和防控金融风险，加快重点领域改革，做好金融市场舆情引导。要加强金融法治和基础设施建设，深化信用体系建设，发挥信用在金融风险识别、监测、管理、处置等环节的基础作用①。

二、贯彻落实以习近平同志为核心的党中央重大决策部署

金融是国民经济的命脉，是现代经济的核心。经济的高质量发展需要清廉、健康的金融行业支撑。党的十八大以来，习近平总书记高度重视金融工作与惩治金融腐败。从在中央经济工作会议上明确要求“确保不发生系统性金融风险”，到集体学习时强调“金融安全是国家安全的重要组成部分”；从中国共产党第十九届中央纪律检查委员会第三次、第四次、第五次全体会议，到全国金融工作会议以及中央财经委员会等重要会议，习近平总书记多次强调加强金融反腐的重要性与紧迫性，并对防范化解重大风险和全面从严治党等作出重大决策部署。习近平总书记关于金融工作和全面从严治党的重要论述以及以习近平同志为核心的党中央关于金融安全和金融反腐的重大决策部署，是我国防范化解金融风险、加强金融反腐、实现金融行业高质量健康发展的根本遵循，也是指导构建清廉金融体系和开展清廉金融建设的思想和行动指南。

大力开展和积极推进清廉金融及其文化建设，是贯彻落实以习近平同志为核心的党中央关于金融改革发展重大决策部署的政治要求和使命担当。因此，我们必须以习近平新时代中国特色社会主义思想为指导，深入学习领会

---

① 新华社．习近平主持召开中央财经委员会第十次会议［EB/OL］．(2021-08-17)［2021-08-24］．xinhuanet.com/2021-08/17/c_1127770343.htm.

并全面贯彻落实习近平总书记关于金融工作和全面从严治党的重要论述及指示批示精神，才能以更高的政治站位建设好我国的清廉金融及其文化。

深入开展清廉金融建设是一体推进金融领域不敢腐、不能腐、不想腐机制建设的重要内容，是维护金融安全的重要保障，也是推动金融业高质量发展的重要举措。党的十八大以来，我国金融业取得了长足发展，持续为实体经济和人民群众提供支持和服务，国际竞争力也得到大幅提升。我国金融风险总体可控，但外部风险形势依然严峻，潜在风险挑战仍然存在，防控金融风险不能有丝毫懈怠。2021 年，我国已步入实施《中华人民共和国国民经济和社会发展第十四个五年规划和 2035 年远景目标纲要》（以下简称“‘十四五’规划”）、开启全面建设社会主义现代化国家新征程。在此背景下，如何更好落实党和国家对金融反腐和防范化解金融风险的重大决策部署，确保金融业高质量发展；如何在金融业形成清正廉洁的良好风气，使富有正能量的清廉金融文化深入人心，以此形成不敢腐、不能腐、不想腐的一体化机制等，既需要监管部门、金融机构及其从业人员认真思考，更需要我们以更强烈的责任感和使命感全力推进清廉金融及其文化建设。

第二节　清廉金融的内涵及其必要性

一、清廉金融的内涵

何为清廉？顾名思义，清廉指的是清正廉洁。东汉王逸在《楚辞·章句》中说：“不受曰廉，不污曰洁。”意思是不随意接受他人馈赠的钱财礼物，不玷污自己清白的人格，就是廉洁。“清”本义为水清，引申为纯净；“廉”本义为厅堂的边角，直上直下，有棱有角，引申为人品正直。东汉马融在《忠经·守宰》中写道：“清则无欲。”“清”代表着朴实无华、表里如一，与“奢”相对。根据《辞源》的解释，“廉”，即“不苟取”，与“贪”相对。那么不“奢”不“贪”，即为清廉。“清廉”一词，出自《庄子·说剑》：“诸侯之剑，以知勇士为锋，以清廉士为锷。”历代仁人志士推崇且践行清廉之风。司马迁在《史记·乐书》中说：“正直清廉而谦者，宜歌风。”

清廉金融的内涵十分丰富，本书将其概括为关于清廉的金融理念、金融制度、金融道德、金融价值观念或行为规范的总和。清廉金融包括了三个方面的内容：一是加强清廉金融文化建设，通过清廉金融文化学习，将清廉信仰、清廉观念等融入金融从业人员的思想意识和行为习惯之中，形成清廉金融的内在驱动力；二是建立和完善清正廉洁的从业准则和规章制度，将廉洁从业、合规经营的要求内化于日常业务流程之中；三是在金融行业营造廉洁从业的环境和氛围，形成心有所畏、行有所止、清正廉洁的良好行业风气。

清廉金融要求银行业、保险业、证券业等行业的金融从业人员严格遵守从业人员行为准则。为从源头上减少滋生违规违纪行为的土壤，推进金融从业人员的自我提升和净化，金融监管部门需要持续加强行业行为规范和引导。

一段时间以来，个别金融机构的经营目标存在着过度逐利的倾向，忽视金融伦理和职业道德，出现发展普惠金融“普”而不“惠”、利用职务便利换取腐败利益等现象。清廉金融建设有助于将清廉理念与金融业务开展紧密结合起来，真正贯穿金融业务发展的各个方面、各个环节，提高行业风险防控水平，确保各项金融扶持政策落到实处，推动金融业健康发展，更好地服务实体经济。清廉金融建设可以从思想、行为等方面加强对金融从业人员的教育和管理，增强金融从业人员的清廉意识和提高职业道德水平。所有金融从业人员都应树立正确的世界观、人生观、价值观，做到守初心、守法纪、慎用权，使不敢腐、不能腐、不想腐的理念深入心中。加强清廉金融建设可以进一步提升金融反腐内生动力，避免金融从业人员利用经营金融业的权力谋取私利，维护有序的市场运行环境和国家金融安全。

二、清廉金融的必要性

金融是现代经济的核心，金融市场是市场经济体系的动脉。推动金融业高质量发展是保持我国经济平稳健康发展的关键。随着改革开放的不断深入，我国开启全面建设社会主义现代化国家新征程。尽管我国金融业逐步迈入高质量发展阶段，但是金融风险问题仍需高度重视。金融行业所具有的特殊性，使之不断渗透到经济社会的各个领域，金钱和权力往往相互纠缠，容易滋生各种腐败问题。金融腐败所产生的风险往往不止于金融行业，还会向其他领域扩散，从而影响市场稳定和经济发展，甚至影响国家安全。因此，不断推进金融领域反腐败斗争，对于防范化解金融风险、维护国家金融安全具有重要意义。

习近平总书记高度重视金融风险防控，反复强调金融反腐问题。随着党的十八大以来全面从严治党的深入推进，金融反腐进入“深水区”。党的十九大以来，针对金融领域的反腐风暴仍在持续。《中国共产党第十九届中央纪律检查委员会第二次全体会议公报》将“审批监管”“金融信贷”等列为反腐重点领域和关键环节。中国共产党第十九届中央纪律检查委员会第三次全体会议首次单独提出要“加大金融领域反腐力度”，并将其列入推进党风廉政建设和反腐败斗争六项任务之一，聚焦金融乱象背后的利益勾结和关系纽带。在中国共产党第十九届中央纪律检查委员会第四次全体会议上，习近平总书记强调，坚决查处各种风险背后的腐败问题，深化金融领域反腐败工作。这是党中央立足形势作出的科学判断，切中金融领域反腐败工作的要害。

尽管党和国家一直强调加快推进反腐倡廉工作的重要性，但是我国金融领域的贪腐问题仍时有发生，并且不乏大案要案。2019 年，全国纪检监察机关共立案查处金融系统违纪违法案件 6 900 余件。金融系统被查处干部涉及各类金融机构及金融业监管部门①。

近年来，金融系统腐败大案要案时有发生，这些大案要案背后往往都伴随着权力寻租、利益集团等问题，有的还潜藏着监管履职缺位或不到位的问题。清廉金融建设有助于提升金融从业人员的职业道德水平，减少违法违规行为发生的可能性。同时，清廉金融建设有助于推动金融领域良好文化生态的构建，培养清正廉洁、勤勉敬业的金融从业队伍和金融监管队伍，以优质高效的金融服务促进经济与金融良性循环、共生共荣，更好地满足人民群众和实体经济多样化的金融需求。

中央纪委国家监委驻中国银行保险监督管理委员会（以下简称“中国银保监会”）纪检监察组查办了一系列案件，全面强化对监管者的再监督。查处的腐败问题总体上可以归纳为以下五大类问题：第一类是违反中央八项规定精神，第二类是违反廉洁纪律规定，第三类是违规参与经济活动，第四类是违反组织纪律，第五类是涉嫌职务犯罪。

中国华融资产管理公司原董事长赖小民案就是一起打破金融道德底线、

---

① 中国新闻网. 中纪委工作报告：2019 年全国立案审查调查金融系统违纪违法案件 6 900 余件［EB/OL］.（2021 - 02 - 24）［2021 - 07 - 10］. https://www.chinanews.com/m/gn/2020/02-24/9103136.shtml? ivk_sa=1023197a.

滥用金融资源、以权谋取私人利益的贪腐大案，赖小民个人受贿金额达17.88亿余元，侵吞套取单位公共资金2 513万余元。剖析赖小民案件可以发现，赖小民身为党员领导干部，目无法纪、理想信念丧失是案件发生的根本原因。但同时也暴露了内部控制机制不完善、制度规定有一些漏洞、对国有企业主要负责人和高管人员的监督还需要进一步强化的问题。“一把手”权力集中、监督体制有待进一步完善，使得对国有企业主要负责人和高管人员的监督工作难以落实。个别金融从业人员道德缺失、盲目追求利益最大化也会带来金融业内部的业务腐败。近年来，金融从业人员利用职务之便违规发放贷款、收受贿赂、挪用公款进行个人股票交易等现象时有发生，严重影响社会信用，制约经济健康运行。针对国有企业高管监督困境、员工道德缺失以及业务腐败等问题，需要更广泛的监管手段和更充分的观念革新、环境文化建设来解决。

因此，加强清廉金融建设极其必要。首先，清廉金融需要宣扬高尚的职业伦理和职业道德，从思想上不断提升和净化，从根源上切断利益输送和贪腐的链条。其次，清廉金融应融入金融机构日常经营管理之中，与公司治理紧密结合，贯穿到业务发展的各个方面、各个环节。例如，将清廉金融纳入内控制度建设，包括内部纪律规章、员工考评体系、组织风险评估系统等。再次，清廉金融要内嵌于监管流程之中，加大对违规业务的监管力度，加强对重点环节、重要岗位、重点人员的监督。外部监督机构要切实做到与监管对象“零物质往来”，共建良好“亲”“清”关系。最后，清廉金融建设并非一蹴而就，需要融入环境发展之中，通过开展清廉金融相关话题研讨、行业自律、清廉金融进校园等工作，不断加强清廉金融文化宣传力度，提高清廉金融文化的影响力，逐步创建清廉金融环境。

第三节　清廉金融思想的历史演进

一、中国早期的清廉思想

伴随着阶级和政权的出现，社会有了清正廉洁的要求，随之产生了清廉思想。我国历史上一直都在倡导清廉，其中最重要的内容就是“克己奉公、廉洁自律”。从孔子开始到先秦诸子百家，到顾炎武、王夫之等人，他们认为要做到“齐家治国平天下”，必须先从修身做起。不修身，何以齐家？不齐家，何以治国？不治国，何以平天下？这就需要强化克己奉公、清正廉洁的内在要求。社会推崇和赞赏淡泊明志、廉洁奉公的政治道德理念，培育出了一代代的清官，使得清正廉洁逐渐发展成中华民族社会公德的一部分。《周礼》中将清廉与从政治国相结合，提出对官员的考核有“六廉”：廉善、廉能、廉敬、廉正、廉法、廉辨。六个方面均以“廉”为冠，充分表明清廉在古人心目中的重要地位。春秋时期，管仲将“礼义廉耻”作为“国之四维”，并认为“四维不张，国乃灭亡”。此外，唐代有魏徵对于“居安思危，戒奢以俭”的阐述，有姚崇“尚廉勤为政以公”的吏治思想；宋代有包拯的吏治廉洁思想；明代有朱元璋的重刑惩治贪腐；等等。这些都说明了古人对于廉洁品质的肯定和重视。

古往今来，清廉都被视为古代士人为官行政的基本要求，也是我国历朝历代所倡导的为政之本。中国古代官箴文化有着悠久的发展史，其所倡导的清廉思想是古代社会为官行政的精华所在，时至今日仍具有积极的借鉴意义。官箴，即对古代官员从政的道德规范和行为准则所做的劝谏与告诫。官箴文化含有自省自律的属性，对培育为官者高洁人格与道德情操有极大的帮助，被视为清廉文化的一种。古代官箴始于夏商周，发展于汉唐，兴盛于宋元，繁荣于明清。从夏商至明清，随着国家机器的强化，君主集权的加强，官箴文化经历了不断演变的过程，发展脉络清晰，内容丰富多彩，形式更加多样。明清时期是官箴文化的繁荣期，官箴文献形式多样，数量也最多。明清官箴文化在内容上由关注修身树德向实践操作层面转化，更加强调操作性和实用性。明清时期出现了鸿篇巨制的官箴书籍，如明代杨昱的《牧鉴》、江东之的《抚黔纪略》，清代黄六鸿的《福惠全书》、汪辉祖的《学治臆说》《佐治药言》等，有的官箴书籍甚至成为官员理政的行动指南。在官箴的主体方面，从最初的臣僚对君王的劝诫，逐渐转化为由封建帝王亲自撰写箴文告诫百官，或者由官员撰写官箴告诫官员自律或用以自保。封建帝王不遗余力地推崇和推行官箴是官箴文化得以有效推广的保障。官箴文化所倡导的宗旨和精神被摆在了重要位置，修身树德、清廉公正等被入仕者尊奉为道德规范和行为准则。

我国各个历史时期都涌现了许多清官廉吏，李汰便是其中之一。李汰是湖北浠水人。明弘治十一年（1498 年），李汰任浙江义乌教谕，朝廷派他前往福建主持秋闱考试。一天夜晚，有考生带着黄金上门请求李汰多多关照，以后必有厚报。李汰深知治国必须要选用贤人任职，此人考试舞弊，为官必祸国殃民。李汰不为所动，严词相拒，作诗一首，并于次日将此诗悬于考场门口："义利源头识颇真，黄金难换腐儒心。莫言暮夜无知者，须知乾坤有鬼神。"在诗中，李汰表明要认清义与利，学会取舍，不能被黄金迷住心窍，同时告诫世人，若要人不知，除非己莫为。从此，李汰清廉的作风得到广泛传播，被世人称颂。此外，汉代的贾谊、董仲舒，三国两晋时期的诸葛亮、陶渊明，唐代的魏徵、狄仁杰，宋代的范仲淹、包拯、司马光、王安石，明清时期的海瑞、于成龙等，他们的清廉思想和实践，对后世也产生了积极影响。

二、中华人民共和国成立以来的清廉及清廉金融思想

随着马克思主义传入中国，在传统清廉文化的基础上，形成了新的清廉思想。中国共产党自成立以来，就一直积极地倡导清廉精神。早在土地革命时期，在建设苏维埃政权时，党就坚定不移地把弘扬清廉精神作为无产阶级政党区别于其他政党的重要标志。毛泽东在《中国共产党在民族战争中的地位》中指出，"共产党员在政府工作中，应该是十分廉洁、不用私人、多做工作、少取报酬的模范"。

中华人民共和国成立之后，绝大多数党员干部以及政府工作人员能够做到清正廉洁、勤政务实，但也有极个别干部经受不住诱惑，受贿享乐，贪污腐败。针对这些情况，党和国家开展了反贪污、反浪费、反官僚主义的"三反"运动，较好地抑制了腐败现象，为之后党风、政风的清正廉洁奠定了基础；同时，党和国家开展了反行贿、反偷税漏税、反盗骗国家财产、反偷工减料、反盗窃国家经济情报的"五反"运动，对资产阶级的侵蚀和党政机关的腐化决不姑息。"三反"和"五反"运动的紧密结合，取得了良好效果。

党的十一届三中全会后，我国进入改革开放新时期。在经济不断发展的同时，人们的思想观念和价值取向也发生了变化。面对外界的诱惑，个别党员干部出现腐败变质。邓小平提出了"两手抓，两手都要硬"的方针，并指出要教育广大党员同志发扬大公无私、服从大局、艰苦奋斗、廉洁奉公的精神，坚持共产主义思想和共产主义道德。以江泽民同志为核心的中央领导

集体把党风廉政建设作为关系党和国家生死存亡的大事来抓，提出了“坚持标本兼治，教育是基础，法制是保证，监督是关键”的方针。以胡锦涛同志为总书记的党中央高度重视加强清廉政治建设。胡锦涛同志在中国共产党第十七次全国代表大会上的报告中指出：“坚持深化改革和创新体制，加强廉政文化建设，形成拒腐防变教育长效机制、反腐倡廉制度体系、权力运行监控机制。”清廉文化基于历史而沉淀，并在传承中不断发展。

2012 年，党的十八大报告提出：“要坚持中国特色反腐倡廉道路，坚持标本兼治、综合治理、惩防并举、注重预防方针，全面推进政治和预防腐败体系建设，做到干部清正、政府清廉、政治清明。”2014 年，中央纪委设置第四监察室负责金融系统反腐败工作，这是中央纪委首个金融反腐专门机构。党的十八大以来，金融领域反腐持续推进，保持高压态势，反腐败斗争取得了重大突破，一批金融领域腐败分子受到严肃查处。随着全面从严治党的深入推进，金融领域反腐力度持续加大。中国共产党第十九届中央纪律检查委员会历次全体会议的各项举措也证实了这一点，如将“审批监管”“金融信贷”等列为反腐重点，提出要“加大金融领域反腐力度”，强调要“深化金融领域反腐败工作”以及强调持续压实金融管理部门、监管机构和地方党委、政府主体责任，做好金融反腐和处置金融风险统筹衔接，强化金融领域监管和内部治理等。

2019 年 2 月 22 日，习近平总书记在主持中共中央政治局第十三次集体学习时发表重要讲话强调，要坚决打好防范化解包括金融风险在内的重大风险攻坚战，推动我国金融业健康发展；要管住金融机构、金融监管部门主要负责人和高中级管理人员，加强对他们的教育监督管理，加强金融领域反腐败力度。为贯彻党中央决策部署，金融业必须大力开展清廉金融建设，宣扬清廉思想对金融领域反腐的重要作用。

为加强对金融机构、金融监管部门人员的教育监督管理，引导金融从业人员树立正确的财富观、价值观，做到为民服务、勤勉敬业、廉洁诚信，中国银保监会强调：坚持查清问题、防控风险、追赃挽损、弥补短板、重塑生态“五位一体”协同推进，推动清廉金融文化建设，一体推进不敢腐、不能腐、不想腐①。

---

① 2020 年 7 月 20 日，中国银保监会 2020 年年中工作座谈会暨纪检监察工作（电视电话）会议。

在新的发展阶段，清廉金融作为一体推进不敢腐、不能腐、不想腐机制建设的重要内容和有效载体，对内要求金融从业人员提高自身修养，增强自律意识；对外则要严明规则，夯实制度和文化根基，打造整体合规氛围。清廉金融不仅强调反腐倡廉的制度建设，也注重从精神上对清廉品质的崇尚与追求，形成金融行业的良好风气。

推进金融领域反腐工作是监管部门、金融机构以及金融从业人员共同的使命和任务。金融从业人员学习历史名人、革命先辈清廉为民、廉洁奉公的先进事迹，有助于提高自身修养，提升自律意识，以清廉为思想内涵，树立尊崇廉洁、摈弃贪腐的价值取向，做到正直守法、不贪污、不奢侈、不腐败，忠于职守。加强清廉金融建设有利于金融从业人员增强廉洁意识，坚守职业道德，自觉做到洁身自好，行廉洁之事，做清廉之人；有利于抑制金融领域中的官僚主义、形式主义、享乐主义等现象，提高抵御风险和腐败侵蚀的能力；有助于构建监管者与监管对象之间“亲”“清”监管关系，推动落实服务实体经济、防控金融风险、深化改革发展的任务，促进金融业的稳健运行。

第四节　清廉金融的时代背景

一、中国反腐现状

党的十九大报告指出，当前，反腐败斗争形势依然严峻复杂，巩固压倒性态势、夺取压倒性胜利的决心必须坚如磐石。强化不敢腐的震慑，扎牢不能腐的笼子，增强不想腐的自觉，通过不懈努力换来海晏河清、朗朗乾坤。《中华人民共和国国民经济和社会发展第十四个五年规划和2035年远景目标纲要》提出，要加强社会主义民主法治建设，健全党和国家监督制度。

根据中央纪委国家监委通报的2020年全国纪检监察机关监督检查、审查调查情况，2020年，中央纪检监察机关共接收信访举报322.9万件（次），处置问题线索170.3万件，谈话函询36.4万件（次），立案61.8万件，处分60.4万人（含党纪处分52.2万人）。其中，处分省部级干部

27 人，厅局级干部 2 859 人，县处级干部 2.2 万人，乡科级干部 8.3 万人，一般干部 9.9 万人，农村、企业等其他人员 39.8 万人①。

以上数据直观地反映出，当前反腐形势依然严峻复杂。具体到金融领域，金融业的重要地位和特殊性使得金融领域一旦发生动荡，就很容易蔓延和扩散，从而给经济社会造成冲击。因此，加强对金融腐败问题的监督和惩治显得尤为重要。党的十八大以来，全面从严治党深入推进，金融反腐力度也持续加大。

2020 年，中央纪委国家监委网站公布了金融领域干部接受审查调查、受到党纪政务处分的信息，涉案人员中既有原中管干部，也有原中央一级金融单位干部。中央纪委国家监委不仅抓金融风险"大鳄"，也抓监管部门的"内鬼"。这表明了我国对腐败行为坚持零容忍的态度，绝不搞特殊对待。

近年来，中央纪委国家监委驻中国人民银行纪检监察组不断加强对金融腐败案件的查处力度，相关工作也取得了成效。根据中央纪委网站公布的信息，党的十九大以来，截至 2020 年年底，中国人民银行、国家外汇管理局系统共查处腐败案件 31 件，留置 40 人。其中，纪检监察组自办 11 件，指导下级纪委主动查办 10 件，配合地方纪委监委查办 10 件；留置厅局级干部 4 人，正处级干部 5 人，其他人员 31 人②。每一个数字的背后都代表了反腐工作人员的艰苦付出，也凸显了清廉金融建设的重要性。

中央纪委国家监委驻中国银保监会纪检监察组严肃查处违纪违法案件，持续保持高压反腐震慑。党的十九大以来，截至 2021 年 4 月，中国银保监会系统共查处腐败案件 429 件，留置 49 人。其中，纪检监察组立案 94 件，留置 38 人，涉案金额 73.1 亿余元；指导下级纪委立案并采取留置措施 11 人，形成强大震慑。

随着查处力度的不断加强以及清廉金融建设的不断推进，陆续出现了腐败分子主动投案的现象，这表明有更多的从业人员已经意识到腐败后果的严重性并承认了自身错误，也表明清廉金融建设工作取得了一定的成效。主动

① 中央纪委国家监委. 中央纪委国家监委通报 2020 年全国纪检监察机关监督检查、审查调查情况［EB/OL］.（2021-01-26）［2021-07-10］. https://www.ccdi.gov.cn/toutiao/202101/t20210125_234753.html.

② 中央纪委国家监委. 驻人民银行纪检监察组：加大腐败案件揭盖子力度［EB/OL］.（2021-01-08）［2021-07-10］. http://www.ccdi.gov.cn/yaowen/202101/t20210114_233851.html.

投案也有利于在行业带动从业人员主动发现错误和承认错误，及时改正自身的问题。

二、国际环境与清廉金融

金融国际化促使全球经济的联系更加紧密，增强了金融风险在国家间的传染性。2008 年全球金融危机破坏力巨大，造成了一定时期内世界经济的萎靡。面对金融危机的巨大冲击，世界各国金融监管部门都把维护金融稳定作为核心任务之一，采取了包括完善货币政策、强化金融监管、优化金融结构在内的一系列措施，目标就是提高金融业的治理能力，增强金融体系的稳定性，降低国际金融危机的破坏力。金融稳定与社会和谐紧密相关，金融系统一旦遭到破坏，会导致社会混乱，影响社会稳定。巴塞尔银行监管委员会、国际保险监督管理协会等国际组织推出了一系列监管改革措施，以期推动监管合作，增强抵御金融风险的能力。

另外，地缘政治风险此起彼伏，也威胁着全球经济市场的稳定。总体来看，全球金融风险不容乐观，“强监管”也成为主要趋势。整治乱象、从严处罚问责显得更加刻不容缓。清廉金融的推出顺应了时代发展的潮流。

在国际形势发生深刻复杂变化的同时，我国的发展也正处于重要战略机遇期，前景十分光明，挑战十分严峻。如何保持我国金融业的稳定发展，是监管部门不得不思考的问题。我国作为世界第二大经济体，在紧跟时代发展步伐时，不仅要保证现有的国际地位，还要在此基础上寻求发展，让中国金融业在世界经济合作中发挥更加重要的作用。

在加快构建以国内大循环为主体、国内国际双循环相互促进的新发展格局下，我国金融业要继续保持开放态势，加强系统稳定性，从体系内部出发，让清廉金融融入内部体系建设，以提高抵御风险的能力。

三、国内经济金融高质量发展推动清廉金融

为服务经济高质量发展，全面深化金融体系改革、增强基础效能、提升金融体系与供给体系、需求体系的配套能力已日益成为社会各界的共识。我国经济正处在高速发展向高质量发展的转型过程中，保证金融业高质量发展是实现经济发展转型的基础。

为整治银行业市场乱象，严守不发生系统性金融风险的底线，中国银行业监

督管理委员会（以下简称“中国银监会”）在 2017 年组织开展了“三三四十”① 系列专项治理行动。银行业过于迅猛发展的同业业务、投资业务和理财业务成为该次专项治理的重点。

2017 年 12 月 20 日闭幕的中央经济工作会议强调，今后三年要重点抓好决胜全面建成小康社会的防范化解重大风险、精准脱贫、污染防治三大攻坚战。防范化解重大风险被列为三大攻坚战之首，主要是指防范金融风险、财政风险、房地产风险等。占我国金融业资产总量 80%以上的银行业，是打好这场防范化解重大风险攻坚战的主战场。

金融体系是发展实体经济的重中之重，是国家的核心竞争力之一；金融安全又是国家安全的重要组成部分。加强清廉金融建设，引导金融从业人员诚信守法、践行社会主义核心价值观，是推动国家经济社会健康发展的重要举措。

因此，清廉金融建设显得尤为重要。清廉金融文化能潜移默化地对金融体系的参与者产生积极的影响，营造清正廉洁的金融氛围。在清廉金融建设实践中，金融从业人员应逐步深化思想认识，规范自身活动，解决金融体系的问题，消除隐患，清除风险因素，推动金融业高质量发展，使我国金融业不断迸发新的生机和活力。

四、金融业强监管时代的到来

（一）强监管的时代背景

2008 年全球金融危机后，全球主要经济体的金融监管当局都对现有的金融监管体系进行了反思，推动了对金融监管体系的改革，旨在提升金融体系的抗风险能力，保护投资者的利益。

例如，美国实施了一系列监管调整。第一，美国设立了专门的监管协调机构——金融稳定监管委员会。第二，美国强化了对系统重要性金融机构的监管。第三，美国将场外金融衍生品市场纳入监管视野。第四，美国打击内幕交易。第五，美国遏制掠夺性贷款。美国的金融监管体制通过采用以上方法限制了进行高杠杆和高风险投资的商业银行的行为。

① “三三四十”，即三违反（违法、违规、违章），三套利（监管套利、空转套利、关联套利），四不当（不当创新、不当交易、不当激励、不当收费），十乱象（股权和对外投资、机构及高管、规章制度、业务、产品、人员行为、行业廉洁风险、监管履职、内外勾结违法、涉及非法金融活动等十个方面市场乱象）。

中国的金融监管格局也进行了革新，“一委一行两会”新金融监管体系正式亮相。中国银监会与中国保险监督管理委员会（以下简称“中国保监会”）合并组建中国银行保险监督管理委员会，由国务院金融稳定发展委员会（以下简称“金稳委”）统筹协调各金融管理部门工作。该体系参考了其他国家的监管模式，并根据我国的特殊国情做了适合我国金融市场特点的重要调整，形成了独特的中国金融监管体系。

中国经济进入新发展阶段，金融机构也主动调整经营发展策略，寻求高质量发展，以更好地服务实体经济。

2018 年年末召开的中央经济工作会议对强化金融监管和打赢防范化解重大风险攻坚战提出了新的要求。习近平总书记在 2019 年年初就深化金融供给侧结构性改革、完善金融服务和防范金融风险进行了重点部署，在 2020 年和 2021 年多次强调要深化金融领域反腐败工作。以金融自由化、影子银行和互联网金融迅速发展为鲜明特征的“金融扩张期”出现了重要转折点。

2018 年是全面贯彻党的十九大精神的开局之年，也是我国金融监管模式重大改革的一年。2018 年，中国银保监会正式成立，金融监管体制改革深化，监管资源配置优化，现代金融监管框架逐步建立。

当前，全球发展已进入新的时期，积极引领推动金融回归服务实体经济本质，重构和完善基础经济体系是实现经济全面可持续发展的当务之急。清廉金融作为金融领域健康可持续发展的必要条件，是金融机构在任何一个阶段都要保持的特性。

（二）清廉金融面临的挑战

我国金融领域的发展取得了举世瞩目的成就，金融创新使得银行业、证券业和保险业的联系日益紧密。在动荡的全球经济发展过程中，金融业在开放过程中积累了一些风险，而金融创新也在一定程度上放大了金融开放对金融风险的传导效果，进一步影响金融稳定和金融秩序。因此，我国应该在坚持对外开放的同时，关注金融创新对金融风险的影响，不断提高金融监管水平，逐步推进清廉金融建设。

1. 组织管理问题

腐败现象的一个共同特征就是权力滥用。党和国家提出法治反腐的目的就是进一步约束和制约权力。随着反腐败治理的不断深入，对权力使用的监管逐渐强化，可能会导致个别干部消极怠政、缺乏担当，降低行政机关为人民办实事的效率。

2. 道德风险问题

（1）业务层的道德风险。业务层的道德风险是较容易发生的。业务层直接掌握大量客户数据，容易利用信息优势和制度漏洞违规获取收益。

（2）管理层的道德风险。管理层是决策层执行者，从自身利益出发，容易只关注短期利益，而缺乏长远思考。

（3）决策层的道德风险。金融决策层往往无须对决策承担全部责任，可能导致决策层行为的非理性化。

3. 金融管理问题

在我国金融系统中，商业银行处于核心地位。如何保障银行业安全稳定发展就成为防控系统性金融风险的重中之重。

2012 年以来，"金融创新"成为银行、信托、证券、保险、期货等行业发展的主题。但这一时期的部分所谓"创新点"旨在规避监管，实现资金"出表"。不同监管部门的监管标准不一致，给制度套利、监管套利、空转套利提供了空间。如今，这些现象仍未完全消失。同时，影子银行的快速发展也给我国经济金融稳定带来了不容忽视的风险。

（1）银行经营监管。银行业作为管理风险的行业，一段时期以来发展机遇和红利大于风险和损失，使得其在运营中应该贯彻的风险和收益、发展和管理对等原则在实践中未得到严格贯彻和遵循。商业银行不同程度地存在"重绩效、轻风险""重发展、轻管理""重激励、轻问责"等问题，商业银行在风险管控意识加强、手段丰富、能力提升等方面亟待进步。

2012 年 1 月 20 日，《中国银监会关于整治银行业金融机构不规范经营的通知》指出，为有效服务实体经济，纠正部分银行业金融机构发放贷款时附加不合理条件和收费管理不规范等问题，中国银监会决定在银行业系统全面开展"不规范经营"专项治理工作。这就是具有持续影响力的"七不准、四公开"①。2012 年 6 月 7 日，中国银监会发布与国际标准接轨的《商业银行资本管理办法（试行）》，并于 2013 年 1 月 1 日起正式实施。

（2）同业业务监管。近年来，利率市场化、金融科技发展等因素导致

① "七不准、四公开"，即不准以贷转存、不准存贷挂钩、不准以贷收费、不准浮利分费、不准借贷搭售、不准一浮到顶、不准转嫁成本，收费项目公开、服务质价公开、效用功能公开、优惠政策公开。

金融市场环境发生巨大变化，商业银行原本依赖存贷利差的盈利模式受到挑战。在这样的背景下，商业银行通过同业业务创新实现新的利润增长。与此同时，不规范的同业业务经营也带来了各种风险，干扰了市场运行秩序，造成资金空转，推高了社会融资成本。同业业务强监管政策的频频出台有效地抑制了风险蔓延。

2014 年 5 月，中国人民银行、中国银监会等联合印发了《关于规范金融机构同业业务的通知》，要求规范金融机构同业业务经营行为，有效防范和控制风险，引导资金更多流向实体经济。2018 年，中国人民银行、中国银保监会、中国证券监督管理委员会（以下简称“中国证监会”）、国家外汇管理局四部门联合发文，出台了《关于规范金融机构资产管理业务的指导意见》（以下简称“《资管新规》”），加大了对银行同业理财、同业投资等创新业务的监管力度，针对同业业务横跨信贷市场、货币市场、资本市场的综合性、交叉性等特质实施穿透监管。《资管新规》的出台，使得商业银行从非标资产到同业投资层层嵌套进行监管套利的盈利模式逐步得到控制，有效降低了同业乱象积聚的金融风险，为维护金融市场稳定发挥了重要作用。

（3）理财监管。近年来，实体经济增长承受较大压力，商业银行为了寻求新的增长点，积极参与资产证券化、债券远期市场以及可变利率债券等创新业务。虽然在此过程中，商业银行可以通过金融创新工具来转移风险，但是衍生品交易本身就存在着很大的不确定性，进一步放大了银行体系的经营风险。

同时，受制于资本充足率等监管指标，商业银行将“表外”理财作为扩大业务规模、获取大额利润的业务增长点。银行理财通过信托、券商资管、基金子公司专项资管等通道进入限制投资领域，一定程度上加大了金融风险，提高了融资成本。

以信托公司、基金子公司、证券资管公司、私募基金公司为主要参与方的“大资管”业务于 2013—2016 年进入蓬勃发展阶段。

2018 年，多部门联合出台的《资管新规》意在将各金融机构发行的理财产品统一为资产管理业务，希望统一规范各金融机构资产管理业务。《资管新规》发布后，中国银保监会紧跟着出台了《商业银行理财业务监督管理办法》《商业银行理财子公司管理办法》等配套法规，完善商业银行理财产品的设计、运营以及内部管理模式，是有效规范我国商业银行理财业务的重要依据。

此外，监管部门也大力规范整治其他重点业务，如持续整治影子银行，对高风险影子银行业务的新形式、新变种露头就打；对理财存量资产处置不力的机构加大监管力度；深入整治保险市场乱象；大力整治名实不符的金融产品；会同有关部门深化债券市场改革；等等①。

① 代江兵. 加大金融领域反腐力度 防范化解重大金融风险［N］. 中国纪检监察报，2019-01-14（03）.

第二章

清廉金融文化

第一节 清廉金融文化概述

清廉文化源于中华文明几千年的历史，绵延至今，为我国经济高质量发展、社会和谐安定提供源源不断的动力和思想来源，是中国特色社会主义文化不可或缺的一部分。清廉文化在金融领域的体现与不断发展，形成了如今的清廉金融文化。清廉金融文化有其独特的内涵，是关于清廉金融道德规范、法律制度、行为准则以及价值观的文化。

清廉金融文化建设是金融行业健康发展的基础，也是构建社会主义和谐社会的重要内容。金融是现代经济的核心，也是推动社会进步的动力。金融安全对于保障国家安全、维护社会和谐稳定具有重要意义。因此，加强清廉金融文化建设是一项必须坚持推行的重要任务。

进入新时代，面对金融领域的新形势、新特点、新趋势，立足当下和未来现代化国家的建设，必须加强与之相适应甚至更好的清廉金融文化建设，培育金融从业人员廉洁从业作风，确保金融体系良性发展。

一、历史上的清廉文化

清廉文化自古有之，廉洁是中国重要的传统美德之一。中国古代官箴文化源远流长，有着悠久的发展历史，并伴随着中国古代社会官僚政治的逐步完善而渐趋成熟。官箴文化理论基础深厚，历经长期演变发展，意蕴广博，为研究中国古代社会提供了丰富的政治、经济、法律、社会文化史料，成为中华优秀传统文化的重要组成部分。研究中国古代的清廉思想，有利于挖掘传统文化的精华，对加强当代清廉金融文化建设也有所启迪。清廉思想是古代社会为官行政的精华所在，时至今日仍具有积极的借鉴意义。许多官吏从政之后一直秉持廉洁作风，留下了一段段佳话，他们身上的优良品质非常值得学习。如何用辩证的观点分析古代清廉文化，吸收清廉文化的思想精华，并在新形势下赋予其更丰富的内涵和时代意义，对当今加强干部队伍建设仍具有启迪作用和借鉴价值。

子罕以廉洁为宝。春秋时期，宋国有个农夫得到了一块玉石，把它献给当时主管建筑工程的官员子罕。子罕不肯接受。献玉的人表示因为这块玉石是珍宝才拿来送给子罕的，子罕却说：“子以玉为宝，我以不受为宝。”子罕把廉洁视为珍宝的故事也就流传了下来。

杨震却金。杨震是东汉名臣，老时到州郡任职，途中经过昌邑县。原先他推举的荆州茂才王密时任昌邑县县令。得知杨震来到昌邑县后，王密在晚上拿着十斤金子想送给杨震。杨震怪王密不了解自己的为人，不肯收金子。王密表示这么晚了没有人会知道，杨震却回答道：“天知，神知，我知，子知。何谓无知！”王密听后羞愧离去。杨震并不因为没有人发现而收下朋友的金子，这种品质也是金融从业人员应该具备的品质。

羊续悬鱼。羊续是东汉时期南阳太守，为人清廉，有“穷官”之称。一次，羊续的下属借着体恤兄长之意给羊续送了一条活鲤鱼，并表示自己绝非奉承。羊续见状只好把鱼收下了，却没有吃，而是将鱼挂在了厅堂上，久而久之鱼变成了鱼干。第二年，这位下属又打算来送鱼，羊续便指着挂在堂上的鱼干，告诉对方去年其送的鱼现在还挂着，不必再送鱼了。下属听了之后再也不来送礼了。“羊续悬鱼”被人们用来形容官员作风清廉，不收受贿赂。

古往今来，廉洁的官员都受到了百姓的爱戴与尊敬，而那些贪官则被人诟骂，遗臭万年。最典型的大贪官莫过于和珅。和珅是清朝中期的权臣，其深受乾隆皇帝赏识，先后在理藩院、内务府、户部、吏部、刑部、翰林院等部门担任或兼任数十个重要职务。此外，和珅还精通商业，他亲自经营工商业，开设当铺、银号，还与英国东印度公司、广州十三行有商业往来，积累了不少财富。随着地位的提高，和珅的贪欲日益膨胀。其利用职务之便，结党营私，利用一切机会聚敛钱财，打击政敌。嘉庆四年（1799 年），乾隆驾崩，嘉庆皇帝宣布和珅的二十条大罪，其中包括“军机处记名人员任意撤去”“夹墙藏金二万六千馀两，私库藏金六千馀两，地窖埋银三百馀万两”等，并下旨抄家，抄得白银八亿两，其藏匿的财产相当于当时清政府十五年的收入，正可谓“富可敌国”。和珅所贪污的财产大部分来自搜刮民脂民膏，加重了财政压力和百姓负担。此外，和珅还污蔑、陷害朝廷官员，严重破坏当时的政治生态，祸国殃民。

克己奉公、廉洁自律是中国共产党一贯倡导并保持的优良作风。早在革命战争时期，革命先辈们就深刻意识到党领导下的金融事业必须始终坚持自身底色，与红色政权同色。革命战争时期，红色金融业为中国革命取得胜利做出了应有的贡献。同时，中国共产党也培养了一大批红色金融家和金融人才，为中华人民共和国金融业发展奠定了基础。

第一次国共合作破裂后，中国共产党独立担负起领导中国新民主主义革命的任务。为应对国民党反动统治给人民带来的极大灾难，应对国民党对根据地的军事“围剿”和经济封锁，很多根据地建立了自己的金融体系、发行货币，中国共产党领导下的新民主主义革命金融事业开始建立。1931 年 12 月 1 日，中央执行委员会第一次会议决定成立中华苏维埃共和国国家银行，并指定由毛泽民负责筹建。中华苏维埃共和国国家银行成立之初，只有毛泽民、曹菊如等 5 人，条件极其艰苦，一切都是白手起家。1934 年，中央红军开始长征，毛泽民等 14 名银行工作人员也参与到长征之中，编入中央纵队第十五大队。第十五大队被称为长征中的“扁担银行”，负责护送货币、金银、首饰和印刷机、文件等工作。他们在保护银行财产的同时，还开展白区筹款筹粮和发行、回收苏区货币的工作。在曲折的长征路上，战斗频繁，生活条件极其艰苦，“扁担银行”的队员们不畏艰难险阻，保障了军需物资的供应，有力支持了红军战时经济，可谓红军的经济命脉。“扁担银行”辗转南北，当中央红军于 1935 年秋冬之季抵达陕北吴起镇时，参加长征的 14 名中华苏维埃共和国国家银行工作人员，牺牲了 6 人，只剩下毛泽民、曹菊如、郭金水、钱希钧、曹根全、任远志、黄亚光和莫钧涛 8 人。“扁担银行”的家当经清点，尚存有黄金 2 担、白银及银圆 12 担，另有珠宝若干。核对账目之后发现，除了长征路上的正常开支，没有损失一块银圆。

革命战争时期生活、工作条件都极为艰苦，革命先辈们不畏艰难险阻，始终牢记自己作为金融从业人员的职责，心怀信仰，坚守廉洁的底线，于危难之中努力建设金融业，不辜负党和人民的期望，以强大的信念践行清廉金融、传承清廉金融、塑造清廉金融业文化。

在新时代发展背景下，习近平总书记指出：“要加强反腐倡廉教育和廉政文化建设，督促领导干部坚定理想信念，保持共产党人的高尚品格和廉洁操守，提高拒腐防变能力，在全社会培育清正廉洁的价值理念，使清风正气得到弘扬。”廉洁自律不仅是党员干部的职业素养，更是一种道德底线。尤其对于金融系统，更需要加强清廉金融文化建设。

二、清廉金融文化的内涵

清廉金融文化是清廉金融的重要表现形式。清廉金融文化是清廉金融理论在实践中的生动运用和诠释，是清廉金融的重要组成部分，是清廉金融的内在体现。结合相关会议精神、学界和业界的讨论分析以及相关政策的要求，新时代的清廉金融文化，是清廉金融文化建设的内在需要，也是党和国家廉政文化的拓展。其内涵应当包括以下内容：在党的廉政文化统领之下，服务于金融业廉洁理念和从业行为准则，将科学的廉洁理论作为思想根基，将完备的廉洁制度作为框架，将丰富的廉洁活动作为载体，是由金融从业人员主动倡导并自觉遵从的意识形态、制度约束、管理行为以及物化内容的总和，是关于清廉金融道德规范、法律制度、行为准则以及价值观的融合。

从清廉金融文化的从属关系上看，首先，清廉金融文化隶属于新时代中国特色社会主义文化的范畴，是其在金融行业的延伸，进一步丰富了中国特色社会主义文化的时代内涵。其次，清廉金融文化丰富了金融文化的内容，是对金融行业不同岗位相关人员廉洁理念的树立和构建，对金融行业廉洁文化的营造和完善，对金融从业人员廉洁行为的考核和评价。最后，对于金融机构而言，清廉金融文化更应当成为金融机构企业文化不可或缺的一部分，是评价其核心价值体系的重要参考依据。只有对上述三个方面的内容形成基本认识，才有可能使得清廉金融文化的理念得到落实、制度得到确立和工作实践等落到实处，进而推动我国金融生态高质量发展，推动我国清廉金融建设。

三、清廉金融文化的意义

改革开放以来，我国金融业发展取得了历史性成就。邓小平同志曾说过：“金融很重要，是现代经济的核心。金融搞好了，一着棋活，全盘皆活。”金融行业是实体经济的血脉，是实体经济实现健康可持续发展的重要保证，只有扎实提升金融行业运行质效，合理引导金融资源流向社会发展的薄弱领域和关键行业，才能更好地满足人民群众对美好生活的向往以及实现经济社会多样化和增强金融系统稳定性的作用①。

构筑清廉文化建设体系是贯彻落实习近平新时代中国特色社会主义思想的重要举措。在党的十九大报告中，习近平总书记提出要“弘扬忠诚老实、公道正派、实事求是、清正廉洁等价值观”。清正廉洁是时代所弘扬的价值观。清廉金融文化建设符合中国特色社会主义文化建设要求，符合中国社会

---

① 新华社. 习近平：深化金融改革 促进经济和金融良性循环健康发展［EB/OL］.（2017-07-15）［2021-07-10］. http://www.xinhuanet.com/fortune/2017-07/15/c_1121324747.htm.

主义核心价值观的追求，符合时代发展的需求。

构筑清廉金融文化建设体系是我国金融行业面对错综复杂形势保证高质量发展的重要保障。习近平总书记在关于金融和金融工作的一系列重要论述中提出，金融是国家重要的核心竞争力，金融是现代经济的血脉。为实体经济服务是金融的天职，是金融的宗旨。金融行业追求的价值体现在合理配置资源，使得人民日益增长的美好生活需要在经济社会中得到满足。

资本具有逐利性，而金融行业具有资金密集、资源集中等突出特征，因此相对容易出现贪污腐败现象。金融行业中的追名逐利现象也使得金融职业道德受到侵蚀，许多市场乱象的出现不符合金融价值伦理，金融系统内多次发生重大腐败案件，追本溯源，其背后存在利益输送、内控失效等诸多问题。由于金融腐败案件往往涉案金额较大、波及范围较广，其造成的后果也较为严重：一是阻碍市场对金融资源的有效配置；二是损失具有连锁反应，造成金融风险向实体经济蔓延。

金融行业肩负着重大使命，即服务国家战略、支持实体经济、保障民生。因此，在金融行业中构筑清廉金融文化体系，有助于防范金融风险，保证金融行业的高质量发展。面对日趋错综复杂的国内外经济形势，我国金融业构筑清廉金融文化建设体系，肩负着时代赋予的历史使命，确保我国金融体系高质量发展。

金融的本质强调了营造良好的清廉金融生态文化的必要性，金融行业要深刻领会清廉金融文化建设的重要意义。在追求市场价值的同时，金融行业的发展要兼顾社会价值，以市场为导向，营造公正透明、依法合规、务实创新、恪守信用、清正廉洁、稳健可持续发展的行业文化氛围。要想根除金融行业痼疾，必须标本兼治，着力于推进不敢腐、不能腐、不想腐机制建设，加强行业清廉金融文化建设，营造风清气正的金融生态，让金融行业以及金融监管在新时代发展背景下获得新的精神约束，在根源上防治金融腐败；通过对相关机构的文化引导，提升服务意识，保障实体发展，推进金融行业治理体系和治理能力现代化。

四、清廉金融文化建设的主要内容

随着金融创新力度的加大，资本运作日益复杂，调查、处理腐败问题的难度不断提高，清廉金融文化建设的重要性也越来越突出。清廉金融文化建设不仅是反腐的重要手段，也是时代的需求。结合行业实际情况，清廉金融文化建设工作可以从以下四个方面推进：

（一）监管部门推动引领，加强顶层设计

监管部门既是清廉金融文化建设的发起者、监督者，也是参与者。作为重要设计者与实践者，监管部门应该做好制度设计，强化工作部署，为清廉金融文化建设提供更加有效的行动指南。金融生态的复杂性需要监管部门与时俱进，不断提高监管的能力和加大监管的力度。此外，监管部门应当以身作则，在监管体系内部践行清廉金融文化理念，这样才能给行业带来良好的示范作用。监管部门还应该加强管理工作，及时了解行业内其他主体的文化建设工作情况，发现问题并及时解决。例如，四川银保监局发布的《四川银行业保险业清廉金融文化建设指导意见》指出，监管部门要建立健全清廉金融宣传机制，协同各方共同打造以“清廉蜀风”为主题的四川清廉金融文化品牌，统筹运用电视、报纸、杂志、宣传板报、电子屏幕等传统媒介，充分发挥“互联网+”等新媒体优势，形成高效快捷、覆盖广泛的清廉金融文化建设宣传平台，及时反映工作动态，宣传特色文化品牌，引导舆论凝聚共识。

（二）行业组织协同合作，建立行业规范

金融行业协会作为行业自律组织，应该发挥其联动作用，促进金融机构与企业单位等的交流和沟通，开展各类活动来推动清廉金融文化建设工作。例如，行业协会可以充分利用线上线下平台，组织行业内从业人员以及企业单位参加各类座谈会、征文活动、宣讲活动，带动行业的清廉金融文化建设工作。各省、自治区、直辖市金融行业协会充分发挥平台优势，通过建立清廉金融专委会，提出行业清廉金融文化倡议，签订廉洁自律公约，将清廉金融规范纳入行规行纪；开展清廉金融培训研讨及课题研究，推动金融行业从业人员不断增强廉洁意识，构建良好的清廉金融文化氛围。

（三）金融机构主动作为，确保落地落实

清廉金融文化建设的最终着力点在于各类金融主体之间的金融关系。作为金融关系中的一方，金融机构应该主动作为，积极响应清廉金融文化建设工作，合规经营，保持良好的工作作风，建立廉洁的伙伴关系，严格防范设租寻租、收受贿赂、徇私舞弊等问题，规范金融交易行为。不管是在对内的管理方面还是在对外的交易方面，金融机构的每一个工作过程都应该严格遵

守监管的要求，将清廉金融文化落实到日常工作的方方面面，这样才能建立起整个行业的良好风气，保持良好的金融生态环境。例如，某大型国有商业银行四川省分行对重点领域进行重点教育，突出重点领域、重点环节、重点岗位，尤其针对人力、信贷、投行等权力集中、资金密集领域人员，开展有针对性的警示教育，筑牢思想堤坝，防微杜渐，结合员工网格化管理，下发网格清廉合规学习清单。

（四）高校智库共建，协同形成合力

高校是培养金融行业人才的主要阵营，将清廉文化教育融入高等教育之中，可以更早地培养金融人才的清廉金融意识，系好学生离开校园步入职场的第一粒扣子。在日常的教育教学中，高校教师可以适当加入相关的案例警示和分析，让学生从案例中更直观地学习到相关的知识。正面案例可以帮助学生建立清廉作风的意识；而反面案例可以让学生明确认识到腐败的危害性，打消腐败动机。

第二节　清廉金融文化与金融行业生态

一、金融行业生态发展现状

经济社会由一个个不同的体系组成。这些体系各自运作、互相支撑，使得经济社会得以不断向前发展，而金融体系便是其中一个非常重要的体系。如果说其他行业体系是整个经济社会大系统的“器官”，那么金融行业体系就如同连接各个“器官”的“血管”，让资金在各个体系中流转，将各个体系有机地连接在一起。因此，金融行业生态的发展对于其他行业的发展，进而对于整个经济社会的发展都具有重要的意义。

在我国，“金融生态”这一概念最早由周小川在 2005 年的“中国经济 50 人论坛”上提出。结合相关文献资料及理解，本书认为金融生态是指金融主体及其衍生出来的各种金融关系之间相互作用、相互联系的动态系统。该系统处于不断变化之中，会随着经济社会环境的变化而不断变化。具体来说，这里的金融主体广义的理解包括各类金融机构、企事业单位、政府等参与到金融活动之中的主体；金融关系包括投融资关系、法律法规、监管政策

等。简单的金融生态体系图如图 2.1 所示。

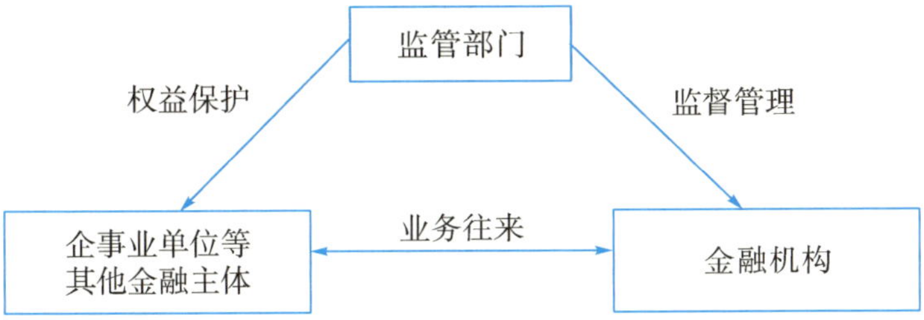

图 2.1 简单的金融生态体系图

随着互联网和大数据的发展，金融生态的空间从线下延展到了线上，如数字支付与网上银行等。网上银行的发展将传统的银行业务转移到了线上，极大地便利了生活。人们可以实现足不出户办业务、随时随地支付。各种金融关系也在互联网上不断发展起来。

我国金融生态体系规模在不断扩大的同时也暴露出了一些问题。

第一，金融生态平衡机制被打破。任何一个生态系统都需要维持稳定均衡的状态才能确保正常运转，金融生态系统的运转也需要遵循生态平衡机制。金融行业主要通过价格系统来进行平衡。价格的变动会带动供需的变动，符合市场规律的价格变动是有助于市场发展的。针对这种变动，市场进行自我调节以达到动态均衡状态。价格应该是由市场来决定的，而目前我国金融行业还存在“主观定价”的现象，如人为进行价格管制、对某类金融资产的定价违背市场原理等。价格的确定一旦偏离市场规律，就会给金融系统带来严重的后果。价格的失衡会降低金融生态系统的运转效率，甚至恶化金融生态环境，制约经济社会的发展。2008 年全球金融危机对全球经济造成了严重的损失，其背后的原因与房地产价格泡沫有着密不可分的联系。市场本身就具有调控价格的能力，当房地产的价格与市场供需无法同步时，市场会自动将其价格调整到与供需相匹配的水平上，严重脱离市场规则的房地产价格泡沫也随之破裂，引发了一系列的不良后果。

第二，一些产权界线不够清晰。如同自然界生态系统物种及食物链的界定，金融生态系统也需要明确各个主体的边界。现代产权理论认为，产权界定不明确，会使得交易双方的沟通变得更加困难，交易费用会进一步增加，使得资源配置的效率大大降低，也会带来一系列“外部性”问题。提高市场运行效率和解决“外部性”问题的关键在于明确产权、降低交易费用。

这一经济学领域的思想同样适用于金融领域。金融关系的形成就是建立在交易费用的基础上的，如果金融主体之间的产权不明晰，则金融主体在维系金融关系的过程中就会产生许多摩擦。这些摩擦包括时间成本、资金支付以及人力支出等，交易费用也会由于摩擦的存在而提高，金融体系的运行效率也会因此降低。金融行业的各类参与主体应尽可能明确各自的产权和边界。但我国金融业目前还存在市场与企业、政府与市场的产权界线划分不够清晰等情况。

第三，法律意识薄弱。法律是各行各业有序运行的基础保障。金融生态的有序运行需要法律法规的制约，而目前我国金融行业的一些机构以及部分工作人员的法律意识还比较薄弱。我国已经出台实施的与金融相关的法律主要有《中华人民共和国中国人民银行法》《中华人民共和国票据法》《中华人民共和国商业银行法》《中华人民共和国证券法》《中华人民共和国保险法》《中华人民共和国企业破产法》《中华人民共和国担保法》《中华人民共和国信托法》《中华人民共和国合同法》《中华人民共和国证券投资基金法》《中华人民共和国银行业监督管理法》等。相关的法规主要有《中华人民共和国银行管理暂行条例》《企业债券管理条例》《储蓄管理条例》《中华人民共和国外汇管理条例》《非法金融机构和非法金融业务活动取缔办法》《金融违法行为处罚办法》《中华人民共和国人民币管理条例》《金融资产管理公司条例》《国有重点金融机构监事会暂行条例》《中华人民共和国外资保险公司管理条例》《个人存款账户实名制规定》《期货交易管理条例》《金融机构撤销条例》《中华人民共和国外资银行管理条例》《证券公司风险处置条例》《中央企业债券发行管理暂行办法》《证券公司监督管理条例》等[①]。随着金融业的发展，金融法规体系还在不断丰富完善。近年来，互联网金融开始兴起，其业态包括网络借贷、互联网支付、股权众筹融资、互联网基金销售、互联网保险、互联网信托等。2015 年 7 月 18 日，中国人民银行、工业和信息化部、公安部、财政部等十部门联合印发《关于促进互联网金融健康发展的指导意见》，将互联网金融正式纳入监管范围，为其发展提供了指引。金融业法律法规是为了规范从业人员的行为，维持行业运行的基本秩序，但仍有一些不法分子为了利益铤而走险，最终不仅断送了个人前程，也扰乱了金融秩序。

---

① 详细的法律法规可阅读《中华人民共和国金融法律法规全书（2020）》(中国法制出版社)。

第四，社会信用体系还不够完善。除了法律法规的约束之外，金融生态的维持还需要信用体系的支持。金融关系可以稳定发展下去的前提是金融主体双方都遵守信用。目前，我国的信用体系还不够完善，违约成本较低，许多金融主体依然会出现违约的情况，不仅破坏了金融关系也破坏了金融生态的稳定。2019 年 8 月 23 日，富贵鸟宣告破产，而头部券商——中信建投因踩雷“违约债”，在该事件中损失超过 3 612.20 万元①。2021 年 1 月，中信信托旗下一款投向遵义市播州区的城投项目融资人出现债务违约，涉及信托本金规模约 2.55 亿元②。随着一些债务违约案件浮出水面，国家对于债务违约问题也高度重视。2020 年 11 月 17 日，国家发展改革委新闻发言人孟玮在新闻发布例会上表示高度重视企业债券风险防范工作，并重点在三个方面应对债务风险以及违约处置——加强监管、强化协同、抓早抓小③。

我国金融生态要健康发展，就必须有效解决以上四个方面的问题。这需要所有金融主体共同参与进来，一起探讨并着力构建适合中国金融行业发展的生态模式。

二、清廉金融文化助力金融生态健康发展

清廉金融文化建设有助于改善金融生态，使得金融生态的各个环节都能公正、有序地进行。金融生态的每一个环节都需要金融主体的参与。在金融关系的建立过程中，利益的驱使，往往会导致腐败现象出现，进而导致金融行业风气腐化、秩序混乱。防范金融行业腐败的发生，不仅要靠法律法规等“硬手段”，也要靠思想教育、文化建设等“软手段”。对于法律法规等强制性措施来说，文化建设的路线可以从思想建设上改善人的行为，从而改善整个行业的风气，更好地修复金融生态。清廉金融文化建设是一个目标明确、可塑性强的可行路径，它可以帮助金融从业人员乃至更大范围的人群建立清廉的工作风气、树立清廉的作风，这种工作理念会帮助他们在交易过程中遵守规则、明确各自的边界，从而提升交易的效率。

---

① GPLP 犀牛财经. 中信建投触雷“富贵鸟”违约债 损失超 3612.20 万［EB/OL］.（2021-01-16）［2021-07-10］. http://finance.sina.com.cn/stock/relnews/cn/2021-01-16/doc-ikftpnnx7851275.shtml.

② 国际金融报. 贵州遵义城投项目违约，中信信托“踩雷”［N/OL］.（2021-01-27）［2021-07-10］. https://baijiahao.baidu.com/s? id=1690052898924143519&wfr=spider&for=pc.

③ 中国经济网. 重磅发声！三记重拳［EB/OL］.（2021-11-18）［2021-07-10］. https://baijiahao.baidu.com/s? id=1683668599265583644&wfr=spider&for=pc.

（一）清廉金融文化在健康金融生态建设中的难点

由于我国金融行业业务错综复杂，清廉金融文化建设工作还存在诸多难点，主要表现在以下三个方面：

1. 腐败手段多样且更具隐蔽性

随着金融行业的快速发展，其业务更加复杂，腐败手段也变得多种多样，且更具隐蔽性，这给反腐工作带来了很大的困难。以往的腐败手段大多体现为侵吞财物、收受贿赂、利用职位便利为亲属“开小灶”等线下活动，容易找到人证物证。但是如今随着信息技术的快速发展，反腐强度不断加大，腐败手段越发隐蔽。例如，证券从业人员利用技术手段侵吞股息红利，银行从业人员套取利息，金融机构人员利用内部信息获取不法收益等。更多的腐败行为从线下转到线上，增加了反腐难度。

2. 从业人员众多，行为难以统一

国家统计局《第四次全国经济普查公报(第四号)》显示，截至 2018 年年末，全国共有金融业企业法人单位 13.7 万个，从业人员 1 818.0 万人①。庞大的从业人员队伍意味着思想观念的多样性，受教育程度、工作经历等也会存在很大的差异，管理起来将十分困难，仅仅依靠指引性文件难以规范所有从业人员的行为。

3. 社会对清廉金融文化认可度不够

自古就有“送礼求人办事”的现象，不管是社会公众还是金融从业人员似乎都已经见惯了这种办事方式或者说“人情世故”。只要涉及人的利益，往往就存在滋生腐败的土壤。很多人没有深刻认识到这是助长腐败的行为，清廉金融文化建设任重而道远。

难点也是改革与发展的突破点。我国清廉金融文化建设的过程中必定会遇到各种各样的难点，但是必须坚定决心，坚持清廉金融文化建设，推动金融行业的健康发展。

（二）清廉金融文化建设的实践

2019 年 1 月 15 日，中国银保监会召开 2019 年党风廉政建设暨纪检监察工作会议。会议上，中央纪委国家监委驻中国银保监会纪检监察组组长李欣然表示，要倡导廉洁金融文化，构建和谐健康的“亲”“清”关系。2020 年

---

① 国家统计局. 第四次全国经济普查公报（第四号）[EB/OL].（2019-11-20）[2021-07-10]. http://www.stats.gov.cn/tjsj/zxfb/201911/t20191119_1710337.html.

7月，中国银保监会召开2020年年中工作座谈会暨纪检监察工作会议，会议强调要坚持查清问题、防控风险、追赃挽损、弥补短板、重塑生态“五位一体”协同推进，推动清廉金融文化建设，一体推进不敢腐、不能腐、不想腐①。2021年1月26日，中国银保监会召开监管工作会议指出，坚定不移正风肃纪反腐；坚决查处违反中央八项规定精神案件，大力整治形式主义、官僚主义；加强干部管理监督，切实规范履职用权；深化金融领域反腐败工作，积极探索推动清廉金融文化建设②。

各地银保监局积极响应号召，纷纷采取措施推进清廉金融文化建设，成效显著。

2020年，辽宁银保监局组织辖内银行业、保险业积极开展清廉金融文化建设，营造风清气正的金融生态环境，一体推进不敢腐、不能腐、不想腐的长效机制建设，不断提升金融反腐内生动力，取得了良好效果。辽宁银保监局在省级和沈阳地区银行保险机构中聘请320名清廉金融文化建设监督员，建立“辽宁银行业保险业清廉金融文化建设”微信群，为监督员搭建沟通交流平台，持续弘扬清廉金融文化理念。辽宁银保监局印发了《推进辽宁银行业保险业清廉金融文化建设指导意见》和2020年工作任务分解表，从监管、行业、机构三个层面确立了19项工作任务，并在2020年度全部完成任务。此外，2020年，辽宁银保监局组织开展“创建清廉金融文化，献礼建党99周年”主题创作活动，筛选制作活动专辑，图文并茂地传递清廉文化理念。辽宁银保监局举办了金融系统职工清廉文化网上知识答题活动，共有118家金融单位、近5万名金融从业人员及家属参与活动，6 121名参与者获得满分，占答题总人数的12.36%，及格率达73.15%③。

2020年12月16日，广西银行业、保险业“八桂廉韵 银保清风”清廉金融文化作品展开幕式在南宁举行。广西银保监局、中国人民银行南宁中心支行和广西银行业、保险业金融机构负责人共计160多人参加了开幕式。作

① 中国银行保险监督管理委员会办公厅. 中国银保监会召开2020年年中工作座谈会暨纪检监察工作（电视电话）会议［EB/OL］.（2020-07-23）［2021-07-10］. http://www.cbirc.gov.cn/cn/view/pages/ItemDetail.html? docId=917887&itemId=915&generaltype=0.

② 中国银行保险监督管理委员会办公厅. 2021年中国银保监会工作会议召开［EB/OL］.（2021-01-27）［2021-07-10］. http://www.cbirc.gov.cn/cn/view/pages/ItemDetail.html? docId=962901&itemId=915&generaltype=0.

③ 中国银行保险监督管理委员会辽宁监管局. 辽宁银保监局2020年清廉金融文化建设成果显著［EB/OL］.（2021-04-28）［2021-07-10］. http://www.cbirc.gov.cn/branch/liaoning/view/pages/common/ItemDetail.html? docId=975729&itemId=1675&generaltype=0.

品展共收到文学影视作品 195 件、书法作品 210 幅、摄影作品 277 幅，展览综合运用了书画、摄影、文学、动漫、歌曲、微视频、微电影等多种多样的文学艺术形式，全面立体展示了广西银行业、保险业清廉金融文化优秀成果，充分展示了广西银行业、保险业广大干部职工思想文化的智慧结晶和广西银行业、保险业清廉金融文化建设成果①。

2021 年 4 月 8 日，山东省年内第三场银行业、保险业例行新闻发布会举行，山东银保监局连续开展了三年行业规范建设工作，并且成效显著：各机构组织合规测试 20 000 余次，参加人数 80 余万人；制定违规问责制度 3 446 件，修改 3 357 件，废止 2 112 件，持续完善违规问责体系；建立健全回避规章制度 738 项，完成轮岗和履职回避 2 681 人，有效搭建了金融风险防火墙。此外，山东银保监局联合辖内 45 家银行保险机构在全国率先进行“廉洁金融文化建设倡议”，开展清廉金融文化作品展、清廉故事会等活动，充分挖掘“沂蒙精神”等红色基因，将清廉金融文化建设与厚重齐鲁文化紧密结合②。

2019 年以来，全国各地陆续推进清廉金融文化建设工作，各地清廉金融文化建设工作情况如表 2. 1 所示。

表 2. 1 各地清廉金融文化建设工作情况

省、自治区、直辖市	工作事项
北京市	2021 年 1 月，北京银保监局制定印发《北京银行业保险业清廉金融文化建设工作规划（2021—2023 年）》
上海市	2019 年 10 月，上海银保监局印发《关于推进上海银行业保险业廉洁金融文化建设的指导意见》；2020 年 9 月，上海银行业、保险业召开清廉金融文化建设“六个一”活动推进会，印发《关于进一步探索丰富上海银行业保险业清廉金融文化建设的通知》，形成《关于“清廉金融文化教育进高校”试点工作方案》

① 中国银行保险监督管理委员会广西监管局. 广西银行业保险业举办“八桂廉韵 银保清风”清廉金融文化作品展［EB/OL］.（2020-12-17）［2021-07-10］. http://www.cbirc.gov.cn/branch/guangxi/view/pages/common/ItemDetail.html?docId=950151&itemId=1609&generaltype=0.

② 中国银行保险监督管理委员会办公厅. 金融支持各地经济高质量发展［EB/OL］.（2021-04-08）［2021-07-10］. http://www.cbirc.gov.cn/cn/view/pages/ItemDetail.html? docId=975836&itemId=920&generaltype=0.

表2.1(续)

省、自治区、直辖市	工作事项
重庆市	2020年9月，重庆银保监局党委印发《关于推进重庆银行业保险业清廉金融文化建设的指导意见》和《重庆银行业保险业清廉金融文化建设工作实施方案》，成立了重庆银保监局党委书记、局长任组长的清廉金融文化建设领导小组
天津市	天津银保监局成立清廉金融文化建设工作小组，组长和副组长分别由局党委书记和纪委书记担任；印发《天津银保监局关于推进银行业保险业清廉金融文化建设的指导意见》及《天津银保监局清廉金融文化建设工作方案》；建立银行保险业纪检监察机构联席会议制度；于2020年9月与天津财经大学合作共建清廉金融文化教育基地
河北省	2020年6月，河北银保监局、河北省银行业协会、河北省保险行业协会联合中国工商银行河北省分行、中国建设银行河北省分行等8家银行保险机构，共同签署《清廉金融文化倡议书》，向全行业发出携手共建清廉金融文化的倡议。2020年8月，河北省保险行业协会组织开展“涵养清廉金融文化·净化金融政治生态”专题网络培训，各保险公司省级机构及各市保险行业协会班子成员230余人参加培训
辽宁省	2020年6月，《辽宁银行业保险业清廉金融文化建设倡议书》发布
吉林省	2020年9月，吉林银保监局向全省银行业、保险业监管人员和从业人员发出推进清廉金融文化建设倡议书。同期，吉林银保监局组织召开与银行保险机构纪检监察部门联席会议暨清廉金融文化建设推进会
黑龙江省	2020年12月，黑龙江银保监局印发《中国银保监会黑龙江监管局办公室关于推进黑龙江省银行业保险业清廉金融文化建设的指导意见》
山东省	2020年，山东银保监局建立“齐鲁文化引领、红色基因铸魂、监管组织推动、行业主动融入、多方联动协作”的“五位一体”工作框架，与山东大学共同创办清廉金融文化大讲堂
浙江省	2020年9月，“清廉金融文化建设”宣传月活动正式启动；浙江银保监局指导浙江省银行业协会印发实施《浙江银行业清廉金融文化共建公约》和《浙江银行业从业人员职业操守和行为准则》；浙江省银保监局、宁波银保监局印发《关于加强辖内银行保险机构廉洁风险防控的指导意见》，浙江银保监局印发《浙江省银行业保险业清廉金融文化建设指导意见》
江苏省	2020年6月，江苏省保险协会召开第八届会员大会第三次会议，审议通过《弘廉洁正气 扬行业清风——江苏银行保险业清廉金融文化建设倡议书》
安徽省	2020年5月，安徽银保监局召开部分银行保险机构座谈会，交流推进清廉金融文化建设的意见和建议

表2.1(续)

省、自治区、直辖市	工作事项
福建省	2021 年 11 月，福建银保监局印发《关于推进清廉金融文化建设的工作意见》，成立清廉金融文化建设领导小组。2020 年 11 月，福建银保监局召开福建银行业、保险业清廉金融文化建设暨纪检监察联席会议，与各银行保险机构共同发起“关于共建福建银行业保险业清廉金融文化的倡议”
江西省	2020 年 7 月，《江西银行业保险业清廉金融文化建设倡议书》发布
广东省	2020 年 6 月，广东银保监局正式启动广东银行业保险业清廉金融文化建设活动。2020 年 9 月，广东银保监局与广东金融学院共同签署《广东清廉金融文化教育合作备忘录》
广西壮族自治区	2020 年 11 月，“八桂廉韵 银保清风”清廉金融文化建设主题活动启动。广西银保监局印发《关于推进银行业保险业清廉金融文化建设的指导意见》。广西银保监局推出“五个一”工程，即出台一份关于推进银行业保险业清廉金融文化建设的指导意见、发布一份清廉金融文化建设倡议书、与广西大学中国-东盟金融合作学院共建一个清廉金融文化教育基地、组织一次清廉金融文化主题宣传活动、举办一次广西银行业保险业清廉金融文化作品展
山西省	2021 年 1 月，山西银保监局印发《山西银行业保险业清廉金融文化建设实施方案》
河南省	2020 年，河南银保监局制定《河南省银行业保险业清廉金融文化建设工作方案》，指导银行业协会、保险行业协会分别成立清廉金融文化建设专业委员会，并组织召开河南省清廉金融文化建设工作推进会议，举办清廉金融大讲堂
内蒙古自治区	2020 年 9 月，在赤峰银保监分局的指导下，赤峰市保险行业协会向全市保险从业者发出清廉金融文化建设倡议书。2021 年 1 月，内蒙古银保监局召开工作会议，提出六项措施贯彻落实中国银保监会工作会议精神
青海省	2020 年 12 月，青海银保监局召开银行业和保险业清廉金融文化建设总结推进会，与青海省内各银行保险机构签订《青海银行业保险业清廉公约》
宁夏回族自治区	2020 年 9 月，宁夏银保监局纪委组织 41 家银行保险机构、银行业协会、保险行业协会联合召开纪检监察联席会议暨廉政监督员座谈会，启动“清廉金融文化建设月”活动
陕西省	2020 年 4 月，陕西银保监局印发《陕西银保监局关于银行业保险业清廉金融文化建设工作规划（2020—2022 年）》。2020 年 12 月，在陕西银保监局党委领导下，由陕西金融团工委主办，中国银行陕西省分行团委承办，陕西金融团工委各委员单位广泛参与的 2020 年陕西银行业保险业金融青年“清廉金融文化”知识竞赛决赛活动在中国银行陕西省分行正式启动

表2.1(续)

省、自治区、直辖市	工作事项
湖北省	2019年12月，湖北银保监局印发《关于加强廉洁金融建设的指导意见》。2020年10月，在湖北银保监局的指导下，湖北省保险行业协会组织召开湖北保协清廉金融文化建设工作专业委员会会议暨湖北保险业清廉金融文化建设经验交流会，会议通过了《湖北省保险行业协会清廉金融文化建设工作专业委员会工作规程》
湖南省	2020年10月，湖南银保监局在“廉政金融湖湘行”文化月主题活动上发布《清廉金融文化建设倡议书》
四川省	2020年3月，四川银保监局印发《四川银保监局清廉金融文化建设工作方案》，全面启动清廉金融文化建设工作。2020年1月，四川保险行业协会清廉金融专委会成立。2020年6月，四川银保监局与西南财经大学合作开展清廉金融进校园系列活动，制定并达成“四个一”（签订一份协议，建立一个基地，开设一门课程，编写一本教材）工作目标。2021年4月，四川银行业清廉金融专委会成立。2021年5月，四川银保监局印发《四川银行业保险业清廉金融文化建设指导意见》，推动清廉金融文化建设纵深发展
贵州省	中国建设银行贵州省分行纪委根据贵州银保监局关于清廉金融文化建设倡议精神及统一部署，制定《中国建设银行贵州省分行纪委推进清廉金融文化建设工作方案》
云南省	2020年，云南银保监局印发《云南银保监局银行业保险业清廉金融文化建设行动计划（2020—2022年）》。2020年11月，由云南金融团工委、云南省银行业协会、云南省保险行业协会主办，广发银行昆明分行承办的2020年云南“青年话清廉 构建清廉金融文化”主题演讲比赛在广发银行昆明分行隆重举行。2021年1月，云南省保险行业协会召开第一次云南保险业清廉金融文化建设专业委员会会议
甘肃省	2020年12月，中国进出口银行甘肃省分行设立“清风学堂”，强化清廉金融文化建设
新疆维吾尔自治区	2020年7月，新疆保险业清廉金融文化建设专业工作委员会会议暨第一次工作会议在乌鲁木齐召开
西藏自治区	2020年11月，在西藏银保监局指导下，西藏银行业协会、西藏保险行业协会组织各会员单位开展了“清廉金融文化建设”启动仪式暨教育基地揭牌仪式。西藏银保监局发布《关于推进银行业保险业清廉金融文化建设的指导意见》，西藏银行业协会和西藏保险行业协会联合发布《清廉金融文化建设倡议书》

注：资料来源于对相关资料的整理，可能存在信息不全面的情况。

通过各参与主体的共同努力，清廉金融文化氛围日益浓厚，金融行业拒腐防变之风渐趋盛行。

案例一：2019 年 6 月 6 日，某银行下属某支行业务经理陈某在向某地银保监局李某报送资料时，夹带了面值 1 000 元的购物卡 1 张。李某发现后主动向该银行检查组的相关负责同志报告，并将购物卡及时退还给被检查机构联络员。6 月 12 日，该银行下属某支行公司业务部客户经理赖某将装有 2 000 元现金的信封交给李某。李某主动将钱款交给了检查组组长。事后，某地银保监局党委、纪委高度重视该问题，要求该银行检查组迅速排查其他检查人员有无收受钱物的行为，反思廉政教育薄弱环节，组织支部党员干部结合“不忘初心、牢记使命”主题教育，深入反思，及时予以整改；同时，责成该银行纪委对问题线索进行全面核查，对相关责任人员从严处理。当事人陈某、赖某分别受到所在单位行政警告处分，并减发绩效，该银行两家支行的行长、纪委书记受到提醒谈话或警示谈话处理。

案例二：2021 年“五一”前夕，某保险保障基金公司信息化管理部员工、电子设备类采购联系人王某在与某集团大客户经理汪某沟通技术问题时，坚决拒收汪某赠送的装有若干现金的信封，之后又拒绝汪某通过微信转账的 8 800 元，并主动向公司纪委报告。2 月 1 日，该公司投资规划与管理部苑某主动上交并报告某保险公司资管总监通过邮政快递寄送的礼金卡 4 张共计 2 000 元。该公司党委、纪委高度重视，在对上述员工予以通报表扬的同时，督促相关部门修订采购类管理办法，完善采购委员会议事和供应商管理机制，持续防范采购工作中的廉洁风险。此前，该公司已先后有多名员工主动上交或拒收礼品。

微小个案的背后体现的是我国金融业为清廉金融文化建设工作所做出的努力以及点滴收获。

随着清廉金融文化建设的推进以及从业人员对清廉金融文化教育的吸收与转化，金融从业人员越来越意识到清廉作风的重要性以及腐败的危害性，更加主动地约束自身行为，行业风气持续向好，清廉金融文化教育成效初显。

第三节 监管部门清廉金融文化建设

一、监管部门引领清廉金融文化建设

监管部门负责监管金融行业，规范行业中的金融交易行为，是金融行业的“守门人”，对于防范金融领域系统性风险具有重要的战略作用。

过去我国实行“一行三会”的监管体制，随着金融混业经营现象的愈发明显，一定程度上存在监管真空。在这种背景下，金融监管体制改革势在必行。2018 年 3 月 13 日，中国银监会和中国保监会正式合并，组建中国银行保险监督管理委员会。但这只是改革的开始，随着金融行业的不断发展，行业内出现了互联网金融等多种金融业态，金融监管体制也应与时俱进，将改革一直进行下去。

习近平总书记在中国共产党第十九届中央纪律检查委员会第五次全体会议上强调，要持续压实金融管理部门、监管部门和地方党委、政府主体责任，做好金融反腐和处置金融风险统筹衔接，强化金融领域监管和内部治理①。监管体制改革只是搭建了新的监管工作框架，具体落实还是需要靠监管人员去执行。监管人员的工作成效直接决定了微观层面的监管成效。监管人员如果滥用职权、贪污腐败，不仅会导致监管失效，还会破坏金融秩序，扰乱金融生态，影响金融安全。因此，监管部门除了推动其他金融主体建设清廉金融文化之外，其内部也必须进行清廉金融文化建设。

监管部门内部开展清廉教育、推进清廉金融文化建设，可以从以下几个方面着手：

第一，依法公正监管。监管部门要严格执行监管法律法规有关权限、程序要求，依法依规行使监管权力，规范使用自由裁量权；保持监管透明度，对所有监管对象一视同仁、适用一致监管标准，认真执行政务公开有关规定，保障公众知情权。

---

① 新华社. 习近平在十九届中央纪律检查委员会第五次全会上发表重要讲话［EB/OL］.（2020-01-22）［2021-07-10］. http://www.gov.cn/xinwen/2021-01/22/content_5581970.htm.

第二，加大对违法违规问题的监管力度。监管部门要结合金融市场乱象整治、合规文化建设专项行动等工作，保持对金融违法违规问题问责追责高压态势。监管部门要对银行、保险、证券机构商业贿赂、挪用资金等贪腐案件有关的业务违规问题进行严格查处，及时将涉及违法犯罪的人员移送司法机关。监管部门在向机构转办涉及银行保险机构的信访举报线索时，应要求机构及时反馈调查处理结果，实现信息联动。

第三，强化廉洁监管窗口指导。监管部门要督促银行保险机构落实《中国银保监会关于银行保险机构员工履职回避工作的指导意见》《中国银保监会办公厅关于预防银行业保险业从业人员金融违法犯罪的指导意见》等制度要求，落实证券业业务、从业人员的回避要求。监管部门要深挖风险背后违规违纪违法问题，对发现的苗头性、倾向性问题，通过组织高管签订廉洁从业承诺书等方式，严格执行违反中央八项规定精神问题“双通报”①制度，传导清正廉洁理念。监管部门同时也要强化自身的廉洁管理，不得对潜在的、暴露的问题进行规避、放任，要形成对违纪违法“零容忍”。

第四，发挥纪检工作沟通协调机制作用。监管部门要有效运行纪检工作联席会议机制，不定期通过会议、座谈、调研等形式，交流清廉金融文化建设情况，促进相互学习。监管部门要认真落实城市商业银行监管处室与纪检部门沟通协调机制等规定，加强与银行、保险、证券机构纪检监察、巡视巡察等部门联系沟通，及时共享廉政建设、案件查处等工作信息，推动机构内部监督与外部监管形成合力。

第五，加强党的领导。监管部门要积极推动银行保险机构加强党组织建设，切实发挥党的领导核心、政治核心作用，将党建工作与公司治理有机结合，把党的领导与公司治理融合等情况纳入公司治理全面评估，探索将党的领导与公司治理有机融合情况作为担任党委班子成员的董事、监事和高管人员履职评价的重要内容。

第六，积极构建清廉监管文化。一是监管部门要畅通外部监督渠道，严格落实现场检查纪律，认真执行现场检查廉政情况反馈相关规定，探索在银

---

① 《银保监会纪检监察机构查处违反中央八项规定精神问题“双通报”实施办法》要求，中国银保监会纪检监察机构查处的违反中央八项规定精神问题，在本单位（系统）通报的同时，对涉及银行业保险业机构、金融系统社团组织或其他单位、组织的，应当向其纪检监察机构（或党组织）通报情况。

行、保险、证券等机构及政府有关部门聘请廉政监督员，加强对干部监管履职情况的监督。二是监管部门要强化对自身工作人员的清廉金融培训，加强自我监督与自我反省。监管部门要严格落实中央八项规定精神、公私分开、履职回避、履职问责、非公务交往报告等制度规定，坚定不移反对“四风”，培育“亲”“清”监管关系，将清廉文化所蕴含的恪守职业道德、遵守廉洁纪律等基本要求全面融入内部管理与外部监管，精准分析廉政风险隐患，强化廉政宣传教育。三是监管部门要把好高管人员廉洁准入关。监管部门要根据行政许可相关制度规定，在高管拟任人员考察谈话中增加清廉金融内容，重点考察高管拟任人员的思想认识和对清廉金融要求的掌握落实等情况。

通过本章第二节内容，可见各地监管部门都通过采取各种各样的措施开展了清廉金融文化建设的相关工作。下一步，各地监管部门要继续立足本地实际，加强探索，互相借鉴有益经验，深入推进清廉金融文化建设工作。

二、监管部门典型反腐案例

（一）原中国银监会典型反腐案例

2017 年 5 月 23 日傍晚，中央纪委官方网站公布，中国银监会原党委委员、主席助理杨家才，涉嫌严重违纪，接受组织审查[①]。2017 年 8 月 1 日，中央纪委公布杨家才被“双开”。公告指出，杨家才严重违反政治纪律和政治规矩，打探巡视和纪律审查信息，为个人职务提拔搞非组织活动；违反中央八项规定精神，违规出入私人会所接受宴请；违反组织纪律，利用职权干预干部选拔任用工作，未按规定报告个人有关事项；违反廉洁纪律，利用职权为其子经营活动提供帮助；违反生活纪律。杨家才利用职务上的便利为他人谋取利益并收受巨额财物，涉嫌受贿犯罪[②]。

资料显示，在金融体系内，杨家才起步于中国人民银行钟祥县（现为湖北省钟祥市）支行，曾任中国人民银行湖北省分行副行长、党委委员等

---

① 杨中华. 银监会通报杨家才涉嫌严重违纪 称要吸取教训剖析深层次原因［EB/OL］.（2017-05-25）［2021-07-10］. http://www.cbirc.gov.cn/cn/view/pages/ItemDetail_gdsj.html?docId=23212&docType=0.

② 中央纪委监察部网站. 中国银行业监督管理委员会原党委委员、主席助理杨家才严重违纪被开除党籍和公职［EB/OL］.（2017-08-01）［2021-07-10］. https://www.ccdi.gov.cn/scdc/zggb/djcf/201708/t20170801_116071.html.

职务。2003 年，中国银监会组建之际，杨家才任湖北银监局筹备组成员。2005 年，杨家才出任安徽银监局局长、党委书记。2007 年，杨家才调任中国银监会监管一部主任。此后，杨家才出任中国银监会办公厅主任一职。2013 年 5 月至 2017 年 5 月，杨家才任中国银监会主席助理，兼办公厅主任。

杨家才没能遵守监管规则，违法乱纪而落马，令人唏嘘。监管干部要坚持廉洁用权，坚持为民监管，自觉抵制各种贪污腐败行为，这样才能营造风清气正的监管环境和政治生态。

（二）原中国保监会典型反腐案例

2017 年，项俊波落马一案在业内掀起了轩然大波，这是当时保险监管系统乃至整个金融系统涉案官员级别最高的案例。2017 年 9 月 23 日，中央纪委公布项俊波被开除党籍和公职。公告指出，项俊波严重违反政治纪律和政治规矩、工作纪律，为谋取个人政治利益，滥用审批权和监管权，对抗组织审查，搞迷信活动；违反中央八项规定精神，违规接受宴请；违反组织纪律，不按规定报告个人有关事项，在员工录用、干部职务晋升等方面为他人提供帮助并收受财物；违反廉洁纪律和生活纪律，搞权钱交易、权色交易。项俊波利用职务上的便利为他人谋取利益并收受巨额财物，涉嫌受贿犯罪①。

从 1996 年起，项俊波开始在审计、金融系统内任职。2004 年 7 月至 2007 年 6 月，项俊波任职于中国人民银行，此后任职于中国农业银行。2011 年 10 月，项俊波调任中国保监会主席、党委书记。利益和权力的诱惑让这位金融监管者走入歧途，沦落为故事中人，让人唏嘘感慨。打铁必须自身硬，监管者不能“监守自盗”，必须筑牢廉政的底线，守住中国金融行业健康发展的良好局面。

（三）中国证监会典型反腐案例

2015 年 11 月，中央纪委网站公布中国证券监督管理委员会党委委员、副主席姚刚涉嫌严重违纪，对其进行组织调查。2017 年 7 月，中央纪委公布姚刚被开除党籍和公职。公告中提到，姚刚身为党的高级领导干部，理想

① 中央纪委监察部网站. 中国保险监督管理委员会原党委书记、主席项俊波严重违纪被开除党籍和公职 [EB/OL]. (2017－09－23) [2021－07－10]. https://www.ccdi.gov.cn/scdc/zggb/djcf/201709/t20170923_116076.html.

信念丧失，毫无宗旨意识，政治规矩意识淡漠，破坏资本市场秩序和证券监管部门政治生态，严重违反党的纪律，并涉嫌违法犯罪，性质恶劣、情节严重[①]。2017 年 8 月，最高人民检察院依法对姚刚以涉嫌受贿罪立案侦查并采取强制措施。2018 年 9 月，姚刚一审被判处有期徒刑 18 年，并处罚金 1 100 万元。审理报告中提到，2006—2015 年，姚刚利用担任中国证监会主席助理、副主席等职务上的便利，为相关单位在并购重组、股份转让过程中股票停复牌、避免被行政处罚等事项上提供帮助，通过其近亲属非法收受他人财物共计折合人民币 6 961 万余元。2007 年 1 月至 4 月，姚刚利用担任中国证监会主席助理兼发行监管部主任的职务便利，获悉相关公司重组上市的内幕信息，使用由其实际控制的他人股票账户在关联股票停牌前买入，复牌后卖出，非法获利共计人民币 210 万余元。

姚刚自 1993 年起任中国证监会期货监管部副主任、主任；于 1999 年任国泰君安证券有限公司总经理、党委副书记、副董事长；于 2002 年调回中国证监会，任监管部主任一职，于 2004 年任主席助理、党委委员兼发行监管部主任，于 2008 年晋升为副主席，于 2015 年 12 月被免去副主席职务。姚刚掌管中国 A 股市场首次公开募股（IPO）发行审核大权长达 13 年之久。作为决定企业是否通过审核成功上市的关键人物，姚刚应严格把控企业质量，严格审核企业资质，保护投资者权益。然而，在利益驱使下，姚刚滥用职权，为拟上市企业首次公开募股提供便利，让不具备上市资质的企业混入资本市场，扰乱了正常的金融秩序，损害了投资者的利益。

监管部门在清廉金融建设中发挥着示范引领作用，只有监管部门带头恪尽职守、敢于监管、精于监管，并且严格廉洁自律，树立监管导向，才能推动整个金融行业形成崇廉、尚廉、倡廉、守廉的良好氛围。

---

① 中央纪委监察部网站. 中国证券监督管理委员会原党委委员、副主席姚刚严重违纪被开除党籍和公职［EB/OL］.（2017－07－20）［2021－07－10］. http://www.ccdi.gov.cn/toutiao/201707/t20170720_125814.html.

第三章

清廉金融与安全稳定

第一节　清廉金融与国家安全

一、总体国家安全观

2014 年 4 月 15 日，习近平总书记在中央国家安全委员会第一次会议上强调，坚持总体国家安全观，走出一条中国特色国家安全道路。习近平总书记指出，当前我国国家安全内涵和外延比历史上任何时候都要丰富，时空领域比历史上任何时候都要宽广，内外因素比历史上任何时候都要复杂，必须坚持总体国家安全观，以人民安全为宗旨，以政治安全为根本，以经济安全为基础，以军事、文化、社会安全为保障，以促进国际安全为依托，走出一条中国特色国家安全道路。贯彻落实总体国家安全观，必须既重视外部安全，又重视内部安全，对内求发展、求变革、求稳定、建设平安中国，对外求和平、求合作、求共赢、建设和谐世界；既重视国土安全，又重视国民安全，坚持以民为本、以人为本，坚持国家安全一切为了人民、一切依靠人民，真正夯实国家安全的群众基础；既重视传统安全，又重视非传统安全，构建集政治安全、国土安全、军事安全、经济安全、文化安全、社会安全、科技安全、信息安全、生态安全、资源安全、核安全等于一体的国家安全体系；既重视发展问题，又重视安全问题，发展是安全的基础，安全是发展的条件，富国才能强兵，强兵才能卫国；既重视自身安全，又重视共同安全，打造命运共同体，推动各方朝着互利互惠、共同安全的目标相向而行。

总体国家安全观作为一种国家安全理论，坚持了马克思主义国家安全思想的基本立场，吸收借鉴了中国优秀传统文化中治国安邦的思想内核，继承发展了中华人民共和国成立以来对维护国家安全的规律性认识和理论经验，内涵深刻且丰富。

当今时代，和平与发展依然是时代主题，但世界仍面临着一些潜在的和现实的危险。近年来，我国所面临的国际形势和不稳定因素越来越复杂，维护国家统一和社会稳定的任务越来越艰巨。我们必须增强忧患意识，居安思危，把握国家安全的新趋势。

目前，我国国家安全的压力主要来自国际和国内两个方面。就国际方面而言，全球经济持续低迷、地区发展不平衡、新型冠状病毒肺炎（以下简称"新冠肺炎"）疫情给世界经济复苏带来极大的不确定性以及一些国家的贸易保护主义导致贸易摩擦不断升级等，我国正经历着国际体系的一系列深刻变化。就国内方面而言，我国开启全面建设社会主义现代化国家新征程，社会主要矛盾发生变化，发展不平衡不充分问题仍然突出，正处于跨越中等收入阶段、迈向高收入国家行列的关键时期。复杂的国际和国内形势对我国的安全发展提出了全新要求。总体国家安全观顺应了时代发展潮流，坚持国家利益和人民利益至上，对维护国家安全和社会稳定具有重大战略意义。

2014 年 2 月 24 日，习近平总书记在中共中央政治局第十三次集体学习时强调，历史和现实都表明，构建具有强大感召力的核心价值观，关系社会和谐稳定，关系国家长治久安①。当前，我们处在世界百年未有之大变局，经济和社会改革全面深化、社会思想更加多样、社会价值更加多元、社会思潮纷纭激荡，主流意识与多样化社会意识并存，传统思想观念与现代思想观念相互交融，本土文化与外来文化相互碰撞，意识形态领域的斗争和较量尖锐复杂。意识形态安全已经成为国家安全的"桥头堡"。社会主义核心价值观是社会主义现代化国家在社会建设领域的价值诉求，是经济社会和谐稳定、持续健康发展的重要保证。这就迫切需要我们把社会主义核心价值观融入国家安全建设，发挥社会主义核心价值观的凝魂聚气、强基固本的独特作用，巩固主流意识形态的支配权、主导权、话语权，维护社会主义意识形态安全，维护中国特色社会主义制度安全。

二、金融安全对国家安全的重要意义

从总体国家安全观的内涵来看，国家安全是一个完整的安全系统。该系统的内容具体且全面，包括政治安全、国土安全、军事安全、经济安全、金融安全、文化安全、社会安全、科技安全、信息安全、生态安全、资源安全、核安全等各个安全领域，紧紧围绕国家利益和人民群众的根本利益相互作用，相互发展。金融是国民经济的命脉，是现代经济的核心。金融安全对国家安全的重要性不言而喻，国家安全各个方面都涉及金融安全。金融安全是实践总体国家安全观、保障国家安全的重要一环。

---

① 人民网. 中共中央政治局就培育和弘扬社会主义核心价值观、弘扬中华传统美德进行第十三次集体学习［EB/OL］.（2014-02-26）［2021-07-10］. http://cpc.people.com.cn/n/2014/0226/c64094-24464564.html.

（一）金融安全的内涵

对金融安全这一概念，主要从以下两方面定义：

1. 从金融的实质定义金融安全

这种定义认为，金融安全是指资金融通的安全①。只要涉及资金融通、信用活动和货币流通的活动，都是金融安全的内容。金融安全能否得到保证会直接影响国家经济安全状况的好坏。

2. 从国际关系学定义金融安全

这种定义认为，安全这一概念来自国际关系学，因此要从国际关系学的角度对金融安全进行解释，同时还要结合金融的原有含义②。从国际关系学角度定义的金融安全是对“核心金融价值”的维护，主要包括两个方面：一方面是维护“核心金融价值”的实际能力，另一方面是对这一实际能力所产生的信心。

（二）金融安全的影响因素

总体而言，金融安全与金融风险和金融监管是直接相关的。一国金融在多大程度上安全，关键在于对金融风险的识别和把控以及对金融市场监管的态度和措施。具体而言，金融安全的影响因素包括内在因素和外在因素两个方面。

1. 影响金融安全的内在因素

影响金融安全的内在因素是指国家经济体系自身存在的问题导致出现金融风险，威胁金融安全。内在因素主要体现在两个方面：一方面是国家整体的经济实力不足以完全抵御重大金融风险，另一方面是国家金融体系的完善程度不够导致存在内在风险隐患。

第一，国家整体的经济实力。历史表明，若一国遭遇重大金融风险，如遇到金融危机，最常见的做法就是利用一切可以利用的方法尽快稳定局势，使国家走出危机。这些可以利用的方法不论是行政上的政策措施，还是经济上的资源调动，都是国家整体经济实力的体现。同时，民众对国家整体经济实力的信心也是国家走出危机的重要因素。

第二，国家金融体系的完善程度。这一因素对维护金融安全的影响主要

---

① 王元龙. 关于金融安全的若干理论问题［J］. 国际金融研究，2004（5）：11-18.

② 梁勇. 开放的难题：发展中国家的金融安全［M］. 北京：高等教育出版社，1999.

体现在两个方面：一方面是金融体系所处的外部经济环境的好坏，是否能给金融体系的健康运行创造一个良好的客观条件。另一方面是金融体系的内部制度环境，即产权制度和市场规则产生的影响。完善的产权制度能够调动各经济主体的积极性，提高经济、金融的运行效率。健全的市场规则能够保护市场参与主体，在一定程度上也可以抵御金融风险的冲击。

2. 影响金融安全的外在因素

影响金融安全的外在因素是指影响金融安全的国际因素，包括一国在国际金融领域是否占主导地位、有没有调动国际金融资源来抵御外部风险冲击的能力。外在因素对金融安全的影响主要体现在两个方面：一方面是一国在国际金融体系中所处的地位，另一方面是来自国际游资的不确定的冲击。

第一，一国在国际金融体系中所处的地位。一国维护本国金融安全很大程度依赖于本国在国际金融体系中所处的地位。一国在国际金融体系所处的地位的高低主要体现在该国是否为国际金融领域的主要规则的制定者以及该国货币在国际货币体系中的影响程度的高低等。发达国家在国际金融体系中拥有较大的话语权，调动金融资源的能力较为突出。发展中国家更多是国际规则的接受者，应对金融风险冲击的能力较弱。对于一些发展中国家来说，其一旦发生金融风险，威胁到本国的金融安全，仅依靠自身的力量往往难以解决问题，会对经济社会造成严重影响。

第二，来自国际游资的不确定冲击。历史经验表明，国际游资冲击是引发金融危机的重要因素。国际游资通常会选择那些金融体系不健全、金融制度存在严重缺陷的国家进行攻击。尤其是那些存在严重债务问题，或者汇率制度存在严重问题的国家，更是国际游资关注的重点。国际游资的冲击，使国内资本市场以及外汇市场产生剧烈震荡，对投资者的信心和投资者对金融市场的预期产生负面影响，进而引发整个市场的恐慌，使生产投资严重萎缩，经济衰退。国际游资冲击的国家往往在国际金融体系中处于劣势，缺乏应对危机的金融资源，危急时刻只有利用利率等少量调控工具，而对利率的调控又会导致连锁反应加重国内的问题。1997 年东南亚金融危机中遭到游资冲击的泰国、马来西亚、菲律宾便是如此。

（三）金融安全的重要意义

金融安全贯穿国家安全的各个层次、各个方面，也是国家经济安全的核心内容。一国只有实现了金融安全，经济安全才有基础；反之，金融不安全，经济安全也必将难以得到保障。从更深层面讲，金融的作用就是更好地调配资源，提高市场效率，服务实体经济。如果一国金融不稳定，金融风险突出，金融服务实体经济的作用就难以发挥。

因此，要保障国家安全，关键一点就是保障国家的金融安全，即能够对金融风险做到提前预防、精准识别和严密控制。随着我国的不断发展，金融体系不断完善，产权制度、市场规则不断健全，在国际金融体系中的地位不断提高，影响金融安全的外在因素和内在因素的不利影响正在被逐渐削弱，我国现在有能力去应对金融领域的不确定性，但是仍然不能放松警惕。

就国内而言，在金融风险总体可控的同时，我国也面临着一些具体问题。例如，小微企业为经济产出做出巨大贡献，提供了大量就业岗位，解决了大量就业问题，但长期面临融资贵、融资难的问题。又如，地方政府债务近年来大幅扩张，虽然地方政府债务风险总体可控，但其中存在的结构性风险仍然需要高度关注。同时，一些地方融资平台存在隐形债务成本①规模较大等问题。虽然地方政府正在积极通过债务置换等方式不断化解自身的债务问题，但风险依然值得警惕。全球新冠肺炎疫情的发生，影响经济发展，使得地方政府的收入下降，而疫情防控等公共支出大幅提高。这些经济中的问题和矛盾一旦进入金融领域，有可能对金融安全造成冲击。目前，我国金融领域中的潜在风险隐患包括金融体系内的杠杆率较高，影子银行、互联网金融带来的风险加大，大中型企业的债务问题等。与此同时，金融违规行为和金融贪污腐败问题时有发生，有可能诱发或催化金融风险。

从国际来看，当前全球金融体系面临一些风险，如全球经济复苏的不确定性还比较大，经济可能陷入停滞；超宽松的货币政策可能带来全球高债务困扰；金融和实体有所相背，国际金融市场调整的风险仍在加大②。这些不确定因素都有可能对我国的金融安全造成冲击。

---

① 地方债主要包括法定政府债务和隐性债务。其中，法定政府债务是指政府负有偿还责任的债务。隐性债务是指地方政府在法定政府债务限额之外直接或承诺以财政资金偿还以及违法提供担保等方式举借的债务。隐性债务主要包括以下两类：一是地方国有企事业单位等替政府举借，由政府提供担保或财政资金支持偿还的债务；二是地方政府在设立政府投资基金、政府和社会资本合作（PPP）、政府购买服务等过程中，通过约定回购投资本金、承诺保底收益等形成的政府中长期支出事项债务。

② 中国银行行长刘金于2021年3月20日在由国务院发展研究中心主办、中国发展研究基金会承办的中国发展高层论坛2021年会上的观点。

“金融安全是国家安全的重要组成部分。”[①] 保障国家的金融安全，要将金融安全提升到国家战略地位，严控金融风险。这需要各级政府部门和金融市场参与主体共同努力，统筹监管，补齐短板，保障金融安全，维护国家安全。

三、清廉金融对国家安全的重要意义

金融是资源配置和宏观调控的重要工具，更是推动经济社会发展的重要力量。金融安全与国家安全息息相关。金融领域的腐败问题是影响国家金融安全的重要因素，如何解决金融领域的腐败问题对我国的金融安全和国家安全至关重要。

具体而言，金融融入了各行各业和社会经济生活的方方面面，是各种利益的载体。相较于其他行业，金融行业更容易被贪污腐败等违法行为侵蚀。就对国民经济的破坏性而言，金融腐败的连锁反应更为明显。第一，金融腐败会降低金融的资源配置能力，减弱金融服务实体经济的作用，使整个经济的产出减少。第二，金融腐败从内部破坏市场规则，扰乱市场秩序，降低市场配置资源的效率。第三，金融腐败扰乱市场信息，影响经济统计数据的真实性，间接影响政府货币政策或财政政策的有效性。

更为严重的是，金融腐败影响的不仅是整个金融系统的健康，也是对我国文化软实力的一种侵害。贪污腐败的思想违背了我国清廉的优良传统文化与社会主义核心价值观，对我国社会结构、制度体系和治理能力也是一种损害。

当前，我国金融行业贪污腐败现象时有发生，国内外潜在金融风险正给我国的金融安全乃至国家安全带来新的挑战。金融腐败问题不仅关乎金融行业的健康稳定，也事关国民经济体系和国家的长远发展与安全稳定。实现清廉金融是我国完善国家治理体系、提高国家综合治理能力、破除改革难题以及实现经济现代化的不可或缺、迫在眉睫、具有战略意义的一件大事。

四、清廉金融对金融安全的重要意义

（一）影响金融安全的腐败问题

经过多年的发展，我国金融体系已日趋完善，但是金融腐败现象仍时有

---

① 2019 年 2 月 22 日中共中央总书记习近平在主持中共中央政治局就完善金融服务、防范金融风险举行的第十三次集体学习时发表的讲话。

发生。金融腐败对金融安全、经济安全乃至国家安全都构成了严重威胁。金融行业的腐败原因主要表现在以下三个方面：

1. 金融腐败人员廉洁思想意识淡薄

在金融腐败案件中，金融从业人员对腐败后果缺乏清醒的认识，不能恪守本职工作，将个人私利置于国家利益之上，面对诱惑时不能以清廉的思想来武装自己。金融贪腐问题一旦发生，往往涉案金额巨大，给行业乃至国家造成严重损失。金融行业面对的利益诱惑较多，一时贪念、一己私利往往就会带来不可挽回的后果。

2. 金融行业的特殊性

金融行业相较于其他行业有着天然的特殊性，政府往往会对金融行业实行牌照准入或特许经营，客观上使得金融业具有一定的垄断性。这既出于政策制定考虑，便于政府宏观调控；也源于大型金融机构对其垄断地位的主动强化或被动接受。此外，“大而不倒”的现实也助推金融垄断的形成。一旦垄断，就成为非常特殊的稀缺资源，容易产生腐败。

3. 金融监管仍不够完善

金融腐败现象大多源于内部交易。这种腐败在初期难以察觉，且一般金额巨大，属于监管薄弱区域。总体来说，虽然我国的金融体系正在日渐完善，但监管体系还存在一些薄弱之处①。我国的金融体系不仅要抵御外部风险的冲击，还要从内部预防潜在风险。这就要求金融系统加强对内部的监管，建立有效的内部监督体制、风险防御机制，对已经发生的案件进行分析、研究总结，从源头上解决问题。

（二）加强金融安全管理的对策

要加强金融安全管理，就要解决影响金融安全的腐败问题。要实现金融行业的健康发展，就要消除金融贪腐等违法行为。针对金融行业存在的腐败问题，加强金融安全管理应主要从以下三个方面来开展：

---

① 中国银保监会主席郭树清指出：“十四五”时期我国金融监管改革任务更加艰巨，必须以习近平新时代中国特色社会主义思想为指导，坚持以人民为中心根本立场，强化底线思维，提高金融监管透明度和法治化水平。在此基础上，健全风险预防、预警、处置、问责制度体系，持续完善权责一致、全面覆盖、统筹协调、有力有效的现代金融监管体系。一是全面加强党对金融工作的集中统一领导。二是促进经济社会发展开创新局。金融监管要坚持主动作为，防范化解各类金融风险，维护金融体系稳健运行，以此保障社会主义现代化国家建设进程。三是建立高效的监管决策协调沟通机制。四是提高金融监管透明度和法治化水平。五是健全宏观审慎、微观审慎、行为监管三支柱。六是构建权威高效的风险处置制度安排。七是强化金融基础设施对监管的支持保障。八是积极参与国际金融治理框架重塑。九是培育忠诚干净担当的监管干部队伍。

1. 金融从业人员要养成清廉从业思想

金融从业人员作为金融系统的最小单位，最容易受到利益诱惑而被腐蚀。金融风险具有传染性，看似可控的风险很可能扩散成严重的金融风险。因此，要建立廉洁的金融体系，每名金融从业人员要从自身做起。金融从业人员要从思想上树立清廉从业观念，在实际行动中落实廉洁要求。金融行业、金融机构中的每一名从业人员都要加强廉洁思想学习，了解贪腐危害，拒绝利益诱惑，恪守职业道德。

2. 监管部门要树立廉洁监管意识

监管是防控金融风险的重要手段。监管层面的廉洁意识对于金融安全是至关重要的。总体来说，我国的监管体系正在不断完善，监管力度不断加大。监管部门需要形成事前风险预防、精准识别，事中风险控制、风险管理，事后反思总结等一套完善的监管体系。更为重要的是，这一套体系的有效运行离不开运行者具备廉洁和公正执法的思想。不仅金融从业人员要恪守底线，监管部门及其工作人员更要严于律己、严格执法。

3. 一体推进不敢腐、不能腐、不想腐机制建设

2019 年 1 月 11 日，在中国共产党第十九届中央纪律检查委员会第三次全体会议上，习近平总书记强调，不敢腐、不能腐、不想腐是一个有机整体，要深化标本兼治，用好治标利器，夯实治本基础，一体推进不敢腐、不能腐、不想腐。

一体推进不敢腐、不能腐、不想腐，需要通过改革和制度创新切断利益输送链条，压缩腐败现象生存的空间和滋生的土壤，形成靠制度管权、管事、管人的长效机制；强化以案促改，坚持一案一总结，推动各地区、各部门加大改革力度，促进权力公开透明运行，补齐制度短板，夯实法治基础；加大警示教育力度，在党内一定范围通报重大违纪违法案件，印发被查处违纪违法干部忏悔录，以案明纪、以案明法，形成强大心理震慑，督促党员干部知敬畏、存戒惧、守底线；加强党性、党风、党纪教育，促使党员干部转变观念、端正认识、提高觉悟，深入细致地做好思想政治工作，让干部安心、安身、安业，真正发自内心地崇廉拒腐，增强不想腐的自觉①。

① 中央纪委国家监委网站，中国纪检监察报．贯彻落实中央纪委三次全会精神之七：一体推进不敢腐、不能腐、不想腐［EB/OL］.（2019-03-03）［2021-07-10］. ccdi.gov.cn/toutiao/201903/t20190303_189754.html.

第二节　清廉金融与金融风险

一、金融风险概述[①]

（一）金融风险的概念

在理解金融风险的概念之前，首先需要明确风险的定义。风险是在一定条件下和一定时期内，各种结果发生的不确定性而导致行为主体遭受损失的大小及其可能性的大小。金融风险则是在一定条件下和一定时期内，金融市场中各种经济变量的不确定造成结果发生的变动，从而导致行为主体遭受损失的大小及该损失发生的可能性的大小。

（二）金融风险的特征

了解清廉金融对防范化解金融风险的重要意义，需要正确识别金融风险。只有了解了金融风险的特征，才能更好地识别金融风险。金融风险的特征主要包括以下几个方面：

1. 客观性

金融风险的客观性是指金融风险的发生是一种客观存在的现象，不随人的主观意志而转移。金融风险的具体表现形式有很多，如汇率波动、通货膨胀、通货紧缩、银行破产倒闭、信用违约等，这些都不受人的意志控制，而是客观存在的。

2. 普遍性

金融风险的普遍性是指金融风险在经济活动中随处可见。大到整个金融系统、各类金融机构，小到每一次金融交易、每一种金融工具，都有潜在金融风险存在的可能性。金融风险的普遍性不仅体现在空间上的无处不在，也体现为时间上的随时随刻。

3. 扩张性

金融风险的扩张性与金融风险的普遍性相联系，指的是金融风险既可以在时间上延续，又可以在空间上扩散。从时间上看，金融风险一旦出现，短至数月，长达几年才能消除；从空间上看，金融风险既可以对行业局部造成

---

① 此部分理论概念主要参考：朱淑珍. 金融风险管理［M］. 北京：北京大学出版社，2012.

冲击，也可能造成地区、国家乃至全球的大范围金融波动。

4. 多样性与可变性

金融风险的多样性是指金融风险有多种多样的存在形式，并且在不同的环境下有不同的表现形式，在同样的环境下不同的时间点也有不同的形式。

同时，金融风险也具有可变性。由于金融风险存在于每一次金融交易、每一种金融工具中，随着金融创新的发展，金融交易的方式在不断改进，金融工具的种类也越来越多，金融风险的形式也在不断变化。

5. 可管理性

金融风险的可管理性是指金融风险虽然具有不确定性，但也并非完全不可控。对金融风险的特征以及历史经验进行研究可以进行风险预测，并根据金融风险的规律性表现来进行风险管理。

6. 高传染性

金融风险的高传染性是指金融风险传导速度快且涉及范围广。这主要是现代金融市场中各参与主体相互关联以及信息技术的发展、金融创新的加快等所导致的。

7. 零距离性

国际化及信息化不仅拉近了国与国之间的距离，也使得彼此的风险特别是金融风险更加相关，即表现为零距离性。1997 年亚洲金融危机就是最好的例证，这场金融危机始于泰国，但最终席卷了整个东南亚国家和地区。

8. 强破坏性

金融在现代经济中的重要地位以及金融风险具有的扩张性和高传染性等特征，使得金融风险一旦发生，所造成的损失可能是巨大的，不仅造成社会生产能力的萎缩，还会破坏人们正常的生活秩序，甚至危害国家及金融安全。

（三）金融风险的经济后果

由于金融风险具有客观性、普遍性、扩张性、多样性与可变性等特征，金融风险造成的后果往往是十分严重的。金融风险的经济后果主要包括微观层面和宏观层面。

1. 微观层面

从微观层面看，金融风险的经济后果可以概括为以下几个方面：

（1）直接经济损失。金融风险所带来的最显著后果就是经济主体的直接经济损失。例如，通货膨胀会给债权人带来损失，股价下跌会给股票投资者带来损失，银行破产倒闭会给存款人带来损失等。这些具体的金融风险都会给经济行为主体带来直接的经济损失。更进一步，如果金融风险影响的是一个机构甚至一个国家，其导致的直接经济损失远不止于此。

（2）潜在损失。金融风险也会给经济主体带来潜在的损失。例如，如果交易对手出现违约风险，导致货款难以回收，那么下一周期的生产投资必将受到影响。

（3）预期收益和投资信心变动。金融体系的稳定是依靠各经济行为主体的信心来维系的。当金融风险发生，经济行为主体的信心将发生不同程度的动摇。例如，存款人因对某家银行失去信心而集中提取存款，严重的挤兑情况将引发银行危机或致使该银行最终倒闭。

（4）经营管理成本和交易成本增大。经营管理成本的增大主要是金融风险使得未来的不确定性增大，导致经营主体收集信息、针对信息制定战略以及进行决策时所依赖的外部环境和内部条件都发生了变化。经营主体难以对所面临的金融风险进行定价，使得交易变得更加复杂、交易成本增加。

（5）资金利用率降低。由于金融风险所带来的不确定性，因此包括个人和机构在内的经济主体出于预防动机而持有更多高流动性资产，导致投入生产的资金减少，影响产出。

2. 宏观层面

从宏观层面看，金融风险的经济后果可以概括为以下几个方面：

（1）重要宏观经济指标变动。消费、投资、总产出、经济增长率等指标都会因为金融风险而产生一定幅度的下滑。对企业和个人来说，金融风险的存在使得企业的投资选择和个人的消费选择都更为谨慎。这样虽然会在一定程度上增加经济中的总储蓄，但这部分由于金融风险而增加的储蓄并不能转化为投资，也就无法拉动经济总产出增长。一般而言，金融风险越大，对消费、投资、总产出、经济增长率等指标的影响也就越大。

（2）社会生产力水平下降。从产业结构角度来看，金融风险会导致经济资源逐渐从风险较高的行业转移到风险相对较低的行业，导致产业结构发展不平衡，进而影响整个社会的生产力发展水平。

（3）金融市场秩序混乱。金融风险会使得金融市场无法正常运行，失去原有的秩序。经济中各种不确定性增加，企业生产投资受到影响，居民消费和储蓄的行为选择更加困难，社会生产力发展水平下降，人们的日常生活也将受到影响。

（4）宏观经济政策的制定和实施受到影响。宏观经济政策的制定要以现实经济状况为依据，参考经济中的一些关键数据指标。金融风险的存在，使得政策制定的参考指标波动频繁，导致政策制定者无法及时掌握市场的实际情况，加大了政策制定难度。此外，货币政策实施的有效性受货币政策传导机制的影响，一旦货币供应量或利率等指标失真，货币政策的实施效果将可能达不到预期目标。民众的预期也是影响政策实施的重要因素，金融风险使得民众预期发生改变，可能导致政策无效。

（5）国际收支受到影响。金融风险也与一国的对外经济交往息息相关，金融风险使得一国汇率波动增加，直接影响进出口贸易等。同时，国内金融风险加大不仅降低国外投资者的信任度，减少外国对本国的投资，还会影响本国在国际组织的借款和政府之间的资金拆借。

二、金融腐败与金融风险

金融领域的腐败问题给金融市场的正常运行带来了巨大的影响，不仅破坏市场秩序、扰乱行业风气、抬高交易成本，甚至对金融安全和国家经济安全也产生了威胁。

2021 年 1 月 26 日，中央纪委国家监委网站同时通报了原内蒙古银监局三名落马官员。原内蒙古银监局党委书记、局长薛某某被开除党籍，原内蒙古银监局党委副书记、副局长宋某某被开除党籍，原内蒙古银监局党委委员、副局长陈某某被开除党籍。

经查，薛某某弃守监管职责，纵容包商银行野蛮扩张和违法经营，造成恶劣影响；违背中央设立村镇银行政策初衷，违规审批，致使当地村镇银行发展偏离政策定位，出现严重风险。薛某某利用监管职权和职务影响，在行政许可、现场检查、非现场监管、贷款办理、业务承揽、设立和入股村镇银行等方面为他人谋取利益，索取和收受多家单位和个人巨额财物。

宋某某利用职务便利为亲友经营活动谋利，违规安排亲属购买被监管机构职工住宅获利，以指定价格将自有房产售予被监管机构获利，违规兼职取酬；利用职务便利违规为亲友在入职、调动、提拔等方面提供帮助；滥用监管职权，违规签批各类监管事项，放弃监管职守，放纵包商银行野蛮扩张，违规审批被监管机构增资扩股，违规审批设立村镇银行。

陈某某为亲友在金融机构入职、调动、提拔提供帮助；利用职务便利，为他人在推广银行业务、引荐监管干部、入股银行机构、协调安排工作等方面谋取利益并收受巨额财物。

金融领域违纪违法案件呈现出以下几个方面的特点。一是权力寻租较多。有一定权力的金融从业人员，如基层银行行长、保险公司经理、客户经理等，利用手中的职权，钻营管理上的漏洞，达到以权谋私的目的。二是往往涉及基层员工。为数不少的违纪违法案涉及基层员工。三是风险呈交织状态的较多。违纪违法案件表面上为单一违纪违法行为，但背后往往是信用风险、操作风险、市场风险、声誉风险、法律风险等多种风险相互交织。四是涉案机构类型较多。从机构类型来看，包括国有银行、城市商业银行、农村商业银行、产险公司、寿险公司、证券公司、基金公司等多类金融机构。

金融腐败所引发的金融风险和市场因素导致的金融风险的一般特征高度一致。金融腐败具有隐蔽性，并且和金融风险造成的一般后果相一致，起初很难被发现。金融腐败所引发的金融风险具有传染性、扩张性以及强破坏性。一旦风险爆发，带来的后果将非常严重。因此，必须了解和识别金融系统中的金融腐败所引发的金融风险并进行严格管理，这样才能将金融腐败造成的损失控制在最小。

三、以清廉金融防范化解金融风险

清廉金融建设不仅有助于提升和净化金融从业人员的思想，还有助于金融从业人员恪守职业伦理和职业道德，完善内部监管，从而减少金融腐败，进而防范化解金融风险。只有实现清廉金融，才能避免无谓损失，降低市场交易成本，维护市场秩序，提高资金使用效率，推动经济又好又快发展。

党的十八大以来，全面从严治党深入推进、金融反腐力度持续加大。中国共产党第十九届中央纪律检查委员会第二次全体会议将“审批监管”“金融信贷”等列为反腐重点。中国共产党第十九届中央纪律检查委员会第三次全体会议首次单独提出要“加大金融领域反腐力度”。中国共产党第十九届中央纪律检查委员会第四次全体会议再次强调要“深化金融领域反腐败工作”。中国共产党第十九届中央纪律检查委员会第五次全体会议继续强调要“做好金融反腐和处置金融风险统筹衔接”。纪检监察机关按照中央纪律检查委员会历次全体会议的部署，坚定稳妥、扎实、有效地查办每一起金融领域腐败案件，将查处腐败案件与防范风险、挽回损失结合起来，有效维护和加强了金融安全，促进了金融业的健康发展。

全面建设社会主义现代化国家新征程中，金融风险不容忽视，如果处置化解不当，可能对金融安全造成威胁。因此，我国需要高度重视清廉金融建设，并通过清廉金融来防范化解金融风险，营造风清气正的金融环境，以金融业的健康发展为经济改革提供强大的动力支持。

第三节　清廉金融与社会主义核心价值观

一、社会主义核心价值观的内涵

2012 年 11 月，党的十八大报告指出：“倡导富强、民主、文明、和谐，倡导自由、平等、公正、法治，倡导爱国、敬业、诚信、友善，积极培育和践行社会主义核心价值观。”2013 年 12 月 11 日，中共中央办公厅印发《关于培育和践行社会主义核心价值观的意见》（以下简称“《意见》”）。《意见》指出，富强、民主、文明、和谐是国家层面的价值目标，自由、平等、公正、法治是社会层面的价值取向，爱国、敬业、诚信、友善是公民个人层面的价值准则，这 24 个字是社会主义核心价值观的基本内容，为培育和践行社会主义核心价值观提供了基本遵循。《意见》要求，把培育和践行社会主义核心价值观融入国民教育全过程，把培育和践行社会主义核心价值观落实到经济发展实践和社会治理中。党的十九大对培育和践行社会主义核心价值观提出新要求，指出培育和践行社会主义核心价值观，要以培养担当民族复兴大任的时代新人为着眼点，强化教育引导、实践养成、制度保障，发挥社会主义核心价值观对国民教育、精神文明创建、精神文化产品创作生产传播的引领作用，把社会主义核心价值观融入社会发展各方面，转化为人们的情感认同和行为习惯。

核心价值观是一个民族赖以维系的精神纽带，是一个国家共同的思想道德基础。构建具有强大感召力的核心价值观，关系社会和谐稳定，关系国家长治久安。从社会主义核心价值观的内容来看，无论是国家层面、社会层面还是个人层面，都意味着要构建社会主义和谐社会必须与腐败等违法犯罪行为进行持续斗争，既要不断健全完善有效管用的长效机制，又要在全社会树立廉荣贪耻的价值理念，重塑我们的价值观，以廉洁价值观引领社会价值观重塑。

金融腐败不仅威胁了我国的金融安全，影响了经济的发展和人民生活的和谐稳定，也严重违背了社会主义核心价值观的要求。对金融贪腐等违法犯罪行为的监管体系还不够健全，惩治此类违法犯罪行为的法律规章还有待完善，一定程度上影响了在问题出现前的及时预防。

当下，金融腐败表现出境内交易和境外套现交织的新特点，这时仅靠一国的力量进行打击是远远不够的，还需要与国际上其他国家共同监管，加强打击金融腐败的国际合作。

培育清廉金融思想是培育和践行社会主义核心价值观的重要方面，对于实现金融业健康运行、经济高质量发展、国家安全和社会和谐稳定都具有重要意义。清廉金融对培育和践行社会主义核心价值观的意义主要体现在政治、经济和文化等方面。

二、清廉金融对培育和践行社会主义核心价值观的政治意义

权力其实是一把“双刃剑”，它可以为人民、为社会造福，成为为人民服务的公器，也可以成为牟取个人利益的私产。法国启蒙思想家、法学家孟德斯鸠说过：“一切有权力的人都容易滥用权力。”加强国家政权建设，关键是要提高领导水平和执政水平，提高拒腐防变和抵御风险的能力。国家要有效保证正确行使权力，防止权力滥用。清廉金融建设对营造清正廉洁的社会环境、培育和践行社会主义核心价值观具有重要的政治意义。

清正廉洁是社会主义核心价值观的应有之义。营造清正廉洁的社会环境，建设美好社会，始终是人类向往的社会理想，也是中国人民不懈追求的社会理想。社会主义核心价值观具有丰富的内涵，在政治视角下，社会主义核心价值观与正义、公平、廉洁等一同作为政治伦理的基本范畴和核心价值。

清廉金融建设是廉政建设的重要内容之一。清廉金融文化是关于清廉金融知识、理念、规范并与之相适应的生活方式与社会评价的总和，是社会主义先进文化的组成部分，在廉政建设中发挥着重要作用。

金融广泛融入各行各业和社会经济生活的方方面面。相较于其他行业，金融行业更容易遭受腐败等违法行为的侵蚀。就对国民经济的破坏性而言，金融腐败的连锁反应更为明显。清廉金融建设能够有效抑制金融腐败，助力廉政建设，进而提高领导水平和执政水平，加强国家政权建设，为培育和践行社会主义核心价值观提供政治保证。

三、清廉金融对培育和践行社会主义核心价值观的经济意义

金融是实体经济的血脉。金融腐败不仅破坏经济基础，扰乱市场秩序，也会对社会生活产生严重影响。

首先，金融贪腐行为影响市场资源有效配置，降低储蓄转化为投资的效率，减少经济的总产出。金融腐败产生的一个重要途径就是权力寻租，寻租无疑会变相提高融资成本。融资成本的提高，对资金需求者来说，如果接受这部分额外成本，将加重自身财务负担；如果拒绝，可能会由于缺乏资金来源而影响下一阶段的投资生产。同时，这部分成本未能用于生产投入，导致资源不能有效配置，市场效率大大降低，经济产出受到影响。

其次，金融贪腐行为加剧金融风险。重大金融腐败还会使金融机构资产损失，可能使金融机构的资产负债表恶化，抬高金融机构的风险水平。一旦金融机构处于高风险状态，对投资者来说，其会选择放弃继续投资；对资金出借者来说，其会选择提前收回资金，将可能引发金融机构的挤兑。

再次，金融腐败破坏金融市场规则，损害正常的金融秩序。市场交易本着公平竞争、平等自愿的原则，但是金融腐败忽视这些规则，破坏市场正常秩序。例如，监管层利用监管权力谋取“腐败租金”，利用市场准入审批权，通过拒绝批准、提高准入门槛或提出不合理要求，故意拖延审批时间等进行“设租”。又如，个别金融从业人员利用职务便利换取腐败利益，获取回扣、股权等利益好处。

最后，金融腐败行为造成资金外逃，导致国家财富流失。前已述及，金融贪腐所得为躲避监管，可能会出逃国外，使国家和人民利益遭受损失。同

时，金融腐败分子还会通过其他渠道来“洗白”犯罪所得，使得洗钱犯罪更为猖獗。

四、清廉金融对培育和践行社会主义核心价值观的文化意义

培育和践行社会主义核心价值观同建设社会主义物质文明、政治文明、精神文明是有机统一的。发展社会主义社会的生产力可以不断夯实培育和践行社会主义核心价值观的物质基础，发展社会主义民主政治可以不断加强培育和践行社会主义核心价值观的政治保障，发展社会主义先进文化可以不断巩固培育和践行社会主义核心价值观的精神支撑；同时，培育和践行社会主义核心价值观又为社会主义物质文明、政治文明、精神文明建设创造有利的社会条件。

清廉文化源于中华文明几千年的历史，廉洁是中华民族的传统美德之一。清廉金融文化是清廉金融的重要表现形式之一。清廉金融文化属于中国特色社会主义文化的范畴，是其在金融领域的延伸。构筑清廉金融文化建设体系是我国金融行业面对错综复杂的形势，实现高质量发展的重要保障。清廉金融文化进一步丰富了中国特色社会主义文化的时代内涵，对培育和践行社会主义核心价值观有着重要的文化意义。

具体而言，清廉金融建设要求金融从业人员不仅要树立起正确的人生观、价值观和廉洁从业的观念，还要以健康向上的人生态度投入工作。清廉和谐的金融环境是全体从业人员共同努力的方向，具有强大感召力的核心价值观是全体从业人员赖以维系的精神纽带。

第四章

清廉金融与金融发展

第一节　金融行业的特征对清廉金融的影响

清廉金融建设离不开发展和宣扬清廉金融文化，而发展和宣扬清廉金融文化，必然要考虑到金融行业的特征对清廉金融建设的影响。相比于其他行业，金融行业具有一些比较独特的特征，如专业性比较强、高杠杆率、管制比较严格、存在系统性风险等。这使得清廉金融建设相比于其他行业清廉制度和文化的建设具有比较独特的意义。清廉金融建设除了需考虑金融业的普遍特征，也必须考虑我国金融行业的独特发展历程所形成的特征。

一、金融行业的普遍特征及其对清廉金融的影响

金融机构的主要功能一方面是把社会上的闲散资金集中起来，为各种经济建设、商业活动和个人消费投资活动提供资金，另一方面则是为持有闲散资金的个人、组织或政府机构提供存放管理资金以及通过投资获得利息或股利收入的服务。这些金融机构所从事的金融业务活动具有以下特点：

（一）杠杆率高

杠杆率一般是指企业的债务相比其资本金的比例。杠杆率越高的企业，其借入资金相对于其资本金的数额就越大。高杠杆率企业通过大规模借入资金，从而迅速扩大生产和经营规模，但是其相应的信息不对称和道德风险问题也就相应增加。

企业的融资方法主要可以分为两种：股权融资和债权融资。

股权融资需要出让出售股份所代表的企业决策权，会稀释企业现有股东的控制权。而股份所带来的红利依赖于企业的利润和发展前景，或者受多种因素的影响，波动大、风险高，投资者只有在比较低的股价或比较高的预期收益率的情况下才会接受股权融资。因此，股权融资的成本，包括经济成本和控制权成本，都相对比较高。但是股权融资的优势是对企业的股东构成激励机制以及相对于债权融资能够避免未来偿还资金的压力。高比例的股权融资会激励股东认真选择企业管理者，监督企业的运行以改进企业的绩效。

债权融资主要包括借款和发行债券等形式。对于企业的现有股东来说，债权融资不会稀释股东的控制权。对于企业的潜在投资者来说，债权融资一

般许诺固定收益，偿付顺序在股东之前，而且债权融资往往有担保物或抵押品，投资的风险相对较低。因此，债权融资的经济成本和控制权成本相对较低。但是过高的债权融资比例会造成企业股东或控制者的道德风险问题加重，因为企业股东或控制者自己投入的资金，即资本金，占比较低，如果采取高风险的投资或经营行为，如果成功获利，企业股东只需付给债权投资人事先约定的利息即可；如果失败受到损失，企业可以申请破产清算，虽然丧失资本金，但是无须偿还所欠债务。因为过高的债权融资比例会导致债权投资者存在比较大的风险，所以当债权融资比例较高时，债权投资者往往会要求比较高的利息率以补偿风险。

金融企业相比于其他行业的企业一般有比较高的债权融资比例和比较低的股权融资比例，即比较高的杠杆率。这尤其表现在商业银行和保险公司这两类金融企业中。商业银行通过提供存款服务吸收社会资金，实际上就是一种债权融资，即商业银行要保证当存款人来取款时能够支付；保险公司通过提供保险服务收取保险费，其所负有的在保险合同中约定的保险责任实际上构成了保险公司的一项负债，即保险公司要保证当保险合同上的条件满足时其能够支付保险补偿金。这种高杠杆率造成的后果，就是金融企业的经营风险加大、资本逐利所引发的道德风险问题相对比较严重。

清廉金融建设有助于抑制金融腐败。不少金融腐败行为表现为金融企业参与高风险投资，或者为高风险的投资项目做担保而放松相应的风险控制。这类金融腐败行为不仅发生在金融企业的一线员工身上，也会发生在金融企业的决策者层面，实际上是因为金融企业本身的高杠杆率会鼓励高风险的投资和经营行为。这种潜在的道德风险，使得清廉金融建设在金融行业的发展中不可或缺。

（二）金融资产占比高

企业在融资后需要购买资产从事生产和服务。一般的企业购买的主要资产是实物资产，比如厂房、设备等。而金融企业虽然也会购买实物资产，但是其主要持有的是金融资产，比如商业银行主要持有的资产就是银行贷款和债券，保险公司主要持有的资产是债券、股票等。

金融资产相比于实物资产的特点在于其更加抽象，更加不可触及（intangible），因此要检查金融资产的质量，相比于检查实物资产的质量就更加困难。这在商业银行的贷款方面表现得最为突出。因为商业银行贷款一般由银行持有，不对外出售，所以缺乏公允的市场价格，难以评估其实际风险和市场价值。与商业银行有关的腐败现象很多都和违规贷款、违规授信和担保有关。这也是由于金融资产的管理相比实物资产的管理更加信息不透明，因此建设和推广清廉金融文化，在金融企业的管理中就更加重要了。

（三）风险高且传染性强

当企业的资金流动性不足而又无法借到所需款项，或者其负债总额已经超过其总资产时，企业就需要宣告破产清算。这本来是市场经济正常运行的必要机制，也是熊彼得法则所说的“创造性毁灭起作用”的必经途径。但是金融企业和其他行业的企业不同，金融企业本身是在为个人、企业和组织提供融资和储蓄投资服务，其服务的一个重要部分就是管理和转化各类金融风险，利用各种专门技术把高风险的融资项目转化成低风险的投资或储蓄项目。因此，金融企业本身的运作就蕴含着巨大的风险。此外，金融企业通过金融市场以及互相之间的借贷和担保关系，构成了错综复杂的金融交易和合约网络。如果一个金融企业宣告破产清算，就会冻结与之有往来的其他金融企业的金融合约关系，从而对其他企业造成影响。如果这个金融企业规模很大，并且与很多金融企业都有往来，那么有可能会造成整个金融市场的动荡，甚至造成其他金融企业也出现资金流动性不足而被迫低价出售资产甚至宣告破产的局面，最后就会导致系统性、区域性金融风险。

金融企业经营中的风险往往和金融行业中的不正之风和腐败现象有密切关系。与腐败现象相关联的利益输送往往是通过提供低成本的融资机会和提供高回报的投资机会来完成的。这些利益输送也就构成了金融企业潜在的风险。正是因为这些风险是潜在的风险，所以往往难以察觉。当这些潜在风险在某些金融机构中积累到一定程度，就有可能造成这些金融机构出现破产危机，而经过这些金融机构与其他金融机构的联系则有可能造成系统性危机。这时候，相应的政府管理机构，比如中央银行、存款保险公司，如果放手不管，就有可能造成大规模的金融危机；如果为有破产危险的金融机构注资或提供借款，虽然有可能阻止金融危机的爆发，但是会造成进一步的道德风险。若要预防这样的情况发生，就需要提倡和建设清廉金融，用规章制度约束从业者和培养从业者的合规意识、风险意识，塑造企业清廉文化来避免这类现象的发生。

（四）关联行业非常广泛

金融服务是社会各界普遍需要的服务，几乎所有的组织和个人有支付、储蓄、投资以及借贷方面的需求。因此，金融服务涉及几乎所有行业、组织和个人。从清廉金融建设的角度看，其至少包括下列含义：

第一个含义是金融腐败可以和各个行业结合起来，各个行业对金融服务的需求都可能导致这些行业的某些人员与金融行业的人员合谋从事违法违规的腐败活动。这充分说明了清廉金融建设的重要性和必要性。

第二个含义是金融行业的高风险以及风险的传染性意味着一旦爆发金融危机，就可能转变为经济危机和社会危机。例如，如果银行业出现危机，众多企业难以贷到款，已有的贷款被银行要求偿还，现金流不足的企业就会被迫宣布破产，导致大规模失业，从而引发社会动荡。又如，如果保险业出现危机，大的保险公司被迫破产，由此造成购买这家保险公司保险服务的企业、组织和个人失去相应的保险服务，也会导致群体性事件乃至社会冲突。清廉金融建设通过减少金融腐败、降低金融风险，有助于防范这些危机的发生。

第三个含义是几乎所有个人都需要金融服务，而且金融服务涉及个人和家庭大部分的收入与财产，因此金融消费者的权益保护十分重要。一些误导消费者购买其不需要的，或者与其收入水平和风险承受能力不相称的金融产品和服务以提高销售业绩的行为已成为需要着力防范和解决的问题，这也是清廉金融可以化解的一个重要问题。

（五）专业性强且日趋复杂

金融行业相对而言是一个专业性比较强的行业，从业者必须有金融学方面的知识。现在，随着金融科技的发展，金融业开始强调数据科学等新科技的知识，这就使得金融业的业务知识和运作方式相比从前更加复杂。

专业性和复杂性使得金融业的腐败现象往往比较难以被不了解金融知识的社会大众了解，也加大了监管者检查和监督金融机构运作的难度。金融行业的消费者权益保护问题也变得更加迫切。因此，建设清廉金融，防止金融腐败和侵害消费者权益也就变得更加重要和紧迫。

（六）管制严格

金融行业通常受到比较严格的政府管制。这通常有两个方面的原因：一个原因是前面提到的金融行业有比较高的风险，而且风险具有传染性，有可能造成系统性风险，因此必须通过管制对金融机构的风险水平予以限制；另一个原因主要是保障金融服务消费者及社会公众的利益。前面提到的社会公众普遍需要金融服务，而金融行业的专业性比较强，监管部门需要监督和管制金融机构的服务，以保护广大社会公众的利益。

在对金融行业的管制中，为了控制金融业的风险，最常见的管制形式是资本管制。资本管制的风险是金融机构经营中的各种风险，如信用风险、操作风险、利率和市场价格风险等都有可能造成损失。金融机构必须有足够的资本金来补偿这些损失，这样金融机构破产的风险就会比较小，破产风险传播到其他金融机构的概率也就会比较小，系统性风险也就得到了控制。在金融机构的运作中，市场机制能够促使金融机构提高资本充足率，因为资本充足率过低的金融机构抵御风险的能力偏低，其发行的债券、股票的风险比较高。投资者会要求比较高的回报率，导致这些金融机构的融资成本会比较高，相应地就会促使金融机构提高资本充足率来降低融资成本。但是这种市场监督机制主要有两个缺陷：一是市场上的投资者只能从金融机构公布的信息中了解金融机构的经营状况和风险状况，如果金融机构隐瞒信息或公布虚假信息，市场的监督机制就难以生效。二是市场机制不会考虑金融机构破产后所造成的风险传染和系统性金融危机问题。因此，监管部门必须介入，一是强制要求金融机构提供信息并保障信息的质量，并进行现场监管；二是从系统安全、防范金融危机的角度考虑每个金融机构的系统重要性，并依据其系统重要性对其制定相应的资本充足率要求。

为了防止系统性风险，政府一般会建立存款保险机构来保护广大存款用户的利益。此外，政府为了防止金融危机的爆发以及大规模金融机构倒闭可能造成的社会动荡，一般会在比较大的金融机构出现破产风险的时候实施救助，向其注入资本金或提供借款。这些机制的存在，很好地降低了金融危机爆发的频率，减少了不良的经济和社会后果，但是加重了金融机构的道德风险。因为市场投资者，特别是存款用户，不再像没有政府干预的情况下认真仔细地监督金融机构的风险控制和资本充足率，即使金融机构破产清算，其存款也会由存款保险公司来补偿，而政府往往倾向于保证大型金融机构不破产。这样一来，市场监督机制就会进一步失灵，也使得政府的干预更加有必要。

保险公司出售保险合同，通过收取保险费用进行投资，将投资所得用来兑现未来的保险合同中许诺的保障服务以及获得利润。偿付能力是保险公司能够正常运作的基础。因为保险合约从签订后可能有很长时间的保障期，这段时间如果保险公司经营不善，或者投资失败，就有可能失去偿付能力，无法兑现其许诺的保障服务，从而造成购买保险合约的个人和组织失去保障，甚至有可能引起社会冲突和群体性事件。因此，政府必须监督和管理保险公司的运作，一方面要确保保险公司有偿付能力；另一方面要保护消费者的合法权益。

此外，重要的监管手段还包括准入监管和价格监管。

准入监管，即监管部门会审核申请从事某种金融业务活动的资质并决定是否颁发金融牌照。学术界的研究一般认为：这类准入监管会增大金融牌照的隐含价值，构成了金融机构破产清算的成本（因为一旦宣布破产清算，其金融牌照即失效，价值就会丧失），会降低金融机构的风险性行为；同时构成了进入门槛，减少金融行业的竞争程度。这一方面可能会降低金融行业的服务水平，提高服务价格；另一方面则会阻止过度竞争，提高金融机构的利润水平和资本积累速度，从而提高金融行业抵御金融危机的能力。

价格监管，即监管部门为了保证金融机构不会过度竞争以及保护消费者的权益，对一些重要的价格，比如商业银行的存款利率和贷款利率、保险公司的保险费率等，作出限制。

有些监管，比如资本充足率和偿付能力的要求会提高金融机构的成本，降低金融机构的利润水平。有些监管，比如价格监管，会束缚住金融机构的手脚，使其在激烈的竞争中难以用“价格战”战胜对手。因此，金融机构就有动机去绕开这些监管，甚至有动机来贿赂监管部门的领导者和工作人员来降低监管的强度或避免违反监管造成的罚款和改正措施。清廉金融建设就必须充分认识到监管的重要性以及监管部门可能受到的利益诱惑。有效的金融监管是金融行业正常发展、为经济发展助力、避免金融危机和经济危机的必要条件。受到腐败侵扰的金融监管，监管效力必然降低，会阻碍金融行业效率的提高，进而增强潜在的金融危机和经济危机爆发的可能性。若要建立和维护有效的金融监管体系，就必须培养金融从业人员遵守监管规则，走正路、守正气的风气，就必须完善监管部门的内部控制制度，就必须培养监管部门领导者和工作人员的清廉风气。

二、中国金融行业的特征及其对清廉金融的影响

中华人民共和国成立后，我国就开始建立计划经济体制。20 世纪 50 年代，我国逐步将金融业收归国有并予以重组，组建了一家既是商业银行也是

政府银行和中央银行的机构，即中国人民银行。保险业被合并后又被取消，证券交易所、证券的发行和交易也被取消。这种情况一直持续到 20 世纪 70 年代末。作为我国改革开放巨大成就的组成部分，我国金融业发生了历史性变革，基本建成了与中国特色社会主义市场经济相适应、具有活力和国际竞争力的现代金融市场体系。我国金融行业在党和国家的领导下开拓创新、攻坚克难，引领和推动不同时期的金融发展、改革、开放，不断开创金融事业新局面，为我国经济社会发展做出了重要贡献，形成了我国金融行业的特征。

（一）国有大型商业银行成为金融行业的支柱

1979 年，为配合实施“拨改贷”（国家对基本建设投资拨款改为贷款）政策，国家陆续建立各类国有专业银行，逐步调整国有专业银行之间的分工，剥离政策性业务，使其转变为市场竞争主体。2002 年 2 月，第二次全国金融工作会议明确提出对国有大型商业银行进行股份制改造，条件成熟的可以上市。2003 年，中央决定由中国人民银行牵头，研究国有大型商业银行改革问题；中国人民银行创造性地提出运用国家外汇储备注资大型商业银行，设计了核销已实际损失掉的资本金、剥离处置不良资产、外汇储备注资、境内外发行上市的“四部曲”改革方案。2003 年 9 月，经中共中央审定，国务院批准中国人民银行牵头起草的关于国有大型商业银行股份制改革的总体方案。按此方案，交通银行、中国建设银行、中国银行、中国工商银行、中国农业银行陆续进行股份制改革，剥离不良资产，大幅充实资本金，并成功上市，逐步建立了相对规范的公司治理结构。它们的内部管理和风险控制能力明显增强，资产规模和盈利水平均跃居全球前列。2011 年以来，中国银行、中国工商银行、中国农业银行和中国建设银行先后入选全球系统重要性银行（G-SIBs）。实践证明，我国建立的以国有大型商业银行为支柱的金融体系，成功抵御了 2008 年全球金融危机的严重冲击，是中国金融行业健康发展的重要保障①。

（二）高效、多层次和开放的资本市场

股票市场规模不断扩大，大部分企业在中国资本市场上市，特别是大型优质企业和创新型企业借助资本市场取得较大发展。债券市场成为资本市场的重要组成部分，与股票市场形成有效的平衡。债券品种多样化，适应中国经济发展需要的各种固定收益类、结构性和资产证券化等产品不断出现。商

---

① 易纲．在全面深化改革开放中开创金融事业新局面［J］．中国科技财富，2018（12）：54-61.

品期货和金融衍生品的品种丰富，市场参与主体基本成熟，多元化的投资者群体得以形成并具有良好的投资理念和风险意识。市场交易活跃，产品具有较高的流动性。

从规模看，截至 2018 年 10 月末，我国债券市场存量规模约为 84 万亿元，我国已经成为仅次于美国、日本的全球第三大债券市场，拓宽了实体经济的直接融资渠道，优化了社会融资结构，提高了货币政策传导效率，降低了社会融资成本，增强了金融体系的稳定性。同期，股票、商品期货和金融衍生品市场全面发展，资本市场的深度和广度大为拓展，市场层次更加丰富。

（三）与时俱进的金融监管改革

改革开放以来，中国人民银行不断调整完善职能定位，以适应形势的变化和需要。在原中国银监会、中国证监会、原中国保监会三家专业性监管机构分设后，为承担新的金融改革、发展和稳定的职能，2003 年，中国人民银行成立了金融市场、金融稳定、征信管理和反洗钱专门机构。2005 年，为更好地履行中央银行宏观调控职能，完善中央银行决策和操作体系，中国人民银行上海总部成立。2009 年，为进一步推进人民币汇率形成机制改革，推进人民币跨境使用，中国人民银行成立了专门机构。2012 年，金融消费权益保护专门机构成立。2013 年 8 月，中国人民银行按照国务院的要求，牵头成立了金融监管协调部际联席会议制度。2017 年 7 月召开的第五次全国金融工作会议决定设立国务院金融稳定发展委员会，由中国人民银行承担办公室职责，牵头防范化解系统性金融风险。2018 年党的十九届三中全会通过的党和国家机构改革方案，将拟定银行业、保险业重要法律法规草案和审慎监管基本制度的职责划入中国人民银行。

从上述我国金融行业的特点来看，我国金融体系中以国有大型银行为主体的商业银行是最为重要的组成部分，同时还有不断发展的多层次资本市场以及随着我国国情变化而不断演进的金融监管体系，都使得我国金融市场呈现出一些不同于西方金融体系、不能为西方金融理论所解释的较为复杂的特征。金融行业本身的复杂性叠加我国金融市场的特有之处，意味着对我国金融市场和金融机构的风险监控与防范以及对经营者工作绩效的评估可能更为复杂，而且经营者本身的金融腐败造成的利润侵蚀和金融风险具有较强隐蔽性，容易被金融机构本身的业绩掩盖，滞后较长时间才被发现，形成的金融风险累积造成较为严重的经济后果。因此，评价金融行业的经营效果和经营质量，仅仅靠考察金融机构的利润和风险水平往往是不够的，我国独特的金融体系使得对金融机构的工作业绩评价可能相对困难。此外，在我国金融体系中，已有的以国有大型商业银行为代表的国有大型金融机构体量大，往往对经济金融有重要影响，同时也承担了相对于非国有金融机构更多的社会职责，因此对国有大型金融机构的工作业绩评价就需要全面考量。我国金融体系的这些独特之处，需要大力倡导清廉金融，预防和减少腐败，从而保护金融机构的健康发展。从金融监管的变革来看，金融行业长期健康发展需要不断增强外部监管，也需要金融机构从内部持续加强清廉金融建设，更好地配合外部监管，降低系统性风险，确保金融安全。

第二节　金融监管发展历程和方式对清廉金融的影响

中华人民共和国成立以来，我国金融行业经历了几个阶段的变化，逐步从计划经济体制下的经营活动与监管合一的制度转变为与社会主义市场经济体制相适应的现代监管制度。了解我国金融监管的发展历程和主要的监管方式有助于理解清廉金融的意义和重点。

一、中国金融监管发展历程

中国金融监管发展趋势与中国金融行业发展趋势是相适应的，呈现出明显的渐进性和阶段性特征。纵观中国金融监管的发展历程，我们可以将其划分为以下三个阶段：

（一）1992 年以前：集中统一监管体制阶段

自 1949 年中华人民共和国成立到 1978 年改革开放以前，中国人民银行基本上是我国唯一的金融机构。中国人民银行除了作为货币当局制定和执行货币政策外，也提供信贷和国际汇兑等金融服务，并负责维护国家信贷资金体制。中华人民共和国成立前已存在的保险、证券和期货等金融服务在中华人民共和国成立后一度基本上被取消。改革开放以来，我国逐步恢复重建保险业、证券业和期货业，银行业也出现了多家银行共同竞争的局面。1983 年 9 月开始，中国人民银行剥离了商业银行职能，转为专职的中央银行，负责货币政策的制定和执行，并成为当时唯一的金融监管当局，负责监管银行、信托、保险和证券等所有金融业务。

（二）1992—2017 年：分业监管体制形成阶段

随着证券行业的迅速发展，1992 年，中国证监会成立，并逐步接管从中国人民银行移交出来的证券监管职能。中国人民银行的保险监管职能于 1998 年移交给当年成立的中国保监会。2003 年 4 月，我国正式组建中国银监会，承接中国人民银行的银行业监管职能。2017 年，我国成立了国务院金融发展稳定委员会。上述机构中，中国证监会依法对全国证券市场实行监督管理；中国保监会负责对保险业实施监督管理；中国银监会负责对全国银行业金融机构及其业务活动进行监管；国务院金融发展稳定委员会负责强化中国人民银行宏观审慎管理和系统性风险防范职责，强化金融监管部门监管职责，确保金融安全与稳定发展。

（三）2018 年至今：金融监管体制完善阶段

20 世纪 80 年代以来，金融行业混业经营成为世界普遍趋势，某些金融创新的目的就是避开监管，或者利用监管漏洞进行监管套利。我国政府也顺应形势，继续改革金融监管体制。2018 年，中国银监会和中国保监会合并为中国银保监会；中国银监会与中国保监会原有的拟订银行业和保险业重要法律法规以及审慎监管基本制度的职责被划到中国人民银行；中国银保监会主要负责统一监督管理银行业和保险业，保护金融消费者合法权益，维护银行业和保险业合法、稳健运行，防范化解金融风险，维护金融稳定。

此外，我国的监管部门与国际组织深入合作，不断提高自身的国际化水平。2009 年，中国银监会被金融稳定理事会（FSB）和巴塞尔银行监管委员会（BCBS）接受成为正式成员，共参加了金融稳定理事会和巴塞尔银行监管委员会下设的各层级工作组 40 多个，并担任了部分工作组的主席。中国银保监会还是国际保险监督官协会（IAIS）执委会的 8 个常设成员之一，并参加了下设的 8 个工作组。加入国际组织，让我国的金融监管和世界同步，可以有效防止监管套利。

二、中国金融监管方式及其对清廉金融的影响

关于我国金融监管方式及其对清廉金融的影响可以总结为以下几点：

一是公告监管，即政府对金融企业的经营不做直接监督，只规定金融企

业必须依照政府规定的格式及内容定期将营业结果呈报政府的主管机关并予以公告的监管方式。至于金融企业的组织形式、金融企业的规范、金融资金的运用，都由金融企业自我管理，政府不对其多加干预。公告监管是金融监管中最宽松的监管方式。由于信息不对称，监管机构和公众很难及时评判金融企业的经营状况，因此加强清廉金融建设能够有效减少金融企业的不当经营行为。

二是规范监管，即国家对金融企业的经营制定一定的准则，并要求金融企业遵守的监管方式。在规范监管下，政府对金融企业经营的若干重大事项，如金融企业最低资本金、资产负债表的审核、资本金的运用、违反法律的处罚等，都有明确的规范，但对金融企业的业务经营、财务管理、人事等方面不加干预。规范监管强调金融企业经营形式上的合法性，比公告监管有较强的可操作性，但基本准则不触及金融企业经营实体。对具体经营行为的监督不足，因此金融机构需要加强清廉金融建设，建立健全相关制度规章，降低金融腐败的概率。

三是实体监管，即国家制定完善的金融监督管理规则，金融监管机构根据法律赋予的权力，对金融市场，尤其是金融企业进行全方位、全过程有效的监督和管理的方式。实体监管包括金融企业设立时的许可证监管、金融企业经营期间的业务监管、金融企业破产和清算的监管。实体监管是国家在立法的基础上通过行政手段对金融企业进行强有力的管理。为了满足经济发展的需要，金融工具和金融产品创新层出不穷，对实体监管的深度和广度都提出了更多的要求。为此，我国成立国务院金融稳定发展委员会，统筹“一行两会”，对金融机构进行实体监管。实体监管形成了政府对金融机构安全保障的强力预期，加强清廉金融建设有利于减少金融机构的逆向选择行为。

第三节　清廉金融促进金融发展的经济学解释

一、清廉金融减少委托代理冲突

委托代理冲突理论也叫委托-代理理论（theory of principal and agent），主要是指在某些经济或合约关系中，委托人和代理人之间形成了合约关系，委托人的利益会受到代理人行为的影响。但是代理人的行为往往难以被委托人完全了解，委托人不知道代理人的每一个行为是否都是以委托人的利益为出发点做的最佳选择，而且代理人的行为所造成的后果会受到各种外部条件的影响，委托人也很难根据代理人行为造成的最终结果来确定代理人的行为是否合理。代理人因为和委托人在合约关系中所扮演的不同的角色，其利益需求往往和委托人不一致，这样代理人有可能会利用自己的信息优势选择对自己比较有利而对委托人比较不利的行为，这就是代理人的道德风险问题。如果这种道德风险问题不能被有效解决，就可能造成过高的合约缔结和执行成本，影响经济行为的效率。

委托-代理关系广泛存在于金融行业和金融监管部门中，与清廉金融的关系尤为重大。清廉金融所需要解决的问题和委托-代理关系造成的道德风险问题有很大的关系。基本上可以说，清廉金融建设就是要在金融行业和金融监管部门中的委托-代理关系中，从制度和文化上解决代理人的道德风险问题。

在金融机构的内部，存在着众多的委托-代理关系。以银行为例，存在着股东与董事之间的委托-代理关系（股东是委托人，董事是代理人）、董事与银行高级管理人员之间的委托-代理关系（董事是委托人，高级管理人员是代理人）。相似的委托-代理关系还存在于银行高级管理人员与中级管理人员、中级管理人员与普通员工、总行和分支行之间。这些委托-代理关系也都存在着信息不对称与道德风险，比如银行高级管理人员会把工作委托给中级管理人员或普通员工，而高级管理人员难以有时间和精力去跟踪下级的每一步工作。一类金融腐败现象就是下级工作人员利用自己的职务便利，违规操作、输送利益，并以此收受好处。只要未被发现，下级工作人员可以直接获得丰厚的利益。从整个社会的角度看，这样做会增大金融机构的经营成本和经营风险，甚至有可能会影响到整个金融系统的风险，因此必须从制度建设和文化建设上控制和解决代理人问题。

在金融监管部门中，上级监管部门和下级监管部门以及监管部门中领导与工作人员之间也存在委托-代理关系。信息不对称的情况同样存在，上级部门不可能跟踪检查下级部门的每一个决定，部门领导也不可能跟踪检查部门工作人员的每一种行为。金融监管部门所面临的道德风险同样存在。金融监管部门的监管会给金融机构带来各种各样的成本或收益。这些成本或收益的金额可能是巨大的。金融监管部门天然具有垄断特性，而且具有强制力。若其工作人员在批准放行和监管惩治上给予各种优先考虑或网开一面，甚至仅仅是提前透露消息，就能够给某些金融机构带来巨大的利益。而由此引发的代理人问题，会造成国家的金融监管政策得不到有效实施。金融风险可能会在那些受到特殊对待的金融机构不断积累，最终导致系统性风险的累积直至引发金融危机。监管部门的代理人问题还会损害国家监管部门的形象，助长金融行业内的不良风气，在社会上引起不良的影响。因此，对于监管部门的代理人问题，我们也必须从制度建设和文化建设上控制与解决。

清廉金融建设包括制度层面的建设和文化层面的建设，它能有效改善代理人问题。这是因为代理人问题产生的根本原因在于信息不对称和道德风险，制度建设可以改善信息不对称问题，文化建设可以改善道德风险问题。

如前所述，信息不对称问题的主要表现在于委托人不可能直接监督代理人的每一步行动。清廉金融制度建设，就是通过建立健全的制度来尽量减少这种信息不对称，比如采用多个代理人、在代理人之间引入竞争关系，这样代理人道德风险造成绩效恶化或风险增加就容易通过比较不同代理人的绩效而发现。同时，不同代理人之间因为所做的事情比较相似，彼此的信息不对称的情况会比较少。竞争关系也会使代理人有动力向委托人报告其他代理人的违规行为，这样也能有效减少信息不对称。在决策环节，采取透明公开的原则，引入舆论监督、公众监督或监管机构监督，也可以缓解信息不对称。此外，相关机构可利用现代信息技术的发展对代理人的行为做有效的记录并经常回溯检查，这种记录保留和检查也可以从事后减少信息不对称，使违规行为得到有效的遏制。

清廉金融制度建设可以缓解信息不对称，但不能完全解决代理人问题。清廉金融文化建设提倡符合社会主义核心价值观的、适用于金融行业和金融监管部门的价值观和行为道德，比如提倡树理想、养正气、守底线。树理想，即有了远大的理想，金融从业人员和金融监管部门人员就不会为了眼前的通过违法违规所得的短期利益而放弃自己的理想。养正气就是在金融机构和金融监管部门中树立与培养正确的道德观、价值观，杜绝腐败现象，排除腐败分子。久而久之，金融机构和金融监管部门就会培养出良好的清廉传统，并一直延续下去。守底线就是金融从业人员和金融监管部门人员通过对各种腐败现象和惩处措施的了解，认识到金融腐败的重大危害以及腐败行为的代价，从而自觉远离腐败现象和腐败分子，自觉做到清廉。在这样的文化建设下，道德风险问题就会得到有效遏制。

二、清廉金融降低金融监管成本

金融监管是维护金融行业健康有序发展、控制金融系统性风险以及预防和应对金融危机的有效且必要的手段。但是金融监管也会给政府部门、被监管机构和社会经济的发展带来监管成本。清廉金融建设可以有效降低金融监管成本。

金融监管自身的运行会直接产生社会成本。首先，要实行金融监管，就需要建立金融监管部门，雇用大量具有金融、会计、法律等方面专业知识的人员来实行监管。立法部门也必须制定和修订有关金融监管的法律。监管本身涉及的信息系统的建立和运行、数据资料的采集和分析、非现场监管和现场监管，都需要占用各种人力和资本等资源。其次，被监管机构为了遵从监管部门的管理，也必须相应提供监管部门所需的资料和数据，保持充足的资本金水平，在资产选择上对高风险资产的持有百分比也要符合监管部门的要求。这些或者增加被监管机构的运营成本，或者使被监管机构放弃潜在利润。

建设和倡导清廉金融文化能够有效降低金融监管造成的直接成本。建设清廉金融制度，比如加强执行过程的记录完整性和可追溯性、增强决策过程的透明性和公开性以及对违法违规人员惩处和限制等，可以有效减少金融行业和金融监管中的信息不对称，解决代理人问题，既可以使监管部门的监管过程更加有效且减少了因为腐败造成的监管成本，也减少了被监管的金融机构的侥幸心理和通过腐败走捷径的行为，让金融监管更加高效公平。清廉金融文化建设，比如提倡符合社会主义核心价值观、与金融行业的实践相结合的价值观和人生观，鼓励和培养良好的行业作风和监管部门的良好作风，推广对腐败案例及其惩处的警示教育，加强对清廉金融文化建设方面先进榜样的学习，可以有效降低道德风险，让金融监管部门工作人员以及金融从业人员对规则和规范有敬畏之心，并自觉遵守，使金融监管中的各种腐败现象得到遏制。

除了上述的直接成本外，金融监管也可能会造成一系列间接成本。

首先，一些金融监管措施会限制金融行业的过度竞争，比如价格管制（对存款利率和贷款利率的管制）、对准入的限制（开设新的金融机构或已有金融机构开设新的分支机构，都必须经过监管部门的检查和批准）、对经营业务的限制（开设新的业务必须经过监管部门的检查和批准）等。必须要说明的是，这些对过度竞争的限制都是有必要的，都是为了防范风险、维护金融行业的长期稳定和有序发展。但是限制竞争可能会带来效率的损失，造成比较高的金融服务价格、比较低的金融机构运行效率。

其次，一些金融监管也可能会限制金融创新的发展。金融创新往往能改进金融行业的运行效率和提高服务质量。健康的金融创新是金融行业发展的必要条件。创新的金融服务，往往因为立法的滞后，没有受到足够的监管，从而导致创新的金融服务因为监管而产生的成本比较低甚至没有，相对于其他类似受到严格监管的传统金融服务就有着成本优势。但是部分金融创新不再以提高经营和服务效率为目的，而以避开监管为主要目的。这一类的金融创新会造成风险在这些创新领域过分累积，并且导致传统金融服务领域的收入和利润损失。

最后，某些金融监管也可能会阻碍金融行业对范围经济和规模经济的有效利用。所谓范围经济，是指一个企业提供多种商品或服务，如果这些商品或服务要共用某些生产资源，可以提高这些生产资源的使用效率，那么这个企业提供的每一种商品或服务的边际生产成本就会下降。所谓规模经济，是指一个企业的生产过程需要比较高的前期投入或固定成本而产生的边际成本降低，如果产出越高，分摊到每单位产出的固定成本就越低，平均生产成本就会越低，那么这个企业在竞争中的成本优势就会越大。金融行业是明显存在规模经济和范围经济的。但是规模越大、经营金融业务越多的金融机构，其重要性往往也就越大，一旦破产造成的连锁反应就越大。因此，这类机构受到的监管往往较严格，而这也有可能会增加这类金融机构的经营成本。

对于金融监管可能造成的间接成本，清廉金融文化建设也可以起到降低成本的作用。这是因为清廉金融文化建设可以有效改善金融监管中的代理人问题，使得金融监管更有效率，从而更好地适应随着科学技术和金融行业实践的不断发展带来的新型竞争，改善金融创新、混业经营以及金融行业的内部整合带来的各种监管问题，从而降低监管造成的这些间接成本。

第四节 清廉金融与经济发展效率

清廉金融建设可以提高金融行业的经营效率以及金融监管的效率。因为金融行业是现代经济中重要的服务行业，各行各业几乎对金融服务都有需求。更富效率的金融行业可以提高金融服务的质量，扩大金融服务的种类，并提高金融服务的灵活度。更富效率的金融监管可以控制系统性风险，防范金融危机的爆发，从而增强宏观经济的稳定性，为经济的长期发展奠定基础。

本节首先讨论一般性的腐败对经济发展的影响，之后讨论金融行业的腐败对金融行业的影响及对经济发展的影响。

关于一般性的腐败与经济发展的关系，本书主要参考了尼洛伊·博斯（Niloy Bose）为《帕尔格雷夫经济学大词典》（第三版）撰写的“腐败与经济增长”（corruption and economic growth）条目。

在检验腐败与经济发展之间的关系方面，大多数相关的实证研究都发现腐败对经济发展有不良的影响。一些通过比较不同国家的腐败水平和经济发展水平的实证研究发现，不同国家往往会陷入两种不同的腐败与经济发展的模式：一种模式是腐败高发与经济上贫困落后，另一种是腐败低发和经济上繁荣发达。

为什么腐败高发和经济上贫困落后相关？这是因为在各种腐败现象中，企业与个人为了经济上的成功，会投入巨大的精力和资源来建立彼此之间以及与政府部门工作人员的私人关系，而这些私人关系本身没有实际的经济效益，而且会导致不合理的资源配置，造成低效率的经济增长。因此，腐败的普遍存在会阻碍经济的发展，让国家陷入低水平经济增长的陷阱。只有通过对腐败的严厉打击，提高政府监管的效率，才有可能跳出这个陷阱，进入腐败低发和经济高水平增长的良好状态。

具体到金融行业，因为金融行业涉及经济中的重要的生产性资源、资本和流动性资金的配置，所以金融腐败对于经济增长的影响相比于其他行业的腐败往往会更加广泛和直接。谢平和陆磊（2003）运用经济增长理论中最常使用的索洛-斯旺模型（Solow and Swan Model）分析发现，金融腐败会降低经济中资源配置的效率，使生产性资本的积累水平低于社会最优水平，从而导致经济的产出水平低于技术条件允许的最优水平，影响资源使用效率，最终造成比较低的经济增长速度①。在清廉的环境中，金融机构从业人员会自觉遵守各种法规和内部制度，贷款会流向符合监管机构要求和金融机构内部控制要求的企业与个人，金融机构融资所得的资金也会得到有效运用，长期资本和短期流动性资金就会流向那些既有合理资金需求又有能力偿还的企业与个人。长期资本和短期流动性资金是企业与个人的各种经济活动所必需的生产性资源。只要这些资源得到了有效运用，整个经济体的效率就会提高，经济发展就会比较快。反之，如果清廉金融没有得到足够的重视，金融行业的腐败现象比较普遍，那么长期资本和短期流动性资金就会流向一些与金融机构某些人员有利益关系的企业与个人，这些企业与个人往往并不能够有效使用资金，这样必然会造成一部分的长期资本和短期流动性资金因为低效率的经营活动而被损耗，最终造成社会资本的低速积累和经济的低速发展。

金融腐败现象除了会导致经济中长期资本和短期流动性资金的错配，还会造成潜在的金融系统性风险的累积。大量的金融腐败现象都和违规借款或违规使用融资所得的资金有关。一些违规行为常常会造成不良贷款或金融机构资本金的损失，容易诱发金融机构的倒闭甚至引起连锁反应。因为腐败现象在被发现之前往往都处于隐秘状态，可能会造成金融监管机构和宏观经济管理机构对潜在的金融风险估计不足。

上面的讨论也说明了清廉金融建设事关重大。有效的清廉金融制度建设、内部控制和文化建设可以减少和预防金融腐败，促使金融机构更高效运转，推动经济高质量发展，同时也减少金融机构风险的积累，预防系统性金融风险，为我国社会主义市场经济的稳健运行提供保障。

---

① 谢平，陆磊. 利益共同体的胁迫与共谋行为：论金融监管腐败的一般特征与部门特征［J］. 金融研究，2003（7）：1-15.

第五章

清廉金融思想培养

第一节　清廉金融与金融职业道德

金融职业道德是对金融从业人员的道德要求，是社会道德在金融职业活动中的具体体现，是所有金融从业人员在职业活动中应该遵守的基本行为准则。金融职业道德既是对进行金融活动的金融从业人员的行为要求，同时又是整个金融行业对社会所负的道德责任与道德义务。只有筑牢金融从业人员的职业道德根基，才能从根本上防止金融腐败，构建清廉金融环境。

金融从业人员职业道德的具体内容包括以下三个方面：遵纪守法、独立客观和忠诚审慎。其中，遵纪守法是对金融从业人员最基本的要求，独立客观是金融从业人员在职业活动中必须秉承的原则，而忠诚审慎是金融从业人员对其客户和雇主所承担的责任义务。

一、遵纪守法

遵纪守法要求金融从业人员在从事金融活动的过程中，必须具备一定的法律知识和法律素养。遵纪守法是金融从业人员的行为底线，是金融职业道德中最基本的要求。

金融从业人员必须理解并遵守由立法机构、政府、金融监管部门或金融行业自律组织制定的所有适用的法律法规或规章制度。我国的金融法律体系包括四个层级，分别是由全国人民代表大会及其常务委员会制定和颁布的法律法规，如《中华人民共和国银行业监督管理法》《中华人民共和国保险法》；由国务院依法制定和出台的行政法规，如《中华人民共和国外资银行管理条例》《中华人民共和国外资保险公司管理条例》；由监管部门制定和发布的规章和规范性文件，如《商业银行流动性风险管理办法》《商业银行资本管理办法（试行）》；由行业自律组织发布的自律性规章制度，如中国证券业协会发布的《证券经营机构及其工作人员廉洁从业实施细则》。一旦金融从业人员的行为可能与相关法律法规或规章制度发生冲突时，金融从业人员应当严格以法律法规或规章制度为准，不得有意参与或协助违反相关法律法规或规章制度的活动，并且必须避免这些违法违规的行为。

金融从业人员应当了解和熟悉与其职业活动相关的所有的法律法规和规

章制度。例如，我国的银行业从业者要熟悉和掌握有关银行业的上述四个层级的所有法律法规和规章制度。涉及跨国业务时，银行业从业者还应了解国外银行业的法律法规。具体而言，遵守职业道德并不要求金融从业人员成为金融领域的法律专家，但金融从业人员必须掌握与其工作内容直接相关的法律法规和规章制度。如果相关法律法规或规章制度与职业道德标准的要求不一致，则金融从业人员应当遵守较为严格的规定。这里的较为严格的规定，是指对金融从业人员的行为提出了更加严格的限制，或者要求从业人员采取更为严厉的措施来维护投资者权益的相关规定。

金融从业人员参加或协助违法违规的行为以及活动，将承担相应的法律责任。如果金融从业人员有充足的理由和证据认定其客户（雇主）即将进行的或正在进行的行为、活动是违法违规的或违反职业道德的，则其应当立即终止与这些行为活动的关系。

对于个体金融从业人员遵纪守法的要求，最需要关注的违法违规行为包括两类：一类是内幕交易，另一类是操纵市场。

（一）内幕交易

内幕交易是指拥有影响投资价值的重大非公开信息的金融从业人员根据内幕消息买卖证券或帮助他人获利。《中华人民共和国证券法》明确规定禁止内幕交易，金融从业人员不得凭借内幕信息交易获取不当利益，也不得协助其他人根据内幕信息交易获利。

内幕交易中包含的内幕信息是指一旦被披露将会影响证券的市场价格的信息。内幕信息包括但不限于以下信息：暂未公开的公司盈利状况，公司兼并、收购或收购要约，产品或制造流程创新以及新发明，公司新获得的专利和注册商标，公司管理层的变动情况，公司审计师的人员变动，证券回购、股权分割、股利变化、增发计划、股票抛售、股权变更等公司证券发行的相关事项，公司破产清算，公司重大法律纠纷，暂未公开的失业率、房价指数、货币政策信息等政府经济数据。这些信息一旦披露，将导致证券的市场价格出现波动。

2010 年 5 月 17 日，宏达股份管理人员包某某在明知天仁矿业即将并入宏达股份的情况下，向交银施罗德基金管理有限公司的投资经理吴某某透露看好有色金属行情、买入宏达股份股票风险不大。2010 年 5 月 19 日，吴某某用 7 个专户买入共计 21 236 042 元的宏达股份，当日宏达股份以涨停报收，当晚宏达股份发布重大资产重组公告，其后停牌。5月21日，《人民日报》“经济版”报道了此事，文中质疑宏达股份股价异动存在内幕交易行为，随后上海证监局对交银施罗德基金管理有限公司和吴某某展开调查。2010年6月7日，宏达股份宣布重组失败并复牌，复牌后宏达股份股价暴跌。

除了信息本身以外，一条信息是否属于内幕信息的决定性因素还包括信息的来源和信息的可信程度。例如，上述案例中内幕信息的来源是该公司的高级管理人员，其可信程度就比较高，该信息很可能属于内幕信息。若上述信息来自该公司的底层员工或其他公司的员工，其可信程度就大大降低了，该信息在大概率上是人尽皆知的非内幕信息。某一信息影响证券价格的能力越小，则该信息的重要性就越低。如果某项信息不确定是否能对证券价格产生影响或无法确定其将会产生何种影响，则该信息将被视为非内幕信息。另外，经过一段时间和一定程度后，一些曾经非常重要的内幕信息会转变为非内幕信息。例如，上市公司依法披露公司盈利状况后，该信息就不再属于内幕信息。

（二）操纵市场

操纵市场是指为了误导市场参与者，让其盲目买卖证券，通过一些人为的行为故意歪曲证券市场价格或抬高交易量，人为制造市场行情的行为。操纵市场同样是《中华人民共和国证券法》明文禁止的行为，通过操纵市场给其他投资人造成损失让自己获利的行为人要承担相应法律责任。

就操纵市场的具体形式而言，金融从业人员不得通过人为行为影响股价，不得通过操纵证券交易量和证券价格达到操作市场的目的，不得虚买虚卖，不得传播谣言，不得为谋取自身利益或转嫁风险扭曲金融工具的价格设置机制，不得依靠头寸控制权操纵相关衍生品或标的资产价格。

此外，金融监管部门需要采取一切方法来监督被监管的机构或个人，防止其参与违反有关法律法规、规章制度或职业道德的活动。金融监管部门的工作人员，除了要履行监管职责外，也要守住职业道德底线，严格遵守法律法规和职业道德。

二、独立客观

独立客观要求金融从业人员在从事金融活动时保持独立性和客观性。其中，独立性要求金融从业人员在提供服务或建议时必须保证自身的言行完全基于自己的真实意思表达；客观性要求金融从业人员在提供服务或建议时不受到外界因素的干扰。

金融从业人员必须保持谨慎的态度，在进行金融活动时独立客观地作出合理的判断。金融从业人员不得向他人索要或接受他人提供的任何常理上认为有损其个人的独立性和客观性的好处或报酬。同样地，金融从业人员也不得提供有损他人的独立性和客观性的补偿或好处。

在现实中，金融从业人员时常遇到有可能影响其金融活动决策的利益输送，这些利益输送会对个人的独立性和客观性造成损害。例如，发行商和保险商为了促进新的证券交易向金融从业人员提供好处，经纪人为了达成新的委托交易为金融从业人员提供额外利益。其中一种隐性的提供利益的方式是向金融从业人员提供新上市公司的股票。这种行为将为金融从业人员提供在二级市场上迅速获利的机会，金融从业人员有可能为了此类利益促成客户与提供好处的发行商或经纪人达成交易，但对于客户而言，其无法从中获得任何收益。因此，此行为是被职业道德和相关法律法规严格禁止的。金融从业人员应当注意拒绝可能会与其客户利益存在冲突的请求或暗示。金融从业人员最佳的方式是拒绝接受任何可能会有损其独立性和客观性的好处或报酬。

综上所述，无论在任何条件下，金融从业人员都要保证自己的独立性和客观性。其向客户或公众提供的各类信息必须真实、客观、准确、表述清晰。

金融从业人员进行陈述时需要保持谨慎，尽力确保信息的合理、正确和完整，不得做故意错误或不恰当的陈述，避免误导客户。具体要求包括但不限于：第一，金融从业人员不得向客户承诺保证某一投资的表现或收益可以达到某个特定目标。例如，金融从业人员向客户承诺保证其今年的资产净收益率将不低于10%，或者保证在这项投资上会实现收益。由于任何投资活动都包含着特定的风险因素，因此投资收益情况是无法事先准确估计的。第二，金融从业人员不得向客户夸大自身的能力或公司服务范围。第三，金融从业人员不得抄袭或剽窃，不得在没有明确引用的情况下，使用他人的报告、预测、图表或模型，不得未经允许使用他人编写的材料，不得擅自将他人作品归入自己名下。

三、忠诚审慎

金融从业人员既有忠于客户的义务，也有忠于雇主的义务，然而在具体开展金融活动时，金融从业人员必须将客户的利益摆在雇主利益和个人利益之前。在为客户提供建议和服务时，金融从业人员必须在独立客观的范围内保持谨慎的态度，专注、专业、勤勉地作出审慎的判断，并且应当比较和权衡客户对收益的要求和对风险的承受能力，尽量避免客户承担损失。同时，金融从业人员管理客户的投资组合时应当参考客户的实际需求或特定要求。例如，某些机构可能会被限制在烟草或军工业进行投资。

忠诚审慎要求金融从业人员以客户的利益为先，但有时需要金融从业人员具备识别实际客户的意识。例如，当金融从业人员作为被委托投资人管理养老基金时，此时投资人要维护的客户并不是养老基金的管理层，而是享有养老基金账户权益的个人。

忠诚审慎还要求金融从业人员在为客户提供咨询服务时遵守以下原则：一是必须事先询问客户的投资经历、利润目标、风险承受能力等基本信息，并且每隔一段时间重新评估和更新这些信息，以便能够作出合理的投资建议或采取相应的投资行动；二是采取某项投资行动时，需要评估该投资是否适合客户的财务状况以及是否符合客户的收益要求等；三是需根据客户的投资组合，判断投资是否适当，所提供的投资建议或采取的投资行动必须符合客户规定的投资组合目标和限制条件。也就是说，职业道德要求金融从业人员在向客户提供投资建议时充分考虑客户的实际需求、具体情况和投资目标。

此外，金融从业人员对每一名客户都负有公平对待的责任和义务，应当公正客观、一视同仁地为所有客户提供金融服务。这里的公平是指金融从业人员在提供金融服务过程中不得歧视特定客户或特殊优待某些客户。

公平并不等同于平等，不同的客户有不同的投资需求和投资目标，金融从业人员无法对所有客户都提供完全相同的服务时间，某项特定服务也不可能适用于所有客户，金融从业人员还有可能向额外支付报酬的某些客户提供更具深度和专业的服务。职业道德并不禁止金融从业人员为客户提供差别化的服务，但上述差别化的服务不得对其他客户产生负面影响，并且金融从业人员还应当向其他客户就差别化服务的情况进行必要披露。

对客户的忠诚还体现在保密上。金融从业人员必须对现在的客户、过去的客户以及潜在的客户的非公开信息负有保密责任，除非该信息涉及非法活动、影响其他客户的利益或客户同意披露该信息。最基本的职业道德要求金融从业人员必须严格遵守法律的规定。如果相关法律规定在某些情况下对客户的某些信息加以披露，那么金融从业人员应当遵守相关的法律规定。

除了对客户之外，金融从业人员对其雇主也有忠诚和审慎的责任。金融从业人员在行事时必须考虑雇主的利益，不得从事损害雇主利益的活动。

第二节　清廉金融环境构建与清廉金融意识培养

金融环境是指一个国家在一定的金融体制和金融制度下，影响经济主体活动的各种金融要素的集合。在本书中，清廉金融环境是指在整个国家的金融体系范围内，从金融监管部门到基层金融机构自上而下的整体廉洁。构建清廉金融环境，就是要大力弘扬清廉金融文化，不断提升金融从业人员的道德品行、职业操守，增强金融从业人员遵纪守法、廉洁诚信的清廉金融意识，形成风清气正的金融从业氛围。

然而，构建清廉金融环境仍然面临着一些挑战，其中最严峻的就是金融腐败现象的滋生。反腐形势严峻复杂，金融反腐工作任重道远。党的十八大以来，全面从严治党深入推进、金融反腐力度持续加大。中国共产党第十九届中央纪律检查委员会第二次全体会议将审批监管、金融信贷等列为反腐重点。中国共产党第十九届中央纪律检查委员会第三次全体会议首次单独提出要“加大金融领域反腐力度”。中国共产党第十九届中央纪律检查委员会第四次全体会议再次强调要深化金融领域反腐败工作。中国共产党第十九届中央纪律检查委员会第五次全体会议强调做好金融反腐和处置金融风险统筹衔接。

一、清廉金融环境构建

（一）对主要金融腐败形式的认识

1. 利用金融管制权力谋取腐败租金

寻租理论①认为行政权力对经济活动的广泛干预，即寻租环境的存在是腐败产生的重要根源。具体而言，市场经济的资源配置效应是通过市场主体之间的竞争来实现的。市场竞争的最终目标就是帕累托最优②。在达到帕累托最优之前，企业家为了获得超额利润会不断地创新，但其他企业家也会不断改进技术和创新来参与竞争，这些新利润点会随着技术和创新的普及而逐渐消失，这时企业家又不得不为了寻找新的利润点继续更新技术或创新。但市场并非完美的，市场机制也有其缺陷，即市场失灵。这就需要政府这只“看得见的手”介入。由政府来配置资源就意味着权力介入，由于权力的使用可以带来额外收益，因此就可能产生权力寻租。同时，在一些特许行业，政府控制着特许权。许多人为了获取特许权，就会用额外的资源去寻租。这部分寻租活动带来的成本并未投入生产经营活动，是对资源的浪费，造成了整个社会福利的净损失。

2. 利用金融资源配置权力为自己或他人谋取不当利益

利用金融资源配置权力为自己或他人谋取不当利益，是金融领域腐败的突出特点。例如，某银行原董事长姜某某，在任职期间，利用职务便利，向其个人或亲友控制的公司名下陆续转入约 2.83 亿股其所在银行股份，按照每股净资产计算，其所转移资产共计折合人民币 7.54 亿余元。此外，姜某某受贿金额超过 6 000 万元。

从横向看，金融资源配置权力的滥用在银行、保险、证券等行业均有发生。例如，国家开发银行原党委副书记、监事长姚某某因受贿罪被判处有期徒刑 14 年，并处罚金 350 万元，对姚某某受贿所得财物及其孳息予以追缴，上缴国库。据检方指控，姚某某受贿超过 3 600 万元。

---

① 政府运用行政权力对企业和个人的经济活动进行干预和管制，妨碍了市场竞争的作用，从而创造了少数有特权者取得超额收入的机会。根据美国经济学家詹姆斯·布坎南和安妮·克鲁格的论述，这种超额收入被称为“租金”，谋求这种权力以获得资金的活动，被称为寻租活动。租金的根源来自对该种生产要素的需求增加而供给却因种种因素难以增加而产生的差价。

② 帕累托最优是指资源分配的一种理想状态。在帕累托最优状态下，在不能使任何人境况变坏的前提下，没有办法使得至少一个人的境况变得更好。

从纵向看，被查处的金融腐败人员涉及的层级很广，从中央金融单位到地方法人金融机构及地方各级分支机构均涉及。2020 年 3 月，国家开发银行原党委书记、董事长胡某某涉嫌受贿案被提起公诉。胡某某被指控利用担任交通银行党委书记、董事长，国家开发银行党委书记、董事长等职务上的便利，为他人谋取不当利益，非法收受他人财物，数额特别巨大，依法应当以受贿罪追究其刑事责任。

3. 利用敏感信息攫取非法利益

《中华人民共和国证券法》明确规定禁止内幕交易，金融从业人员不得根据内幕信息交易或协助其他人根据内幕信息交易。之所以禁止内幕交易，是因为内幕交易会扭曲证券市场的价格形成机制和指数形成机制，导致本应反映公司综合业绩的证券价格和本应反映市场行情的证券指数成为一些人利用内幕消息炒作出来的结果。这些人为炒作出来的数据不仅无法准确反映证券的真正价值和市场的真实情况，还直接造成了证券市场秩序的混乱，使得证券市场无法发挥应有的优化资源配置和反映国民经济情况的重要作用。利用敏感信息攫取非法利益也是金融腐败的重要形式之一。

（二）外部监管和内部控制

清廉金融环境的构建离不开外部监管和内部控制两个方面。其中，外部监管是国家司法部门、金融监管部门以及金融行业自律组织共同对金融业进行外部的监督，通过管制来纠正或消除金融市场上的违法违纪行为；内部控制是指在外部监管的基础上，金融机构进行自我约束，从内部杜绝腐败问题的发生。外部监管和内部控制缺一不可。外部监管有着信息不对称①的局限性。若一个金融机构存在不当交易，该机构就会想办法隐藏其真实信息以规避惩罚；仅仅依靠内部控制的自律效应也无法实现清廉金融的目标，只有将外部监管和内部控制有机结合起来，互为补充，才能达到有效防范金融腐败、化解金融风险、构建清廉金融环境的目的。

1. 外部监管

金融行业是受监管最严格的部门之一。究其原因，金融行业具有与风险

① 信息不对称（asymmetric information）是指交易中的各类人员拥有的信息不同。在市场经济活动中，各类人员对有关信息的了解是有差异的。掌握信息比较充分的人员，往往处于比较有利的地位；而掌握信息比较贫乏的人员，则处于比较不利的地位。信息不对称可能导致逆向选择和道德风险。

和腐败密切相关的属性，这些属性包括垄断性、外部性、创新性、隐蔽性和长期性。

（1）垄断性。金融是现代经济的核心，政府往往会对金融实行牌照准入或特许经营，对金融从业资质提出要求，客观上使得金融业具有一定的垄断性。只有满足政府制定的准入要求的金融机构才能拿到金融牌照。这种进入门槛一是出于政府偏好，便于宏观调控；二是防止金融业的无序竞争导致风险损失。

（2）外部性①。金融是实体经济的血脉，几乎所有的实体经济行业在一定程度上依赖于金融。这就使得金融广泛影响社会资源配置。金融在资源配置中起重要作用。一方面，金融促进实体经济发展；另一方面，实体经济对金融具有很强的依赖性。因此，一旦金融领域发生波动或震荡，实体经济则会相应受到金融波动的不利影响；但同样地，金融行业的发展也会促进实体经济的发展。

（3）创新性。近年来，金融创新不断发展，金融产品的种类和数量不断增加，加上金融全球化，使得监管规则健全的速度有时赶不上创新的速度。这也为内幕交易和操纵市场留下了空间，从而产生风险和腐败问题。例如，2008 年全球金融危机肇始于美国的次贷危机，次贷危机正是由一种创新的金融产品——资产支持证券而引发的。

（4）隐蔽性。虽然能源、交通、工程建设等领域也容易发生腐败，但金融业因为直接和钱打交道，有很大的利益空间，因此容易产生风险和腐败。相比台面上的合同约定，私底下的抽屉协议更容易达成，因为隐蔽性较强，查处起来也很有难度。

（5）长期性。金融腐败交易还呈现长期性特点，如收受无偿赠与的股票、期权等，时间跨度大，不容易被查处。

正是由于金融行业的这些属性，外部监管对于构建清廉金融环境尤为重要。常见的外部监管措施包括准入限制、信息披露、存款保险、利率管制等。以银行业监管为例，各国银行监管部门的监管手段主要包括对商业银行

① 外部性是指一个人或一群人的行动和决策使另一个人或一群人受损或受益的情况。外部性分为正外部性和负外部性。正外部性是指某个经济行为个体的活动使他人或社会受益，而受益者无须花费代价。负外部性是指某个经济行为个体的活动使他人或社会受损，而造成负外部性的人却没有为此承担成本。

的准入监管、日常监管、存款保险制度和银行危机处理与退出管理。银行的准入监管一般分为注册制和审批制。银行的日常监管主要是对财务状况的监管，包括巴塞尔协议所规定的资本充足率、杠杆率以及流动性标准等。存款保险制度①的设立是为了保护存款人利益，稳定公众对银行体系的信心，进而稳定整个金融系统。银行危机处理管理是事后的挽救性措施，主要包括紧急救助、接管和并购，这些挽救措施可以在银行发生危机时尽可能减少损失、稳定市场。

证券业的监管包括对证券发行的监管、对证券交易的监管和对证券流通的监管。目前，世界各国对证券发行审核的方式主要是注册制和核准制。我国当前对证券发行的监管主要实行的是核准制，2020 年 6 月开始实行创业板改革和注册制试点。2020 年 8 月 24 日，北京锋尚世纪文化传媒股份有限公司、康泰医学系统（秦皇岛）股份有限公司、龙利得智能科技股份有限公司等 18 家企业作为创业板注册制首批企业上市。证券交易的监管制度主要包括证券上市制度、市场交易规则以及信息披露制度。对证券流通的监管主要包括对证券交易所的监管、对上市公司的监管、对证券经营机构和专业服务机构的监管。

我国保险监管的核心是三大支柱，即保险公司治理监管、保险市场行为监管、保险偿付能力监管。其中，公司治理是现代企业发展的产物，其本质是通过董事会建设、股东与经理人员之间的契约关系等制度性安排，界定公司相关利益各方（包括管理人员、员工、客户等）之间的关系，解决各方之间，特别是所有者和经营管理人员之间的利益冲突问题，实现利益各方的激励相容，实现公司的经营目标。保险市场行为监管主要是指保险监管部门通过逐步建立和完善市场行为准则，采取有效的监管措施，通过现场检查和非现场监管等方式，监督、检查保险公司以及中介机构在销售、承保、理赔以及客户服务等环节是否存在违法违规的行为，支持合法经营和公平竞争，处罚违规行为，促进保险公司完善经营管理和规范发展。偿付能力，即公司偿还债务的能力，具体表现为保险公司是否有足够的资产来匹配其负债，特

① 存款保险制度是一种金融保障制度，是指由符合条件的各类存款性金融机构集中起来建立一个保险机构，各存款机构作为投保人按一定存款比例向其缴纳保险费，建立存款保险准备金，当成员机构发生经营危机或面临破产倒闭时，存款保险机构向其提供财务救助或直接向存款人支付部分或全部存款，从而保护存款人利益，维护银行信用，稳定金融秩序的一种制度。

别是履行其给付保险金或赔款的义务。偿付能力是反映保险公司清偿能力和风险状况的核心指标。

构建清廉金融环境除了对金融体系内的金融机构进行监管之外，还包括对金融监管部门的监督。中国共产党第十九届中央纪律检查委员会第二次全体会议将审批监管、金融信贷等列为反腐重点领域和关键环节。中国共产党第十九届中央纪律检查委员会第三次全体会议首次单独提出要“加大金融领域反腐力度”，并将其列入推进党风廉政建设和反腐败斗争六项任务之一，重点聚焦金融乱象背后的利益勾结和关系纽带。近年来，中央纪委国家监委驻中国银保监会纪检监察组查办了一系列案件，全面强化对监管者的再监督。

上述关于外部监管的理论和方法只是对金融行业监管的横向介绍。从纵向来看，我国对金融机构的监督还涉及国家纪检监察机构监督、金融监管部门监督以及金融行业自律组织监督等，这些内容将在本书第七章中进行详细介绍。

2. 内部控制

由于信息不对称的存在，被监管机构有可能隐藏对其不利的信息，因此外部监管存在局限性，监管部门无法全面了解各金融机构，无法完全防范风险。对于构建清廉金融环境，内部控制是对外部监管的不足的有效补充，也是清廉金融的内在要求。

以银行业的内部控制为例，监管当局通过发布指导性原则，要求银行建立科学、严密、完备的内部控制制度。按业务类型来看，内部控制的要求主要有对核心业务的内部控制的要求、对资金业务的内部控制的要求、对存款及柜台业务的内部控制的要求、对中间业务的内部控制的要求、对会计的内部控制的要求以及对计算机系统的内部控制的要求。中国人民银行出台了《加强金融机构内部控制的指导原则》《商业银行授权、授信管理暂行办法》等管理规定，要求商业银行建立多条内部控制防线，并明确银行内部监督部门的职能定位。

商业银行授信业务的内部控制要求商业银行设立独立的授信风险管理部门，对不同币种、不同客户对象、不同种类的授信业务进行集中管理，避免信用失控。其主要内容有商业银行资金业务的组织结构应当体现权限等级和职责分离的原则，前台交易与后台结算分离、自营业务与代客业务分离、业务操作与风险监控分离，建立岗位之间的监督制约机制①。

总而言之，内部控制对于构建清廉金融环境是至关重要、不可或缺的一环。关于内部控制理论以及如何建设完善的内部控制体系将在本书第六章进行详细介绍。

二、清廉金融意识培养

培养清廉金融意识，使清正廉洁在金融体系内蔚然成风，是构建清廉金融环境的根本性策略。清廉金融意识，即所有金融从业人员自发地遵守职业道德要求的意识，是金融行业中的每名从业人员应该具备的基本观念。在整个行业内培养清廉金融意识、形成风清气正的行业良好发展风气十分必要。

培养清廉金融意识，要加强清廉教育。清廉教育是培养金融从业人员清廉金融意识的重要方法。着眼于未来及长远，财经类等专业的学生是金融行业的人才储备和未来的中坚力量。开展清廉金融教育是未雨绸缪之举，要突出教育预防，在学生时代就积极开展清廉金融教育，为即将步入社会的财经类等专业的大学生提前播下廉洁从业的“种子”，帮助金融行业后备人才扣好廉洁从业的“第一粒扣子”。2020 年 9 月至 12 月，西南财经大学与四川银保监局合作，举办了 14 次清廉金融系列讲座，为帮助在校学生了解金融行业现状，在职业规划初期树立自觉遵守职业道德的清廉意识做出了有益尝试。

培养清廉金融意识，要加强警示教育。在金融监管和金融反腐进程中，有许多令人触目惊心的案例。对这些案例的通报与分析能够给金融从业人员以及即将步入金融行业的大学生起到强大的警示作用。加强警示教育，不仅要通报大案要案，也要通报一些地方的、基层的违法渎职案件，起到警示和预防的作用。

培养清廉金融意识，要大力弘扬清廉金融文化和清廉金融价值观。清廉金融价值观源自社会主义核心价值观中的“敬业”与“诚信”，并在此基础上进行了延伸和发展。弘扬清廉金融价值观，有助于塑造金融从业人员对清廉金融的高度认同感和使命感，使清廉金融的观念深入人心。

---

① 殷孟波，许坤. 货币金融学［M］. 4 版. 成都：西南财经大学出版社，2020：182-183.

第三节　新时代清廉金融价值观

金融业肩负着服务国家战略、支持实体经济的重任，也关系着广大金融消费者的切身利益。金融业要坚持回归本源和市场导向，兼顾市场价值与社会价值、产品价值与道德价值的统一，形成依法合规、恪守信用、清正廉洁、公正透明、务实创新、稳健可持续发展的行业文化价值认同。

清廉金融价值观，即金融从业人员应当共同遵守和弘扬的文化价值取向。清廉金融价值观具体包括以下三个方面：慎独慎微慎行、懂法知规守则、自知自省自纠。其中，慎独慎微慎行要求金融从业人员树立良好的职业理想，提升自我修养；懂法知规守则要求金融从业人员识对错、知敬畏，勇于坚守底线；自知自省自纠要求金融从业人员常自省，实现自我纠偏。

一、慎独慎微慎行

慎独，就是要求金融从业人员独自一人时仍能严格要求自己，始终做到表里如一。“莫见乎隐，莫显乎微，故君子慎其独也。”慎独作为一种高度自律的状态，既是个人修为的重要体现，也是原则的有效检验。东汉“四知先生”杨震用暮夜却金①诠释了慎独的道理。保持慎独，就要严于律己、高度自律，自觉遵守各项法律法规。金融腐败的重要原因之一就是有些金融从业人员做不到慎独，心存侥幸，认为自己所做的违法之事无人知晓。例如，2018 年 5 月 24 日，福建省福州市中级人民法院宣判：对中国人民保险集团原党委副书记、总裁王某某以受贿罪判处有期徒刑 11 年，并处罚金 100 万元；对王某某受贿所得财物予以追缴，上缴国库。王某某被检方指控受贿共计折合人民币 870. 296 6 万元。

慎微，就是要注重细节和细微之处，不因小失大。金融从业人员要时刻铭记“勿以善小而不为，勿以恶小而为之”，见微知著、防微杜渐，拒毫末之错于千里之外。例如，某监管干部何某某在其所居住的小区前收受他人赠

---

① 《后汉书·杨震列传》：“（杨震）四迁荆州刺史、东莱太守。当之郡，道经昌邑，故所举荆州茂才王密为昌邑令，谒见，至夜怀金十斤以遗震。震曰：‘故人知君，君不知故人，何也？’密曰：‘暮夜无知者。’震曰：‘天知，神知，我知，子知，何谓无知？’密愧而出。”

送的礼品（酒一瓶），其上级纪委责成其作出深刻检查，对其进行诫勉谈话。一瓶酒看似不起眼，但若不谨记慎微，则有可能成为严重违法行为的起点，这种行为也违背了职业道德中关于独立客观的要求。

慎行，就是行为谨慎检点、知行合一。慎行不是不行，而是“三思而后行，谋定而后动”，要事先考虑好“行”的结构、“行”的后果和“行”的影响。在采取行动之前，金融从业人员需要谨记忠诚审慎的原则。审慎即谨慎小心，做不到慎行便有可能走向职务犯罪的深渊。

金融是涉及资本融通的行业，承担着风险管理的功能，一旦与人性的贪婪捆绑，必然蕴藏巨大的风险。身处于金融这个特殊行业中的从业人员，更是要坚持慎独、慎微、慎行，不存侥幸之心，不轻视微末之行。

二、懂法知规守则

懂法，即熟悉法律规范。从金融监管法律法规的内容来看，主要涉及两方面的关系：一方面是金融监管关系，主要是指政府金融监管部门与金融机构、金融市场、金融产品、金融交易的监督管理关系；另一方面是金融交易关系，主要是指货币市场、证券市场、保险市场和外汇市场等各种金融市场之间、金融机构之间、金融机构与金融消费者之间、大众之间的各种金融交易关系。金融从业人员必须熟悉这些关系的法律规范，并做到知法、懂法、守法。下列知法犯法的行为主要违反了职业道德中遵纪守法、独立客观和忠诚审慎的规定，金融从业人员要引以为戒、严加杜绝。

第一类是职务犯罪。例如，某地银保监分局一科长因受贿罪被判处有期徒刑 3 年、缓刑 4 年。某地银保监分局党委给予其“双开”处理。某地银保监局原副局长赵某某违纪案是《中华人民共和国监察法》实施以来第一起中国银保监会会管干部被留置案件。赵某某违反政治纪律，与他人订立攻守同盟，转移藏匿赃款赃物，违反组织纪律，插手金融机构人事工作；违反廉洁纪律，收受财物 232 万元，违规从事营利活动；违反工作纪律，接受请托违规批准机构跨区域设立分支机构；利用职务便利为他人谋取利益收受财物 2 880 万元，涉嫌受贿犯罪。某地银保监局原党委书记、局长亓某某长期收受监管对象礼品、礼金、消费卡，使用小金库支付个人承担费用；收受干股并交由特定关系人代持，利用职权为特定关系人谋取利益；滥用职权；利用职务便利为金融机构、企业和个人谋取利益并收取巨额财物；涉嫌受贿犯罪。这些案件中，监管干部由金融秩序的维护者沦为破坏者，严重损害了金融监管的权威性和严肃性。

第二类是挪用侵占资金。《中华人民共和国刑法》规定了挪用资金罪、挪用公款罪、职务侵占罪等。《中国共产党纪律处分条例》也明确禁止违规占有、使用公款公物等违反廉洁纪律行为。挪用类职务违法犯罪、违纪案件违反了职业道德中遵纪守法和忠诚审慎的规定。

例如，王某曾任某信用联社某县信用社主任，与银行信贷部负责人杨某、库管员李某勾结，利用职务之便，挪用客户账户资金和客户归还信用社的贷款共计 530 万元。在未经存款人同意的情况下，王某将大额存款设定为质押，私自取出挪作他用，主要用于炒股、入股经商办企业、投资理财、填平现金空库等。人民法院依法判处王某有期徒刑 3 年，该信用社给予王某开除党籍、行政开除处分。

又如，刘某曾任某国有大型商业银行某县支行综合部主任、会计科科长、行长。其利用职务便利，单独或伙同某市房地产公司总经理王某，挪用信贷资金 3 200 万元归自己和王某使用，主要用于赌博和经商。人民法院以挪用公款罪和受贿罪判处刘某有期徒刑 12 年。该国有大型商业银行某省分行行政开除 5 人，留用察看 5 人，行政记大过 3 人，撤职处分 3 人，警告 3 人。涉案资金仅追回 448 万元。

吴某曾任某国有大型商业银行某县支行行长，其先后与该行信用卡部主任罗某、某公司总经理徐某、该县信用社主任杨某等人相勾结，相继直接挪用和斡旋挪用财政社保资金、农村信用社存款、企业存款共计 2 385 万元，主要用于投资该市某房地产开发项目和个人经商。人民法院以挪用公款罪和挪用资金罪判处吴某有期徒刑 17 年，以挪用公款罪判处罗某有期徒刑 10 年。该国有大型商业银行某省分行行政开除 2 人，撤职处分 5 人，警告及降职处分 10 人。

某保险公司经理姜某利用职务之便，采用直接从投保人处收取保险金，将保险公司出具的保险单、保险业专用发票交给投保人，而收取的保险金不交回公司的手段，将保险金用于自己消费，挪用应收保费金额 26 万元，截至案发未退还。人民法院以挪用资金罪判处姜某有期徒刑 6 年。某保险公司省公司行政撤职处分 2 人、行政记过 3 人。

某保险公司某支公司经理赵某利用职务之便，擅自决定将公司账外资金 30 万元拆借给某企业喻某个人使用。喻某到案发时仍未归还该款项。人民法院判决赵某犯挪用公款罪，判处有期徒刑 3 年。某保险公司省公司行政撤职市分公司高管人员 2 人，行政降职及警告 3 人。

第三类是贪污受贿。金融从业人员贪污受贿同样违反了职业道德中遵纪守法、忠诚审慎的规定。

例如，2018 年 7 月 19 日，某保险公司农险渠道经理彭某因涉嫌滥用职权罪，被监察委留置。2018 年 8 月 10 日，公安局对彭某执行逮捕，并于同日将其移送检察院审查起诉。检察院指控彭某涉嫌滥用职权罪、贪污罪、单位行贿罪，彭某所在支公司农险渠道涉嫌单位行贿罪。人民法院于 2018 年 12 月 5 日开庭审理本案。2019 年 6 月 6 日，人民法院正式判决，认定彭某伙同部分乡镇工作人员利用职务之便虚构保险标的投保套取国家财政补贴，造成补贴资金损失 1 547 516. 8 元，情节特别严重；认定彭某伙同部分乡镇工作人员虚假理赔，骗取公司理赔款 352 000 元，数额巨大；认定彭某任职期间为单位谋取不正当利益，给予国家工作人员现金 479 087. 28 元，情节严重。彭某及相关涉案人员均受到法律的严惩。

知规，即知道制度规定、纪律规定、禁止性条款。心存敬畏，知规守矩，是对每一个金融从业人员的内在要求。从宏观方面而言，知规是知晓国家的制度规定、禁止性条款；对于中国共产党党员来说，知规还包括知晓党纪、党规。从微观方面而言，知规包括知晓并遵守在实践中约定俗成的行业规定、所在单位的规章制度等。在金融反腐进程中，出现了各种各样的违规案例，金融从业人员需引以为戒，知规守矩。

首先，违规行为表现为金融监管人员违反党纪、党规，如违反中央八项规定精神、违规参与经济活动、违反廉洁纪律规定以及违反组织纪律等。

例如，2013 年 11 月，某银监分局党委委员、副局长带队赴辖内对农村信用联社改制农村商业银行清产核资工作验收过程中，工作组 4 人、联社 3 人和中介机构 2 人共 9 人接受了被检查单位安排的个人宴请及娱乐活动，共消费 1 700 元。该副局长受到党内警告处分，验收组退回就餐款，取消验收组成员当年评先创优资格，并在系统内通报。

其次，违反监管部门的制度规定和禁止性条款也是违规行为的一种。以中国银保监会、四川银保监局对被监管机构有关廉洁从业的规定为例，包括《中国银保监会关于银行保险机构员工履职回避工作的指导意见》《中国银保监会办公厅关于预防银行业保险业从业人员金融违法犯罪的指导意见》《四川银行业金融机构从业人员禁止性规定》以及《四川保险机构及保险专业中介机构从业人员禁止性规定》等。

最后，违反行业自律组织发布的自律性规章制度和个体单位的规章制度也应该严格遵守。自律性规章制度包括中国证券业协会出台的《证券经营机构及其工作人员廉洁从业实施细则》，中国银行间市场交易商协会出台的《银行间债券市场债券交易自律规则》，中国证券投资基金业协会出台的《基金经营机构及其工作人员廉洁从业实施细则》等。

守则，就是遵守规则，有契约精神和规则意识。守则是在遵守国家的各项方针政策、法律、法规之外，对金融从业人员提出的更高要求。这些需要遵守的规则主要是指各个单位、部门、系统根据实际情况，为了规范、约束员工的道德行为而制定的一系列规章制度。这些规则具有约束性和规范性，要求金融从业人员有守则意识。守则在职业道德标准中体现在陈述谨慎、对客户和雇主忠诚等方面。

三、自知自省自纠

自知，即自己能了解自己，自己能认识自己。“知人者智，自知者明。”自知之明对于金融从业人员保持清廉具有重要作用。一是“知止”，即心存敬畏，违反法律法规、党纪国法的行为坚决止于自身。二是“知耻”，所谓“知耻而后勇”，金融从业人员应当正确认识自己的不足并加以改正和提升。三是“知足”，即培育平常之心，严守道德底线，保持公正清廉。

金融从业人员的自知主要体现在工作过程中对自己的言论、行为和所有言行的后果有足够清醒和正确的认知，并且在这些认知的基础上表现出合适合规的言行举止。

自省，也就是要求金融从业人员严格要求自己，经常检查、反省自己有无错误与过失，有则改之，无则加勉。古人以“吾日三省吾身”要求自己，处于风险巨大的金融行业中的金融从业人员，更是要提高对自己的要求，常反思、常改进，将自省作为从事金融工作的日常修养和职业习惯。

自纠，也就是在自省之后要纠正自己的不足。自省是方法，自纠才是自省的目的。金融从业人员要及时对自己工作中出现的各种问题和不足进行改正、改善，把自我纠正当成日常工作的重要一环。

金融从业人员在日常工作当中，可能会出现一些疏漏和不足。对于这些疏漏和不足，如果金融从业人员不能及时反思并加以改正，那么就有可能使这些疏漏和不足发展成大的错误，甚至是违法行为，这时候自省和自纠就显得尤为重要了。例如，金融从业人员在为公司选择投资对象时，与某家目标公司的总裁共同参与了一个与投资项目无关的公益活动，该活动是由这家目标公司主办的，在活动过程中该从业人员与该公司总裁并无过多交流。上述行为看似合理合规，但存在着一些风险，若最终的投资目标确定为该公司，这名金融从业人员很可能会被质疑其独立性和客观性。已经参加过的活动无法改变，但金融从业人员经过自省之后可以及时发现其中的问题，在事后向本单位报备该活动的情况，并将该公益活动的组织者和参与者名单记录在案以备查阅，这些补救行为可以弥补对其独立性和客观性的损害。

综上所述，自知自省自纠是金融从业人员应当遵守和弘扬的价值观念，也是在日常的工作中自我警醒、免于犯错的法宝。

第六章

清廉金融的内部控制建设

建立清廉金融长效机制的关键是事后惩罚与事前预防相结合，外部监管与内部控制相结合。除了国家纪检监察部门、金融监管部门、行业自律组织等外部监督外，实现清廉金融更为基础的措施是有效的内部控制。内部控制是金融体系预防腐败的基石和利器，也是防范化解风险的重要手段。本章以实现清廉金融为目标探索如何进行内部控制建设。

第一节　内部控制理论与清廉金融

一、内部控制理论的发展与应用

内部控制概念与金融领域息息相关，它从会计领域发展而来，之后被应用至银行及其他企业之中。内部控制这一概念最早出现在 1947 年的美国注册会计师协会下属的审计程序委员会编制的《审计准则暂行报告》中。因此，内部控制最初大多应用于会计领域。经过几十年的发展，内部控制理论逐渐成熟，从内部牵制完善至内部控制、内部控制结构，再到目前的内部控制框架，应用层面也越来越广泛。

巴塞尔银行监管委员会对内部控制框架的广泛应用也有推动作用。该委员会的首要工作就是研究对风险的监管，在内部控制建设发展过程中发布了大量具有参考性的文件。其中，巴塞尔银行监管委员会于 1998 年发布的《银行内部控制系统框架》是国外定义商业银行内部控制概念的主要参考文件。我国最早在 2002 年就制定了《商业银行内部控制指引》①，对商业银行内部控制作出了如下定义："内部控制是商业银行为实现经营目标，通过制定和实施一系列制度、程序和方法，对风险进行事前防范、事中控制、事后监督和纠正的动态过程和机制。"此后，内部控制理论的发展和应用在我国逐渐完善，其应用范围和影响逐步扩大，最终冲破了会计领域和银行业，延伸到了企业各个层次的经营和管理活动中，并直接影响企业战略。2008 年，财政部、审计署、中国保监会、中国银监会、中国证监会联合发布《企业

① 中国政府网.《中国人民银行公告》〔2002〕第 19 号［EB/OL］.（2002-09-07）［2021-07-10］. http://www.gov.cn/gongbao/content/2003/content_62070.htm.

内部控制基本规范》[①]，科学界定了内部控制的内涵，强调内部控制是由企业董事会、监事会、经理层和全体员工实施的、旨在实现控制目标的过程，有利于树立全面、全员、全过程控制的理念。2014 年修订的《商业银行内部控制指引》对内部控制的定义为："内部控制是商业银行董事会、监事会、高级管理层和全体员工参与的，通过制定和实施系统化的制度、流程和方法，实现控制目标的动态过程和机制。"美国反虚假财务报告委员会下属的发起人委员会（COSO）是国际上较为权威的研究内部控制理论的专业组织，其指出了内部控制中最为关键的五项要素，即控制环境、风险评估、控制活动、信息与沟通、监督。这些要素主要涉及企业经营的各个环节以及公司管理层管理企业的方式。这些要素也是企业管理风险、控制风险的必要内容。内部控制框架理论自从被提出以来，经过实践的验证，已经被认为是一项可理解的、能提高企业自身发展以及实现国家对企业各方面要求的切实可行的框架。

借助内部控制建设所包含的五个要素，有效地进行组织建设、制度建设、法制建设和电子信息系统建设可以规范经营行为，防范金融从业人员操作风险，达到有效预防金融腐败的目的，进而实现清廉金融的目标。

二、内部控制对清廉金融的重要性

清廉金融系统的建设过程是金融系统自我净化、自我完善的过程，而内部控制是金融机构进行自我规范和自我管控的措施，对保障企业规范经营、健康发展起到关键作用。因此，在金融领域强化内部控制管理是清廉金融建设的关键。

内部控制是单位内部建立的使各项业务活动互相联系、互相制约的措施、方法和规程。内部控制旨在通过建立完善的制度和程序防止错误与舞弊的发生，从而提高管理的效率，改善管理的效果，是一种强调以预防为主的框架体系。

金融体系做好内部控制管理，一方面要在事前、事中、事后都能做好相应的部署。事前做好计划，未雨绸缪；事中严格执行，精准把控；事后查漏补缺，及时发现问题、纠正问题。有效的内部控制有助于实现违规违纪行为

---

① 新华社. 五部门联合发布我国第一部企业内部控制基本规范［EB/OL］.（2008-06-28）［2021-07-10］. http://www.gov.cn/govweb/jrzg/2008-06/28/content_1030245.htm.

的源头治理，使小到金融机构内部、大到整个金融系统都处于合乎法律法规、正常运营的轨道上。另一方面，内部控制管理还是规避和控制金融风险的重要措施。金融机构在内部经营、管理、制度建设、信息沟通、风险评估等各个环节着力，可以有效减少经济犯罪，强化金融机构风险控制意识，提升金融机构风险控制能力，落实国家层面相关法律法规。因此，在经济环境复杂多变的时代，金融系统的内部控制建设的重要性和必要性更加凸显。

三、案例剖析

（一）案件介绍

企业内部控制的不完善必然会对实现清廉金融的目标造成负面影响，甚至可能出现违法犯罪行为。随着经济的发展，广大人民群众的财富积累增加，理财意识也越来越强烈，各种理财产品应运而生。某银行某支行原行长张某、副行长和理财经理在2016—2017年向该银行所筹建的高净值客户俱乐部成员推荐一款“非凡资产管理”保本理财产品，该俱乐部成员是人均资产在1 000万元以上的高净值客户。该支行相关人员声称该理财产品的原投资人急于用钱需要提前收回款项，自愿放弃理财产品利息，原本理财产品的一年期年化收益率为4.2%，距离到期日有6个月。如此一来，对于俱乐部成员而言，从购买日算起资金的年化收益率高达8.4%，与同类型理财产品的收益率相比，属于高收益产品，投资起点为300万元，保本保息无风险。该款理财产品仅对俱乐部成员开放，客户签订了相关协议；协议上均有转让人和受让人的亲笔签字，并印有“某银行某支行储蓄业务”的公章以及“非凡资产管理保本第××期私银款”的理财产品字样；销售过程也有录音录像。整个过程与正常的理财销售流程无异。

2017年4月12日，一位该银行的客户了解到该理财产品，认为值得投资，但苦于自己并非俱乐部成员，没有资格购买该理财产品，于是拍下该理财产品的照片，询问该银行管理部的朋友，并咨询是否可以通过其他途径购买。该银行管理部的工作人员发现该银行并未发行过该理财产品，立即将有关情况反映给相关领导。相关领导了解情况后立刻约见张某。在了解情况后，该领导意识到问题的严重性，立即上报该银行总行，最终由该银行总行向公安机关报案。

2017年4月13日，警方带走张某等涉事相关人员协助调查案件，公安机关随即立案侦查。当天晚上，该银行的几名“俱乐部会员”配合公安机关调查此事，经过询问和笔录，得知自己所买的“非凡资产管理保本第××期私银款”的理财产品并非该银行产品，纯属伪造。公安机关经过缜密的调查发现：该案涉及客户约 150 人，涉及资金规模高达 16.5 亿元；张某私自为客户设置多个账户，通过控制他人账户违规进行大额转账，将一部分钱用来投资赚取利润，将另外一部分钱用来购置房地产、文物和珠宝等私人用品；所有募集资金均未进入该银行账务体系。

2017 年 11 月 30 日，北京银监局认定该银行某支行涉案人员销售假理财产品以及相应分行内部控制管理影响理财产品市场秩序，违反审慎经营规则，判处罚金 2 750 万元，同时针对该银行某支行使用伪造的理财合同和银行印章，骗取客户理财资金的相关银行工作人员作出了严厉的行政处罚措施：取消该支行原行长张某终身董事和高级管理人员任职资格，终身禁止从事银行业工作；严厉处罚其他相关涉案人员。

除以上责罚外，监管部门还通报了该支行存在的其他问题：缺失印章管理监督机制，所销售的虚假、不合规的产品均盖有合规流程的印章；办理业务时违反相关规定，违规代理客户开办理财账户和网银；柜台违规转账，在客户本人不在场且未提供身份证原件的情况下为客户开办账户以及进行数笔大额转账；轮岗期限形同虚设，没有相应的监管机制，张某等人超过任职期限未轮岗，权力长期由一人把控。

（二）案例分析

某银行某支行假理财案属于内部欺诈行为，也就是由内部人员故意骗取、盗用财产或违反监管规章、公司或法律政策导致的损失，如利用内部人员的账户进行内幕交易、瞒报未经授权的交易等。根据旨在形成清廉从业的思想要求、清正廉洁的从业准则和规章制度、营造廉洁从业的环境和风气等清廉金融的基本要求，某银行某支行的欺诈行为不仅与清廉金融的目标完全相违背，而且已经触犯了法律。发生该欺诈行为的原因总体来说是企业内部控制的失效导致的。究其根源，可以概括为以下几个方面：

首先，某银行某支行组织建设不完善，内部监督不到位。仔细分析银行组织架构图不难发现，支行下设的风险管理委员会直接听命于支行行长，这就导致风险管理委员会缺乏有效的执行能力和管理能力，不能发挥有效的制约作用，同时支行行长也未得到监管。假理财产品在售长达一年之久，且属于频繁的大额交易，却未被风险管理部门觉察，说明该银行未对整个过程的合规性进行有效审计和监督。支行工作人员职业道德缺失也体现了该银行对员工清廉金融的培训与教育的缺失。

其次，某银行某支行制度建设不完善。该支行未建立有效薪酬激励制度、绩效考核制度以及奖惩制度等，导致员工目标无法与企业目标达成一致。本案中，包括支行行长、客户经理、柜台工作人员在内的全体员工集体犯案，这正说明该支行在绩效考核方面存在重大漏洞，未能将绩效考核与银行运营操作风险结合起来，也未能建立起有效的内部奖惩措施，从而无法管理约束员工的违法违规行为，也未能让知情者及时上报。有效的绩效考核制度、薪酬激励制度以及奖惩制度，可以不断提高员工工作的积极性。对于可疑交易或风险，如果员工能积极发现并及时上报，就可以大大降低风险发生的可能，从而为实现清廉金融的目标创造良好的环境。

最后，某银行某支行风险管理机制不健全。高端客户的大额资金流动在一年多的时间内未引起该银行风险管理部门的注意，并且大额资金流动未流入该银行理财销售专用账户，而是流入其他个人账户。在此期间，风险管理部门的不定期内部检查也未发现异常的大额资金流动，充分说明电子信息系统未发挥其应有的作用，该银行风险管理部门没有对各项业务规定极限边界，未对超过一定金额的资金划转进行相应的风险核查，也就未能发现风险，更谈不上评估风险了。

由以上案例可见，组织建设、制度规范、法制约束、电子信息系统建设对于实现清廉金融的目标而言，均是不可缺少的有力措施。

第二节　组织建设

在整个内部控制框架中，控制环境的创造是最基础的环节，为内部控制整体确定了基调，提出了基本要求，树立了框架结构。这个环节也为形成清廉金融的长效机制打下了基础。根据《企业内部控制基本规范》的规定，内部环境主要强调制定相关政策、设置内部机构、明确职责权限。在金融机构中，组织结构不清晰容易造成各部门间职责不明确、管理困难，从而为违法违规行为提供土壤，破坏金融系统的廉洁性。银行、保险公司等金融机构通常管理层次较多，一层一层的分支机构会增加银行的管理难度，削弱总部对各级机构的控制力度和监督效果。因此，完善的组织建设、合理的组织结构对于金融机构保持清廉至关重要，能够使各部门权责清晰、相互制约，实现有效的层次管控和内部管理。

一、建立完善的组织架构

金融机构需要依法建立健全包括股东大会、董事会、监事会、高级管理层在内的公司治理架构，明确各自职责边界、履职要求，以实现权责统一、有效制衡。

董事会对股东大会负责，执行股东大会的决议，决定公司经营计划，制定公司基本管理制度等。

监事会监督董事和高级管理层的履职情况，纠正不当履职行为，可对违反法律、行政法规、公司章程或股东大会决议的董事、高级管理人员提出罢免建议。

高级管理层对董事会负责，同时接受监事会监督，根据公司章程及董事会授权开展经营管理活动。

以上三种相互制衡的管理层设置是公司组织的主要结构。此外，为完善组织结构，金融机构可以建立内控合规部门，并建立起完整的合规管理框架。这涉及合规风险的管理。合规风险从守规和违规的角度出发，主要针对企业内部经营管理，注重在经营结果上合乎规定，这也是内部控制的目标和清廉金融的界限——一切不合乎规定的行为必定不属于清廉金融。

2018 年 3 月，四川银监局组织开展四川银行业合规文化建设行动，以执行中国银监会《商业银行合规风险管理指引》为重点，以倡导合规价值观为核心，以落实银行业机构主体责任为抓手，在四川银行业树立全员合规、全程合规、主动合规、秉持合规经营的理念，构建合规风险控制、管理的长效机制，有效防范合规操作风险和大要案件发生，切实解决屡教不改、屡禁不止、屡查屡犯、屡罚屡犯问题，促进四川银行业经营安全和稳健运行，督促四川银行业机构建立“一部门、两机制、全环节”的合规文化制度组织体系。“一部门”，即设立专业、独立的合规风险管理部门，并配备相应的人财物资源。“两机制”，即建立合规为本的绩效考核机制和合规风险评估机制，从组织架构上丰富合规文化的形式与内涵。“全环节”，即绩效考核机制、合规风险评估机制涵盖所有金融业务、所有业务环节、所有合规风险要点，实现合规风险考核、评估的“全覆盖”。完整的合规管理体系涉及以下几个方面：

第一，内控合规部门是进行合规管理、控制合规风险的牵头部门，也是践行清廉金融的重要内部监督机构之一。金融机构可以分别在内部各个层级设立内控合规部门。内控合规部门主要履行协助管理层制定和实施合规管理制度，建立健全合规经营管理机制，开展合规审查或合规咨询，组织合规培训宣传，开展合规风险监测，报告合规管理情况，开展合规检查评价等职责。

第二，金融机构各业务条线和分支机构应承担合规管理的首要责任，履行遵循各项规章准则的义务，执行本机构（部门）合规管理制度，开展本机构或本专业条线合规培训，保障本机构（部门）合规履职，落实本机构（部门）反洗钱等特定合规义务以及主动监测、检查和报告本机构（部门）合规管理情况等职责。

第三，每位员工应当切实承担起与其工作岗位相对应的合规管理职责，自觉遵守和严格执行各项规则和准则，自觉接受合规培训和检查监督。员工的清廉是金融机构保持清廉的基础。

二、建立有效的内部监督机制

金融机构内部实现清廉金融目标的途径可以总结为两种：一种是自律，包括金融机构为实现整体自律而建立的奖惩办法等各项规章制度以及开展的各种合规教育培训等；另一种是内部监督，是一种事中防范、事后纠正的有力措施，以监督各个部门是否做到清正廉洁。

尽管大部分金融机构都建立了成熟的组织架构，但实际上，这个架构可能并未充分发挥效用，包商银行就是一个典型的例子。包商银行实行事业部制，总行风险管理部门没有全行层面的决策权和对全行风险管理工作的垂直领导权，风险管理部门的制衡和专业判断作用丧失。总行管理部门常以业务信息保密为借口，阻碍审计项目开展，导致内部审计部门难以履职，审计监督失效。这意味着内部监督失灵，组织架构基本处于瘫痪状态，各类违法违规和舞弊行为可以任意而为。

从包商银行的例子中可以看到，在内部创建有效的监督机制是保证相关制度有效执行的重要基础，内部监督应该构建起贯穿事前、事中、事后的全程监督模式，避免留下内部监督的真空地带。

加强内部监督机制的措施如下：

第一，金融机构应设立独立的内部审计部门，确保审计的独立性。有效发挥审计部门内部监督的作用，“独立性”是关键因素。由于许多金融机构存在人员紧缺、编制问题、资金问题等，因此其审计部门难以作为一个单独机构或部门履职，难以发挥应有的作用。在稳健的金融机构中，应由独立的审计部门来履行审计评价管理体系的有效性、健全性，审计评价各级机构的履职情况，将监督结果及时进行信息共享等职责。

第二，金融机构应建立起专项监督机制，对日常监督进行补充。例如，前述某银行某支行出售假理财产品的案例，银行总部可以建立起对理财产品的专项监督，以便深入全面地了解、控制风险，并对专项监督所反映的问题，尤其是经常性问题给予足够的重视，制定对应的解决措施。

第三，对内部员工行为的监督应从员工行为、经营行为等方面加以落实。在员工行为方面，金融机构应对员工流动性加强管理，落实轮岗机制，建立内部奖惩机制等。在经营行为方面，金融机构的所有经营活动都应严格按照规章制度进行，明确岗位职责，用制度管人。金融机构可以在内部开展交叉检查，建立各经营环节责任到人的监督机制。

第四，金融机构应将清廉金融植入队伍建设全过程。金融机构应将清廉金融教育作为员工入职教育的“第一课”、作为全员培训的重要内容。金融机构应聚焦公司管理人员，特别是高管的廉洁管理，探索岗前承诺守廉、任期述职述廉、离职审计问廉等管理机制。金融机构应建立从业人员廉洁档案，将其作为日常监督的重要内容，摸清员工“廉情”底数。金融机构应通过评选表彰等方式，激励员工廉洁从业，守住清廉底线。金融机构应加强对员工“8 小时以外”的教育管理，开展家庭助廉活动，推动清廉金融文化建设进家门。

第五，金融机构应进行民主监督，让每个员工都能参与其中，充分发挥工会群团组织的作用，构建良性运作的监督系统，确保沟通反馈渠道畅通，形成良性循环。

第六，金融机构应严格执行监管部门所发布的银行保险机构从业人员履职回避、预防金融违法犯罪、从业禁止性规定等制度规定，认真落实监管要求，增强内部控制机制的有效性，对违反法律法规、工作制度的行为严肃追责。

三、文化组织实施

前两个部分主要探讨了机构组织建设，而清廉金融内部控制建设不能缺少文化组织建设，金融机构内部应该形成清廉金融文化宣传组织，这也是金融机构以自律途径实现清廉金融目标的重要措施。

各金融机构应该着重从以下三个方面推进文化组织实施：

首先，加强组织领导。各金融机构要加强对清廉金融文化建设工作的组织领导，形成统一领导、齐抓共管、上下联动、各负其责的创建格局。各级党组织要充分发挥示范引领作用、党员要发挥先锋模范作用，将清廉金融文化建设作为党组织建设的一项重要内容，发现苗头性、倾向性问题及时整改，推动清廉金融文化向纵深发展、向基层延伸。

其次，强化任务落实。各金融机构要结合实际，明确内部责任分工。各级领导班子和管理人员既是组织者、倡导者，更是参与者、示范者。各金融机构要积极扩大参与覆盖面，充分发动广大从业人员建言献策、群策群力、凝心聚力推进清廉金融文化建设。各金融机构要处理好行业整体和单位个体的关系，实现行业目标统一、个体百花齐放的生动局面，切实搞好清廉金融文化建设各项活动。

最后，做好统筹协调。各金融机构要着力整合现有资源，实现资源共享，形成工作合力，共同推动清廉金融文化建设。各金融机构要将清廉金融文化建设与行业整体文化建设相结合，与金融机构纪检监察部门履行监督职责、构建行业惩治和预防腐败体系相结合，一体统筹推进。

具体活动的实施可以通过以下途径开展：

第一，将清廉金融融入企业文化。金融机构可以梳理公司章程和相关经营管理制度，将清廉金融文化与企业发展理念融合，与诚信文化、合规文化、行规行纪融合。金融机构应通过内部监督与考核，将清廉金融文化进一步延伸到金融服务当中，规范金融服务行为，消除违规操作特别是利益交换空间。

第二，加强宣传教育引导。金融机构可以组织开展清廉金融知识学习、典型案例警示教育等活动，因地制宜组织金融从业人员到法院、监狱、廉政警示教育基地等开展警示教育；用好历史文化名人、红色教育、廉洁文化基地等资源，丰富宣传教育活动的形式和内容；在办公场所、营业网点等宣传展示清廉金融文化，建好清廉金融文化“墙、廊、场、室”，做到线上与线下、传统与创新方式相结合。

第三，打造特色清廉金融文化品牌。金融机构可以充分发挥各自优势和特点，结合实际创新工作方式方法，大力开展清廉金融文化建设探索实践，打造特色鲜明的清廉金融文化品牌。

四、清廉金融组织建设案例

在清廉金融组织建设过程中，四川省金融机构和监管部门积累了一定的宝贵经验。本书通过以下三个案例进行详细介绍：

（一）案例一

在组织建设的模范单位中，某银行通过架构调整、平台引领、多维考评、基层穿透等举措，凝聚三道防线、案防管控合力，形成“横向到边、纵向到底”的齐抓共管、群防群治的矩阵式内控合规管理格局。

举措一：推进组织架构改革优化。一是该行强化二级行内控合规架构建设，在下属所有二级行单独设立内控合规部门，增强内控合规资源配置，促进内部控制案防、检查整改等核心职责落实到位。二是该行推动纪检监察体制改革顺利实施，实现“违反银行内部规章制度行为的调查处理”等相关职责平稳交接。三是该行梳理一道防线内部控制岗位职责清单，明确一道防线部门内部控制组织架构，促进一道防线主动履职与自我管理。

举措二：发挥议事平台决策作用。一是该行强调风险管理与内部控制委员会的核心引领作用，强化内部控制案防的决策部署、执行反馈、监督指导、信号传递。二是该行建立常态化的风险总监约谈机制，针对内外部各类风险排查及专项治理所发现的问题，由风险总监对问题突出机构及相关条线部门进行集体约谈，以达到重视问题发现、抓好落实整改、形成长效机制的目的。三是该行强化三道防线沟通联动机制，组织召开分行部门内部控制副职沟通会，研判风险、共享信息，加强问题线索的集中化处理。

举措三：做实“三位一体”考评督导。一是该行按季实施分行部门内部控制副职履职评价，明确内控合规管理指标占其经营管理绩效 50% 的权重，强化对业务条线管理人员的履职管理。二是该行开展机构内控合规达标评价，对43家分支机构实施“全条线+多维度+强排序+严考核”的达标管理，增强机构内控合规管理自觉性。三是该行以总行机构绩效指标为依据，组织实施对分行条线部门的内控合规考核，充分传导落实年度重点工作任务。

举措四：强化基层机构风险管控。一是该行全面下沉案防管理重心，省分行年度内以全覆盖的方式列席下属所有分支机构的风险管理与内部控制委员会，传导要求、强化点评、了解下情、促进沟通，努力提升基层案防管理的重视度、精细度。二是该行分层实施内控合规“月度沟通、季度点评”，落实二级行领导班子成员与基层机构案防挂钩机制，着力抓好内部控制管理规定动作执行。三是该行推动基层网点负责人认真履行日常内部控制规定动作要求，并将履职过程及结果纳入个人考核，强化监督、指导以及考评。

（二）案例二

良好的文化组织建设对于金融机构开展日常业务活动以及进行清廉金融文化建设都是强大的助力。例如，某银行坚持开展常态化、全行性的警示教育活动，持续培养员工的底线意识，树立“人人都是唯一一道防线、每道防线都是最后一道防线”的理念，打造纪律严明、风清气正的合规文化，取得了良好的效果。

举措一：建设“川心廉”廉洁文化。一是该行组织全体员工运用内部平台各项功能，学习制度文件、典型案例，并进行“廉洁教育在线自测”。二是该行通过“家长开放日”、员工家访或上门拜访和慰问等方式交流廉洁心得，打造“川心廉”主题文化走廊、特色廉洁小家，引导和督促干部员工廉洁从业。三是该行抓实廉政教育。各机构纪委书记、派驻纪检组组长、纪检委员给新入职员工讲一堂廉政教育课，扣好廉洁从业“第一粒扣子”。

举措二：推进“巩固提升年”合规文化建设。一是该行开展“合规文化巡回宣讲课件视频”专项学习活动，员工通过手机应用程序或在线学习的方式完成学习任务。二是该行组织全体员工对从业人员禁止性规定、涉刑案件管理办法等监管制度进行专题学习，把握监管政策导向，增强合规经营和风险防控意识。三是该行开展合规知识竞赛活动，通过线上平台、线下问卷等方式完成全员合规测试。

举措三：组织“合规执行年”系列主题活动。一是该行开展主要负责人讲内部控制、讲合规活动，下属分支机构主要负责人对所管辖员工讲授内部控制课。二是该行开展“政策制度学习月”活动，采用“专题培训+日常学习+刊物宣传”相结合的方式进行学习。三是该行举办“学政策制度，做合规员工”征文比赛。全体员工结合自身岗位规范要求，撰写学习心得体会。

举措四：实施非法集资风险专项宣传。该行以“守住钱袋子·护好幸福家”为主题，主动联合政府机构及新闻媒体，通过讲座、短信、各软件平台视频、海报、宣传文章等多种方式和渠道开展宣传，取得较好的宣传效果。

（三）案例三

近年来，某银行通过积极开展四川银行业2020年合规知识竞赛活动，扎实开展内控合规“2020年制度治理年”主题活动，带动全行掀起了“学制度、守合规”的热潮，营造“人人守规矩，处处讲合规”的良好环境氛围，持续保持了稳中有进、高质量稳健发展态势，在各个方面都达到了良好的效果。

1. 全面覆盖、重真求实，合规教育层层浸润

该行积极开展线下“讲合规”特色活动，努力提升合规文化教育实效。2018年以来，该行在省分行干部培训班、基层机构负责人、基层党组织干部培训、合规经理培训、反洗钱培训、新入行员工培训以及各类业务培训中全部安排合规管理培训课程。此外，该行以参加庭审、参观警示教育基地、典型案例曝光通报、读本教育等方式，持续开展“以案说纪、以案说规”“以案明法、以案为鉴”警示教育活动，从源头扎牢案件风险“防火墙”，坚守合规稳健发展初心。

该行积极开展线上“说合规”特色活动，固化全员严谨规范、稳健合规的行为遵循。该行创办并发布“合规解析”读物对监管制度进行解读和传导，在网络大学开设了合规专题学习板块，通过个人自学、团队集体学、群组交流学等多种学习方式，运用网页设计（H5）、微课、漫画、语音播报等新渠道和媒介，组织对总行10个学习领域、四川银保监局禁止性规定进行解读、学习和案例剖析，有效推动制度、规定融入实际工作中。

2. 全员行动、人人参与，以赛促学巩固提高

该行连续三年组织全员开展“践行合规”内控合规知识竞赛活动，竞赛题目覆盖监管重要制度规定和该行各项制度办法等专业领域合规知识。该

行通过通信平台及时通报各机构的参赛情况，竞赛成绩和参加人数不断提升，15 000 余名干部员工参加竞赛。竞赛活动的参与面广、参与度高，进一步促进了合规管理守土有责、守土尽责局面的形成。

3. 精心安排、扎实推动，内部控制宣传引导见行见效

该行组织下辖机构先后开展“三言两语话合规”“讲身边的合规故事”“情景模拟竞赛”“合规辩论赛”“合规演讲赛”“合规文化联系点”等活动，通过丰富多彩、形式生动、喜闻乐见的合规文化建设活动有效推动全行合规文化建设。该行各分支机构组织开展特色鲜明、形式生动、内容务实的特色活动，打造具有本机构特色的合规文化。例如，该行南充、达州分行组织开展了以“制度记于心、合规践于行”为主题的内控合规现场知识竞赛。该行广安分行开展内控合规知识竞赛暨“制度治理年”主题活动，将合规知识竞赛与员工才艺相结合、现场问答互动与合规点评相结合，做到合规理念“润物细无声”。该行资阳分行重点搭建青年员工合规形象和自我风采展示平台，举行合规演讲赛、辩论赛，为青年员工合规成长助力。该行通过深入推动合规文化根植为全行员工的“潜意识”和“自觉性”，巩固内部控制防线，守住风险底线。

4. 积极探索、完善机制，合规责任夯实压牢

该行积极探索、健全、完善合规管理机制，压实各级人员的合规责任。该行以“完善合规经理管理”为点，以“强化专业内部控制履职考评”为线，以“优化绩效考评和目标考评”为面，优化管理机制与激励约束导向，促使各基层机构和业务条线有效践行内部控制案防工作要求。该行着力在全行推行合规经理规范工作模式，建立合规经理工作月度例会制度，按季对各专业部（室）内控合规履职情况进行考评并将其与绩效挂钩，推行操作风险倒扣分管理，加大对内部控制评价、监管处罚、案件与操作风险事件指标的考核权重，规范重大事项报告路径与模式，力促各级机构、各专业条线将合规融入经营目标确定与日常管理行为中。该行连续三年自下而上开展了先进标兵评选活动，全方位宣传先进典型，强化合规引领示范作用，促进合规正向激励落实，在全行进一步营造了遵循制度、守护制度、践行制度的氛围。

该行积极探索案件风险监测与检查联动查防模式，有效增强实质风险管控的针对性和有效性。该行探索内控合规“三体”风险监测分析，分别从

主体、客体、载体进行监测。该行针对主体，对员工异常行为进行监测，挖掘能够揭示和展现员工异常行为蛛丝马迹的行内外数据信息，做好员工异常行为“网格化”管控，提供“智能化”支持；针对客体，重点对高风险客户进行监测，梳理客户涉案、涉诈、涉罪、涉敏、涉洗钱的风险特征，筑好防范外部风险传染渗透的防火墙；针对载体，重点对高风险业务与产品进行监测，查重、查新、查异，排险除患，做到不让简单问题积累成复杂矛盾，不让违规行为演化成违法犯罪行为。

第三节　制度规范

清廉金融内部控制建设的关键是清廉金融制度建设。制度是对企业强有力的约束力，只有存在约束才有可能建成清正廉洁的系统。因此，加强制度建设是实现清廉金融目标的有力举措，清廉金融制度建设的最终目标是形成清廉的金融生态。

一、制度建设的内涵

清廉金融制度建设的内涵包括两个层面：一是国家法律、行政法规、监管规章及规范性文件的相关规定，二是金融机构内部规章制度的建设。这两个层面不是割裂的，法律规范的相关规定是金融机构建立内部规章制度的指导和依据，金融机构内部规章制度是法律规范的相关规定的一种落实。内部控制建设中的制度建设主要指金融机构这一层面。金融机构可以根据自身特点和规律将各项制度完善与具体化，建立起合乎实际的“管得住”“管到位”的制度，最终实现清廉金融目标。金融机构只有建立逻辑清晰、层级明确、布局合理、科学有效的制度，并使之发挥相应的作用，才能有效提高风险管控能力。

清廉金融制度建设需要金融机构发挥主体作用。金融机构应加强顶层设计，认真研究本单位、本系统清廉金融建设工作，加强对下级分支机构的督促指导、监督检查，将清廉金融建设作为一体推进不敢腐、不能腐、不想腐机制建设的重要内容和有效载体，修订完善各项规章制度，抓好执行落实。

二、构建责任清单制度和问责制度

清廉金融的内容是规范各金融机构廉洁运行。为了规范各部门责任，提高办事效率，金融机构应实行责任清单制度。责任清单旨在将责任归属划分清晰，将各个部门的职责细分到位，从而形成权责分明的管理体系，确保各项制度最终落实到位，提高整体运作效率，避免发生因权责不清晰而导致管理混乱，以及各个层级或岗位消极应对、不作为、推诿责任的现象。

制度的生命力不仅在于不断完善和严格执行，还在于对制度执行不到位行为的纠察和惩治。因此，仅建立责任清单制度还不够，如果缺乏相应的执行力，同样形同虚设。加强执行力的途径是建立相应的问责制度，即建设各项规章制度执行的保证机制，倒逼制度落实。尽管各金融机构内部不乏大大小小的规章制度，但往往因为缺乏执行力而无法形成完整闭环。因此，金融机构要完善问责制度，明确落实问责的执行主体和责任认定办法，界定问责权限、问责程序、问责标准、问责方式、问责结果，将问责落实成为硬性的制度。任何制度放在纸上永远都只是文字，只有落实下来才能有生命力，才能尽其用、履其责。此外，金融机构内部的问责制度应与纪检监察、司法问责相衔接，建立联动机制，对超出内部问责权限的应当及时交由纪检监察、司法等部门来处置。

完善问责机制可以考虑以下方面：一是完善举报监督机制，为及时发现、纠正违规问题创造有利条件；二是加大惩处力度，通过综合采用经济处罚、职务处理等方式强化问责惩戒效果。

三、完善清廉金融考评制度

清廉金融目标的实现还需要完善各项监督机制，建立立体全面的监督体系，建立行之有效的考核评价制度，实现对员工制度执行情况的判断。金融机构应将具体责任落实到相关负责人，将责任清单建设与执行和问责制度建设与执行这两项工作列入清廉金融建设考核内容，结合内部审计监督、内部纪检监察监督，建立良好的员工激励、奖罚机制，使清廉金融考核结果与员工的绩效待遇挂钩。从我国金融机构的结构来看，这种以考评制度为基础建立起来的激励制度，更有利于企业管理。在我国，多数金融机构采用以部门为基础的纵向管理方式，因此金融机构有许多分支机构，然而分支机构和金融机构整体在一些目标上可能存在一定的差异，因此总行需要通过内部控制来缩小这些差异。激励措施便是实现内部控制的具体操作手段，体现在总行设计相应的激励措施使得分支机构按照总行的目标来完成相应的工作。

另外，内部监督评价机制也非常重要。当内部监督部门的岗位责任制度不完善时，就可能出现越级监督或监督缺位的情况，就会造成工作人员产生错误认识，主动性不强，降低工作质量。因此，金融机构在具体的工作中应严格评估和考核工作人员的工作情况，并且需要将绩效考核指标作为衡量工作人员工作能力的重要因素。金融机构要提升相关工作人员的工作积极性，加大监督管理工作的开展力度。

金融机构应根据问责制度实行制度执行考评，制定详细的考核评价标准。考核评价细则应公平公正，做到制度执行监督的多层面、系统化，对制度执行中暴露出的问题及时检查、评估，并提出相应对策，健全完善绩效评价考核体系。在公司管理中，金融机构应结合内部控制制度建设和执行情况，将清廉金融要求纳入内部纪律规定、纳入员工考核评价晋升体系，将考评结果与个人奖金、晋升、评优评先等挂钩，切实转变简单以业绩为导向的经营理念，按规定采取绩效薪酬递延发放、追索扣回等方式实施稳健薪酬管理，建立综合化的考核评价体系和收入分配机制，发挥导向作用。

第四节　法制约束

一、清廉金融内部控制法制建设的必要性

在金融系统中，防止金融犯罪、化解金融风险一直都是重要命题，也是实现清廉金融目标的重要内容。金融犯罪的特点主要包括涉案人员多、涉案资金多、影响范围广、危害严重；技术性和专业性强、隐蔽性强、查处难度大；犯罪人员往往作案时间较长，常常出现金融系统内部人员和外部人员相互勾结、共同作案的情况；由于金融风险的传导性，一个金融机构的危机对整个行业的波及度远高于其他行业。这些特点一方面意味着抑制金融犯罪刻不容缓，另一方面也说明仅依赖外部监控很难控制金融犯罪。为有效防止金融腐败，实现清廉金融的目标，国家更应该提高对金融机构内部控制的要

求，将内部控制和外部监管相结合，从而对金融系统实现更好的管控，保障金融系统安全。

为了更好地推动清廉金融建设，金融机构内部需要更统一、更有效、更有力度的工作制度规范。法律具有强制性的特点。利用法律规范金融机构内部控制能使其不仅保持规范统一的秩序，又具有很强的执行力；使监管更有力度，更好地实现金融机构内部控制目标，维护金融机构安全。因此，加强金融机构内部控制法制建设，为金融体系建立更完善的内部控制环境，对于提升金融机构内部控制效率乃至实现清廉金融目标都是必要且有效的方法。

二、我国内部控制法律制度的现状与问题

（一）我国内部控制法律制度概述

中华人民共和国成立后，我国针对金融机构内部控制的管理制度才开始逐渐发展起来。

1. 相关立法情况

目前，我国尚未制定和出台专门针对企业内部控制的法律。

2. 行政法规和部门规章情况

目前，我国部分行政法规和部门规章涉及企业内部控制相关规范。例如，《总会计师条例》《会计基础工作规范》《内部会计控制规范——基本规范（试行）》《企业内部控制基本规范》《企业内部控制配套指引》《商业银行内部控制指引》《证券公司内部控制指引》等。

3. 行业规范情况

我国针对内部控制的行业规范也较多，很多行业或部门出台了相应的内部控制规范性文件。例如，《独立审计具体准则第 9 号——内部控制和审计风险》《独立审计具体准则第 29 号——了解被审计单位及其环境并评估重大错报风险》《上海证券交易所上市公司内部控制指引》《深圳证券交易所上市公司内部控制指引》等。

（二）内部控制法律制度存在的问题

为了更好地创造内部控制环境，提升金融机构内部控制效率，防范金融犯罪，最终实现清廉金融目标，具体分析了解目前我国内部控制法律制度存在的阻碍清廉金融目标实现的问题十分必要。具体而言，这些问题主要包括以下几个方面：

1. 责任主体不明确，制度得不到落实

部分内部控制制度权责划分不清晰，追责不到位，缺乏责任主体、责任范围、责任承担方式等具体内容。例如，个别机构存在“内部人控制”现象，具体表现为一些企业高层管理人员无视规则，违背股东利益对公司的一些活动进行越权管理，严重影响内部环境安全。又如，企业的岗位设置、审批程序等重要控制环节也不符合企业内部控制要求，甚至与之相背离，这使得内部控制变得无效，进而导致舞弊行为发生以及信息失真等后果。

2. 对违反内部控制制度的问责力度不够，违法成本较低

目前，关于金融机构内部控制制度的法规中，更多是靠正向激励，依赖人们自身增强责任意识以及提高思想觉悟来强化内部控制制度的实施，但是对违规操作、越权干预以及弄虚作假这些错误行为的内部处罚问责措施不够具体、力度偏弱，使一些人缺乏紧迫感、危机感，抱有侥幸心理，增加了铤而走险的可能。

3. 内部控制制度目的不明确，执行不到位

一些基层金融机构选择遵守内部控制制度，不是为了自身健康发展以及维持金融系统安全稳定，而只是为了简单应付检查、避免遭受惩处。这些机构的工作人员往往不会自觉履行有关制度规定，更不会按时检查这些制度规定是否落实，甚至不惜舞弊掩盖风险问题，最终导致违法乱纪行为发生。

三、内部控制法律制度的完善

针对法律制度中存在的阻碍清廉金融目标实现的问题，可以从以下几个方向完善内部控制法律制度，从而提高金融机构内部控制的效率、有效预防金融腐败、有效防治金融机构内部出现徇私舞弊、有效防范金融风险、促进实现清廉金融目标。

（一）明确内部控制法律责任主体

首先，法律法规中应明确各监督管理部门的职责，防止各部门职责重叠的现象出现，使各监管部门各司其职，在享有监管权力的同时承担起相应的责任和义务，防止“政府失灵”现象发生。

其次，金融机构内部可以使用加大惩罚力度等措施来约束内部管理人员，通过法律手段明确责任主体，利用法律法规规定每一管理层需要承担的义务以及不适当履行义务所需要承担的责任，以此发挥法律责任的反向激励

作用。同时，金融机构内部应加强正向激励，从而激励内部互相监督、互相约束，刺激金融机构内部控制制度更好落实。

我国不仅应当在立法中明确责任主体，更应制定法律法规明确失职的责任后果，明确责任承担的方式，区分个人责任与连带责任，明确责任划分的标准，建立全面的追责体系，维护法律权威，在严格实施法律的同时严厉打击违法违规行为，建立内部控制制度，保证经济环境的良性发展。

（二）加大处罚力度，提高内部控制违法成本

对违法乱纪行为的每一次纵容都会削减内部控制效用。因此，内部控制管理一定要对违法违规行为严厉惩戒，要利用法律的强制力来保障内部控制制度的威慑力；要加强上级检查的力度，增加检查频率。金融监督部门一定要做到铁面无私、铁证如山、铁案不翻，只有这样才能有效防范金融从业人员的犯罪风险，把制度缺陷带来风险的可能性降到最小，防范金融风险的发生。十二届全国人大二次会议上李克强总理提出“黑名单制度”，对违法乱纪的企业和个人建立黑名单制度，可以让违法乱纪者寸步难行。

第五节　电子信息系统建设

一、电子信息系统概述

系统是由处于一定的环境中为达到某一目的而相互联系和相互作用的若干组成部分结合而成的有机整体。电子信息系统是一个人造系统，是由人、硬件、软件和数据资源组成的，是企业利用计算机和通信技术，对内部控制进行集成、转化和提升所形成的信息化管理平台。其目的是及时、正确地收集、加工、存储、传递和提供信息，实现组织中各项活动的管理、调节和控制。一个良好的信息和沟通系统可以使企业及时掌握企业营运的状况与组织中发生的事情，及时发现不利于企业发展的事件。因此，电子信息系统直接影响到企业内部控制的效率和效果。内部控制电子信息系统建设的主要内容是通过采用现代化的信息技术，及时收集和整合内部信息，充分发挥内部信息的作用，及时发现并解决企业内部存在的问题。

建立完善的电子信息系统的作用如下：

第一，电子信息系统先进的信息技术使得信息的操作决策可以实时、完

全同步地反映信息决策过程及其影响，大大减少了企业的信息不对称。

第二，与传统人为控制相比，电子信息系统能有效解决人为操作过程中无法解决的问题，并发现遗漏点，如明确内部控制职责、清晰控制流程和标准以及严格掌握控制风险和执行制度等。

第三，电子信息系统能够帮助管理人员快速处理大量繁杂的数据，提高工作效率，把管理人员从简单重复的劳动中解放出来，使管理人员将主要的精力放在审核实质风险事项上，实现了风险点从“人控”到“机控”的转变，减少人为因素导致的流程风险。

第四，建立电子信息系统是反腐防腐的重要举措。信息科技的进步可以减少人为操作风险，是会计信息数据准确性的重要保障，能够帮助实现“制度+科技+阳光”的廉政机制。

第五，电子信息系统的建设在资源整合、数据信息集成等方面也可以起到重要的作用。

在金融机构内部建设完备的电子信息系统能够大幅提高企业运行效率，方便金融机构及时接收各方反馈信息。例如，利用电子信息系统及时收集举报和社会舆情等信息并快速作出反应，减少内部人员通过操控数据进行金融犯罪的可能性，从而实现清廉金融的目标。

二、电子信息系统建设的内容及具体举措

（一）电子信息系统建设的内容

金融机构内部建设电子信息系统的内容主要如下：

第一，电子信息系统应确保最高管理者能够向所有员工发送实时信息，而且保证每个人都可以清楚了解到自己的控制任务和职责并认真执行。同时，电子信息系统还应确保每名员工清楚了解到自己在内部控制体系中的地位和作用，了解自己的工作与他人的工作的相关性，从而能够通过熟练掌握内部控制的要点，及时发现问题和风险。

第二，电子信息系统应为重大信息提供自下而上的报告渠道。电子信息系统应确保员工能在第一时间把最初暴露的内部控制问题信息反馈给管理层，这有利于发现内部控制中存在的不易发现的薄弱环节，并使得管理层能够及时采取相应的预防措施，有效预防风险事件的发生。

第三，电子信息系统应确保内部控制信息交流渠道的畅通。首先，金融

机构应对内部控制管理系统软件的研发与应用加大力度，提高信息交流渠道的硬件实力。金融机构应完善部门内部沟通协调机制，包括利用电子网络系统实现信息的实时交流，建立内部信息报送制度，加强部门间信息沟通，实现部门间信息资源共享等内容。金融机构应充分利用信息，及时发现、反馈并解决风险问题，提高金融机构的运行效率。

第四，清廉金融背景下金融机构建设的电子信息系统应该包含舆情和举报信息中心。金融机构容易受到媒体和网民的关注，尤其是涉及民众利益的或触及法律的重大事件，有关这些事件的舆论关注度会在短期内迅速提升。如果处置不当，则容易造成声誉风险。由于金融系统的特殊性，一个金融机构的声誉风险可能波及整个金融体系，从而破坏金融领域的安全性。因此，金融机构应强化舆情管理，及时有效地处置舆情信息。金融机构应建立与群众和媒体有效交流的渠道，回应群众关注的问题，并对问题作出详细分析，找出问题根源所在。

为了更好地预防金融机构内部腐败，促进清廉金融目标的实现，金融机构内部应该建立畅通的举报渠道，接受内外部监督举报。

（二）电子信息系统建设的具体举措

金融机构应该制定相关的制度，把电子信息系统建设纳入制度规范，以强化金融机构信息收集、整合和利用能力，减少信息漏洞的出现。

金融机构应完善电子信息系统，提升系统质量。部分金融机构内部控制信息化系统建设还不能满足现代企业内部控制对电子信息系统质量的要求。金融机构应该充分引进现代化信息技术，从而提升电子信息系统质量。

金融机构应加强对电子信息系统的控制，对其进行有效审计和监察。一个系统要想发挥应有作用，仅凭借一个系统本身的健全是不够的，还必须将外部规范和监管制度与之有效结合起来。具体来说，一个电子信息系统要想充分发挥功效，不仅需要自身体系的健全，还需要来自各方的监督，帮助其有效运行。

金融机构应系统地优化企业内部控制电子信息系统，实现技术、设备和人力等资源的有机统一。金融机构的电子信息系统建设是一个系统化工程，具有高度集成的特点，只有当系统内信息资源、信息化设备、人员素质和相关控制制度实现高度有机统一时，才能发挥其应有作用。我国很多金融机构在这方面做得还不够，往往认为电子信息系统建设就是简单投入资金、引入信息化设备便能取得好的成效。实际上这是远远不够的，真正要建立有效的电子信息系统，至少要做到以下两点：第一，现代信息化设备的持续引入。随着科技的革新，信息化设备也在不断更新，只有持续引进新的信息技术才能更好地建立顺应时代的电子信息系统。第二，不断提升员工素质。电子信息系统的建设不仅包括信息化设备的引进，还包括员工与信息化设备的结合，即员工对信息化设备的操控能力。只有不断提升员工的素质，实现人机结合，才能更好地发挥电子信息系统的作用。

第七章

清廉金融的外部监管建设

金融监管是指政府通过特定机构对金融市场中的各参与主体以及金融交易行为进行监督管理，以保证金融市场的有序运行。金融监管可以看成针对特定对象的，具有特定意义和特征的政府规制行为。金融监管可以分成金融监督与金融管理。金融监督是指金融主管部门对金融机构实施的全面性、常规性的检查和督促，并以此促进金融机构依法稳健地经营和发展。金融管理是指金融监管部门依法开展的一系列活动，这些活动旨在协调、引导金融机构发展和金融市场运行。

清廉金融外部监管与一般意义上的金融监管又存在着明显不同。一般意义上的金融监管是对金融市场主体采取的规范市场运行的措施。清廉金融外部监管更注重的是对监管部门中的微观个体进行约束，以确保监管部门能够健康有序运行，进而使监管部门能够更好地发挥“看得见的手”的作用，调节市场失灵，缓解信息不对称等问题。就我国实际情况来看，清廉金融的外部监管建设主要可以分为国家纪检监察和司法部门关于清廉金融建设、金融监管部门关于清廉金融建设、金融行业自律组织关于清廉金融建设。

第一节　国家纪检监察和法律制度与清廉金融

金融纪检监察是在金融体系中对开展纪律检查和行政监察活动的总称。金融纪律检查是中国共产党纪律检查机关根据金融体系中各机构中的党组织或党员的实际，进行监督、检查和执行纪律的活动。金融监察旨在监督金融系统的机构或人员对国家法律法规、政策和决定的执行情况。在实际工作中，金融纪检部门和监察部门合署办公，统一指挥，共同发挥监督作用。金融纪检监察部门的职能主要包括保护金融从业人员和党员的民主权利不受侵犯；加强党纪教育，增强党员遵守法纪、打击腐败、秉持廉洁的意识；行使党纪监督职能，保证党和国家路线、方针、政策和金融法律法规的贯彻执行；严肃查处违法违纪案件，在金融体系中促进党风廉政建设。金融纪检监察的对象是各级金融机构及其工作人员。根据《中国共产党章程》和《中华人民共和国监察法》的有关规定，金融纪检监察主体的权力是在其职能范围内具有检查、调查、建议和处置的权力。

一、纪检监察制度建设

在当前党和国家监督体制下，作为党内监督和国家监察的专责机关，纪检监察部门是反腐的主要力量。党的十九届四中全会提出，以党内监督为主导，推动各类监督有机贯通、相互协调。各级纪检监察机关深入学习贯彻全会精神，一体推进党的纪律检查体制改革、国家监察体制改革和纪检监察机构改革，积极探索纪律监督、监察监督、巡视巡察监督、派驻监督贯通融合的实现路径，不断完善纪律监督、监察监督与其他监督协同发力的体制机制，切实增强正风肃纪反腐的精准性、有效性。

（一）纪律监督

纪律监督，即中国共产党的党内纪律监督，历来存在并不断发展完善。党内纪律监督的任务是保证党的组织、党员尤其是党员领导干部按照党章党规办事，防止党内各种不良倾向的发生，促进保持、发扬党的优良传统和好的作风，揭露和纠正一切损害党的肌体健康、违反党纪国法的行为。党内纪律监督的重点是各级党员领导干部，特别是主要领导干部。

各金融监管部门和金融机构特别是国有性质金融机构，各层级原则上均设有纪检部门或履行纪律监督职责岗位，对党组织和党员进行监督管理。纪检部门履行党内监督职责，依据《中国共产党廉洁自律准则》《中国共产党巡视工作条例》《中国共产党党内监督条例》《中国共产党纪律处分条例》《中国共产党问责条例》《中国共产党纪律检查机关监督执纪工作规则》等党规党纪，履行监督、执纪、问责职责，发挥监督保障执行、促进完善发展作用，对党员的纪律处分包括警告、严重警告、撤销党内职务、留党察看、开除党籍 5 种，对党组织的纪律处理措施包括改组、解散 2 种。

（二）监察监督

监察监督曾经是行政机关内部监督形式。从 2016 年 11 月试点开始至 2018 年年初，整合反腐败各方资源力量，具有中国特色的国家监察制度诞生，国家监察委员会和地方各级监察委员会设立。各级监察委员会是行使国家监察职能的专责机关，依照《中华人民共和国监察法》《中华人民共和国公职人员政务处分法》《监察机关监督执法工作规定》和有关法律规定，履行监督、调查、处置职责，对所有行使公权力的公职人员进行监察，调查职务违法和职务犯罪，开展廉政建设和反腐败工作，维护宪法和法律的尊严。

监察机关办理职务违法和职务犯罪案件，与审判机关、检察机关、执法部门互相配合，互相制约。监察机关作出的政务处分包括警告、记过、记大过、降级、撤职、开除等。国有性质金融机构中履行公职的人员均受监察监督约束。在中央和地方各级纪检部门与监察部门合署办公体制下，纪检监督与监察监督深度融合，协调一致开展工作。

（三）巡视巡察监督

巡视巡察制度由来已久，党的十八大以来更加注重发挥巡视巡察的震慑作用，做了更多创新安排。中央和省一级党委开展巡视，市（州）和县级党委开展巡察。十八届党中央在任期内开展了 12 轮巡视，巡视了 277 个党组织；各省（自治区、直辖市）党委共巡视了 8 362 个党组织；中央军委组织开展了 13 批次巡视，完成了对军委管理党组织的巡视全覆盖。巡视工作在党的历史上首次实现了一届任期全覆盖。党的十九大以来又启动了新一轮巡视巡察工作。

各金融监管部门和国有性质金融机构按照统一部署，依据《中国共产党巡视工作条例》等制度规定，组织开展有关巡视巡察工作。实践证明，巡视巡察发挥了巨大震慑作用，直接揭露了大量腐败问题，这源于巡视巡察的独特性质。一是权威性。巡视巡察监督是党和国家监督的一把利剑，既体现了自上而下组织监督的权威，又发挥了自下而上民主监督的优势。二是独立性。巡视巡察采取每次授权组织方式，巡视巡察组成员不固定，巡视巡察结果直接向派出党委汇报。三是全覆盖性。党的十九大修改的《中国共产党章程》明确规定，党的中央和省、自治区、直辖市委员会实行巡视制度，在一届任期内，对所管理的地方、部门、企事业单位党组织实现巡视全覆盖。同时，《中国共产党章程》对中央各部门和国家机关对系统条线的内部巡视以及市县巡察制度也做了规定。

（四）派驻监督

派驻监督，即由中央纪委国家监委或地方纪委监委向各国有性质单位派出纪检监察组，代表派出纪检监察机关，对被派驻单位进行贴身监督。派驻纪检监察组受中央纪委国家监委或地方纪委监委直接领导，解决了党委内设纪委权威性不足、独立性不强的难题。同时，派出纪检监察机关对派驻纪检监察组人员统一管理、统一调配，使由上对下的监督作用得到充分发挥。目前，中央纪委国家监委向各大国有银行、国家开发银行、中信集团、中国人民保险集团等中管金融企业直接派驻纪检监察组，并赋予相应监察权，“派”的权威和“驻”的优势得到充分释放。

在实践中，派驻中管金融企业纪检监察组和地方纪委监委联合办案的模式，已形成规范化制度性安排，在审查调查中得到广泛应用。派驻纪检监察组情况熟、专业强、懂行业，擅长内审；地方纪委监委了解地方政治生态，在利用工作资源进行外查方面优势明显。双方发挥各自特点形成内外合力，助推制度优势不断转化为治理效能。以某国有大型商业银行为例，截至2020年年底，派驻该行纪检组立案11起，其中7人受到了党纪政纪处理，该行各级纪律检查机构立案681起，对327当事人实施了纪律处分，并对18人采取了留置措施①。

二、法律制度建设

构建清廉金融文化体系的重要步骤是用法治思维和法治方式反对腐败。法治反腐，即通过制定和实施法律，限制和规范公权力行使的范围、方式、手段、条件和程序，为公权力执掌者创设公正、透明和保障公正、公平的运作机制，使公权力执掌者不能腐败、不敢腐败，从而达到减少和消除腐败的目标。具体而言，一是要加强反腐败国家立法和反腐倡廉党内法规建设，让反腐败纪律、法律制度刚性运行；二是要形成完备的反腐败法律规范体系和党内法规体系、高效的法治反腐实施体系、严密的法治反腐监督体系、有力的法治反腐保障体系。法律制度的完善能够为深化国家监察体制改革顺利进行提供保障，为加强境外追逃等工作提供有力手段，促进“扎牢不能腐的笼子”的预防性制度建设，强化不敢腐的震慑。

金融法律制度是指国家权力机关和行政机关制定的各种金融规范性文件的总称，是调整银行或其他金融机构在从事金融管理和金融经营活动过程中与其他政府部门、市场主体和社会个人之间发生的经济关系的法律规范。金融法律制度调整的金融关系一般可分为两类：一类是金融管理关系，主要是指在金融监管部门对各类金融机构和各种金融活动实施的监督、管理过程中以及金融机构内部管理中发生的关系；另一类是金融经营关系，主要是指以金融企业为中心在金融市场的各项融资活动中发生的经济关系。从制度建设

① 王卓. 派驻机构改革红利持续释放 中管金融企业反腐效能提升［EB/OL］.（2020-12-23）［2021-07-10］. http://www.ccdi.gov.cn/toutiao/202012/t20201223_232358.html.

来看，清廉金融法律制度的建设可以分为立法制度建设和司法制度建设两个方面。

在立法工作方面，2006 年全国人大常委会通过《关于修改〈中华人民共和国银行业监督管理法〉的决定》，其中对银行业的监督管理制度做了更加详细的规定，明确了监督管理的机构、职责、措施以及相应的法律责任。由于商业银行在我国银行业金融机构中占据了举足轻重的地位，针对商业银行的相关法律法规也在不断进行修正。2015 年出台的《中华人民共和国商业银行法》进一步规范了商业银行的行为，在保障整个商业银行系统健康运行的同时，加强了对存款人的保护，进一步规范了金融市场秩序，促进了我国经济的发展。除此以外，全国人大常委会在 2015 年对《中华人民共和国保险法》进行了修正，在 2019 年对《中华人民共和国证券法》进行了修订。

金融领域的司法是指国家司法机关依照相关法律，通过法定程序对金融案件进行立案调查和审判执行。司法反腐是国家权力监督体系中的最后环节，是由审判活动和法律监督构成的司法监督机制。在司法工作方面，上海浦东新区于 2008 年设立了金融法庭，并且在 2018 年设立了上海市金融法院。根据中央全面深化改革委员会第一次会议审议通过的《关于设立上海金融法院的方案》，上海金融法院审判庭的设置，由最高人民法院根据金融案件的类型和数量决定。这一司法工作上的进步有助于规范我国的金融市场。在经济全球化的大背景下，我国金融司法工作的进一步规范不仅有助于中国金融业走向国际市场，同时也提高了中国金融业在国际上的认可度和影响力。

目前，中国表现出积极推动司法参与国家金融治理的显著特征①。人工智能和大数据的应用将促进金融司法工作的不断改进。根据金融纠纷案件的性质运用人工智能已成为金融司法建设过程中司法创新的重要选择之一。金融活动通常是以契约为基础，在金融交易中普遍存在标准化和规模化的特点，这些鲜明的特点使得金融司法活动能够更好地将人工智能和大数据作为审判辅助工具。上海金融法院率先将人工智能同声传译系统引入法院审判工作，不仅提高了涉外案件的处理效率，而且实现了法院审判的全球实时直

① 王锐. 金融司法的发展：基于制度变迁的历史逻辑［J］. 中国应用法学，2020（3）：71-87.

播，提升了司法的透明度，展现出司法的专业化与智能化。除了智慧法院建设外，在我国未来金融中心建设的过程中，我国可以参照迪拜国际金融中心法院①那样突破属地管辖和属人管辖的限定，在金融商事领域实行基于当事人合意的选择性管辖。此外，上海金融法院的成立是专门法院建设的典型代表，如何在完成组织架构的基础上，通过加强法官队伍的金融专业知识训练，优化金融法院法官的培养机制、选拔途径等均值得进一步思考②。

我国不断深化的金融体制改革以及促进金融业持续健康发展的目标对我国金融司法的价值取向有着直接而深刻的影响；通过有效司法，实现金融司法的法律效果和社会效果的有机统一，最终目的是保护投资者的合法权益，维护社会经济秩序和公共利益，促进市场的可持续健康发展。金融司法制度对整个金融领域清廉金融文化的形成与发展有着极大的促进作用。

第二节　金融监管部门与清廉金融

金融监管部门为了保证金融业的正常运行，需要对整个金融系统进行监督、管理和引导。金融监管的成效对一国金融业的发展有着很大影响。虽然世界各国的经济体制有着较大差别，但金融监管部门的职责通常都在于监督和管理金融市场的运行，制定金融运行过程中的一些基本准则，对参与金融市场的各金融主体的合法合规情况进行监督。

我国现阶段的金融监管体制属于“一元多头”，中央政府在整个监管过程中处于主体地位，中央政府下设各级金融监管部门。目前，我国的金融监管部门主要是“一行两会”，即以中国人民银行（中央银行）为主导，制定和实施货币政策，中国银保监会和中国证监会分别对银行、保险、证券三大金融行业进行监督和管理并引导行业有序发展。

金融监管部门是清廉金融建设中的重要执行机构，特别是派驻“一行两会”的纪检监察组在其中发挥着重要的作用。例如，驻中国人民银行纪检监察组主攻领导干部监督难题，制定同级监督清单，细化规范权力行使、

---

① 迪拜国际金融中心（DIFC）尝试通过打造独立的立法体系和司法体系，构建更加高效便捷的纠纷解决机制，从而增强其吸引力、竞争力。

② 丁冬. 金融审判竞争视野下的司法供给：迪拜国际金融中心法院建设的启示［J］. 金融理论与实践，2019（7）：97-101.

研究化解重大金融风险等17项内容；驻中国银保监会纪检监察组致力于厘清监管者与被监管者关系，持续开展违规持有被监管机构股份清理整治，制定了《银保监会系统工作人员与监管对象非公务交往的规定（试行）》等规定，要求中国银保监会系统工作人员主动报告与被监管机构人员非公务交往有关情况；驻中国证监会纪检监察组积极把证券基金行业的廉洁文化建设作为其核心基础工作，定期对其监管行业机构进行廉洁专项检查，旨在确保资本市场的健康发展。

一、中国人民银行

中国人民银行廉政建设是与央行文化建设相结合的产物，是央行物质文明、精神文明、政治文明建设的重要组成部分①。廉政文化在中国人民银行的发展主要分为四个方面：一是在社会文化方面，中国人民银行以中国传统价值观的清廉文化作为其廉政文化的基础，用正面的典型引起员工对清廉文化的认同感，从而帮助员工树立正确的人生观、世界观、价值观、权力观、利益观。二是在政治文化方面，中国人民银行通过将其与党风廉政文化结合，为反腐倡廉提供思想指引，为有效的工作机制提供保证。三是在职业文化方面，中国人民银行通过廉政文化教育，让相关从业人员具有高尚的职业道德。四是在组织文化方面，中国人民银行是反腐倡廉的主体，其在行使权力的过程中要做到公开、公正、透明。

中央纪委国家监委驻中国人民银行纪检监察组坚持组内和下级纪委审查调查“两手抓、两手硬”，采取了一系列措施，努力在全系统形成风清气正的工作氛围。党的十九大以来，截至2020年年底，中国人民银行、外汇管理局系统共查处金融相关腐败案件31件，留置40人。从查办方式看，纪检监察组自行办理11件，指导下级纪委主动查处办理10件、配合地方纪委监委协同办理10件；从被留置人员看，厅局级4人，正处级5人，其他人员31人；从留置发生时间看，2018年留置1人，2019年留置18人，2020年留置21人，审查调查能力逐步提高，审查调查力度不断加大②。

中国人民银行廉政风险防控要求覆盖全系统、全业务、全岗位。在总行

① 中国人民银行上海总部纪检监察办课题组. 央行廉政文化支撑反腐倡廉工作机制的实践思考［J］. 上海金融，2008（1）：84-86.

② 中央纪委国家监委网站. 驻人民银行纪检监察组：加大腐败案件揭盖子力度［EB/OL］.（2021-01-18）［2021-07-10］. https://www.ccdi.gov.cn/yaowen/202101/t20210114_233851.html.

机关，各层级机关单位把制定和实施货币政策的本职工作与廉政风险的防控工作结合起来共同推进，有序开展相关工作。中国人民银行总行共梳理廉政相关工作事项（岗位）8 000 多项，制定廉政风险防控措施 30 000 多条；中国人民银行纪委、派驻监察局对分支机构前期的试点进行了总结，编写了《中国人民银行分支机构（岗位）廉政风险防控指南》①。

中国人民银行各层级机构不断形成廉政风险防控合力。除了上述廉政风险防范工作以外，中国人民银行依托现代科技的发展，建设“两微一端”等新媒体平台，并将其作为实施廉政教育的新手段。中国人民银行还组织相关科技人员研发行业的风险监管系统，以此作为强有力的手段来对业务部门防控风险工作进行监督检查，并对发现的问题提出整改意见。同时，中国人民银行还开展廉政文化建设和反腐倡廉教育，编发了《反腐倡廉画中话》图册，对货币发行领域、“8 小时以外”、私分国有资产等典型案例进行风险提示。

除以上措施外，中国人民银行推进调研成果的转化运用，将其与贯彻落实惩防体系建设结合起来，实现廉政风险防控的制度化和常态化；限时整改发现的问题，随着职能、要求等的改变及时调整、补充、完善反腐倡廉的规章制度和具体内容，并跟进防控措施。另外，中国人民银行在政务公开、行务公开、党务公开等方面，通过提高透明度让权力在有约束的条件下运行，循序渐进推进反腐倡廉机制建设。

二、中国银行保险监督管理委员会

作为我国金融监管体系的重要组成部分之一，中国银保监会成立的主要目的是维护银行业和保险业合法、稳健运行，防范化解重大金融风险，使银行业和保险业在一个健康、稳健的金融环境中有序运行，从而一方面维护金融稳定，另一方面保护金融消费者合法权益。中国银保监会着力构建良好的清廉金融建设氛围，对促进经济平稳运行、防范化解重大金融风险，有着十分重要的意义。

党的十九大以来，以习近平同志为核心的党中央深刻把握反腐败斗争形势任务，在保持高压、持续震慑、强力治标的同时，同步推进制度治理、监

① 中国人民银行纪委监察局. 人民银行三万条措施助力廉政风险防控体系建设［EB/OL］.（2013-10-12）［2021-07-10］. http://www.ccdi.gov.cn/yaowen/201310/t20131012_129477.html.

督约束和教育引导，深化标本兼治，反腐败斗争取得压倒性胜利。2018 年深化派驻机构改革以来，驻中国银保监会纪检监察组立足实际，坚持以不敢腐、不能腐、不想腐一体推进的理念、思路和方法深化正风反腐各项工作，实现与中国银保监会党委同向发力、同频共振、标本兼治，综合效能稳步提升。

中国银保监会的清廉金融建设以政治建设为统领，持续正风肃纪反腐，不断提升监管质效，努力保证金融市场环境的稳定和我国金融系统的安全运行。

（一）强化案件查办和以案促改

中国银保监会结合查办金融领域腐败案件的特殊性，探索建立查清事实、防控风险、追赃挽损、堵塞漏洞、重塑生态“五位一体”综合处置机制，逢案必改、因案制宜。中国银保监会坚定稳妥查处重大金融风险背后的腐败问题，严查监管人员与非法利益集团“猫鼠一家”“监守自盗”腐败案件，以高压震慑、强力遏制为做实教育、深化监督、健全制度创造条件和营造氛围。2019 年，中国银保监会系统各级纪检机构立案 178 件，给予党纪政务处分 160 人，其中驻中国银保监会纪检监察组立案数 32 件，对 22 名主要对象采取留置措施，形成强大震慑。2020 年，中国银保监会系统各级纪检机构立案 160 件，给予党纪政务处分 164 人；其中驻中国银保监会纪检监察组立案 22 件；处分 16 名会管干部；持续释放一严到底、一刻不停歇的强烈信号。中国银保监会持续做好案件查办“后半篇文章”，组织拍摄 2019 年度重大腐败案件专题警示教育片《穿透》和包商银行严重信用风险事件背后系列监管腐败案件专题警示教育片《穿透Ⅱ》，推动系统各级干部以案为鉴、吸取教训。

（二）强化制度治理和监督约束

中国银保监会把查办违纪违法案件与强化监督结合起来，把巡视巡察、内部审计与推动深化改革、完善体制机制结合起来，做实以案促建。中国银保监会以政治监督为统领，带动日常监督和履职监督，先后推动开展整治利用金融“土特产”和特殊资源谋私、监管干部违规投资入股金融机构专项排查等多项专项治理，通过查漏补缺及时堵塞管理漏洞，防控廉政风险。中国银保监会注重举一反三强化制度建设，2018—2020 年，中国银保监会研究制定涉及监督执纪审查、规范权力运行等方面制度办法 60 余项，严防“牛栏关猫”，坚决把权力关进制度的笼子。例如，中国银保监会印发《银保监会系统工作人员个人投融资行为若干规定（试行）》，规范中国银保监会系统工作人员个人投融资行为，防止利益冲突；印发《中国银保监会党委关于在监管履职中严格实行公私分开的规定（试行）》，推动中国银保监会系统工作人员在履行监管职责过程中严格做到公私分开、秉公用权，促进依法监管、为民监管和廉洁监管，防范廉洁风险和监管道德风险；印发《银保监会派出机构干部交流工作办法》，在坚决落实党委书记、纪委书记交流回避的同时，切实加大派出机构其他班子成员的交流回避力度。

（三）强化“四风”整治和作风建设

中国银保监会严查享乐主义、奢靡之风，驰而不息推进中央八项规定精神落实，督促系统各级党组织和党员干部严格执行中国银保监会党委制定的贯彻落实中央八项规定精神实施办法、系统工作人员与监管对象非公务交往规定等各项制度要求，坚决落实“零物质往来”铁律。2020 年，中国银保监会系统共查处违反中央八项规定精神问题 58 件，纪律处分 53 人、组织处理 39 人。中国银保监会坚决防反弹回潮、防隐形变异、防疲劳作战，对 14 起典型案例公开曝光，向涉案金融机构通报问题 50 余次，督促其严肃处理拉拢腐蚀监管干部的机构和人员。中国银保监会持续整治形式主义、官僚主义，对在贯彻落实党中央决策部署和中国银保监会党委谋划安排中做选择、搞变通、打折扣等突出问题，特别是搞“包装式”“标签式”“割据式”落实等突出表现的，盯住不放、精准施治。中国银保监会常态化优化改进基层减负工作机制和措施，着力为基层减负，坚决纠治重形式、轻实效、作风漂浮的问题。

此外，中国银保监会通过采取一系列措施在金融系统打造清廉金融文化，营造健康的金融环境。第一，中国银保监会建立金融相关的规章制度，对《中华人民共和国商业银行法》《中华人民共和国保险法》以及相关监督管理办法进行研究，查找出制度漏洞和制度缺失，从而抓紧研究相关解决办法进行制度的空白填补，让监管“无死角”，全面覆盖各类金融活动。例如，中国银保监会印发《关于银行保险机构员工履职回避工作的指导意见》，加强对银行保险机构员工履职行为的监管，推动行业自律和内部廉洁建设，加强内控机制有效性，督促各机构员工公平公正履职。第二，中国银保监会加大对惩罚力度的研究，将《中华人民共和国刑法》和监管法律法规结合起来，区分好刑事处罚和行政处罚的界限，对违法犯罪人员提高其犯罪的成本，对金融犯罪进行严厉打击，绝不姑息。另外，对于跨国金融犯罪，中国银保监会通过加强与境外的沟通，与境外相关方面签订共同打击金融犯罪方面的协议，进一步达到监管覆盖由国内到国外。

三、中国证券监督管理委员会

中国证监会反腐败风险防范控制体系注重对机关、派出机构和会管单位层面的监督。为了保证廉政制度能够涵盖系统的各个方面，中国证监会党委于 2015 年发布了《关于加强会管单位下属单位廉政风险防控工作的意见》(以下简称“《意见》”)。

《意见》阐明了下属单位党委和纪委的主要职责及监督职责，以预防和控制下属单位的廉政风险。《意见》将中国证监会直管单位的下属单位的廉政风险防控融入直管单位的党风廉政建设工作中。在中国证监会直管单位的下属单位的廉政风险防控工作中，第一责任人是本单位主要负责人，其职责在于本单位廉政风险防控工作的组织和实施。与此同时，单位其余领导成员在其职责范围内对廉政风险防控负直接领导责任。廉政风险防控被纳入对中国证监会直管单位以及下属单位的领导干部和主要负责人的相关考核内容中。《意见》还提出中国证监会直管单位纪委应当对下属单位的廉政风险防控工作进行监督和指导。

除发布《意见》外，中国证监会在 2018 年出台了《证券期货经营机构及其工作人员廉洁从业规定》；同时，在中国证监会网站单独开设廉政评议、举报专栏，公布中国证监会机关纪委信访举报信息，专门受理对中国证监会机关党支部、机关处级及以下党员违纪行为的检举。

第三节　金融行业自律组织与清廉金融

所谓行业自律，是一种自我管理、规范、约束的方式。金融企业在国家经济发展中起着中枢核心的作用，金融行业的自我约束和自我管理对国家的经济稳定与发展极为重要。行业自律需要一定的组织来加以实施，行业自律组织能够起到加强会员单位间的内部沟通以及不同行业之间的沟通的作用，同时能够通过制定行业制度规则、加强行业监督等手段在相关行业内部实现自律的目的，使得全行业经营管理能够规范和协调进行，从而保护行业利益不受损害。金融行业自律组织的存在，对于清廉金融建设的外部监管起着十分重要的辅助作用①。

一、银行业协会

银行业在金融稳健发展中发挥着不可或缺的作用。其促进实体经济发展的功能更是关系着国富民强目标的实现，因此银行业必须以自律文化涵养清风正气的工作氛围，加强行风建设，弘扬廉政文化，牢记使命担当，以良好的社会形象面对公众。

为了建设清廉金融文化，中国银行业协会采取了一系列自律措施。第一，中国银行业协会撰写《厚植理念 严格操守 构建新时代清廉金融文化》研究报告，从为什么、是什么、怎么做三个方面系统阐述开展廉洁金融文化建设的意义、内涵和具体举措。第二，中国银行业协会督促《中国银行业》杂志社开辟“清廉文化专栏”，充分发挥杂志的平台作用。第三，中国银行业协会完善清廉金融文化行业自律制度。中国银行业协会对违规银行采取“零容忍”的态度，对于损害银行业形象并造成严重不良影响的行为，坚决按照党纪国法和行业有关规定从重处理。中国银行业协会强化银行从业人员行为规范化管理。2020 年，中国银行业协会修订了 2007 年版《银行业从业人员职业操守》，并更名为《银行业从业人员职业操守和行为准则》，督促银行业金融机构加强从业人员行为管理，将对行业产生恶劣影响的从业人员纳入“黑名单”。第四，中国银行业协会推动在银行业内建立普遍适用的、科学的人才考核机制，选拔任用素质过硬、踏实肯干的人才，破除圈子文化和裙带关系，强化金融从业人员对行业的归属感。第五，中国银行业协会以正确的价值观建设清廉金融文化，加强对从业人员职业道德和政治素养的培训，在思想上筑牢防线，严格执行职业操守和行为准则，坚守清正廉洁的底线。

地方行业协会也在积极营造清廉金融文化氛围。例如，四川省银行业协

---

① 市场型行业协会事实上又包括三类：其一，可能成为法定型全国性行业协会会员的同领域各区域性协会；其二，可能成为法定型全国性行业协会会员的行业内部次级行业类协会；其三，在不存在某一特定金融领域全国性行业协会的场合，各地根据需要在该领域设置的区域性的或专业性的各类金融行业协会。参见：曹兴权. 金融行业协会自律的政策定位与制度因应：基于金融中心建设的考量［J］. 法学，2016（10）：79-88.

会、保险行业协会成立清廉金融专业委员会，牵头建立完善清廉从业规范，组织开展清廉金融相关课题调研、行业自律、宣传培训等工作，努力形成亮点和特色。清廉金融专业委员会探索成立清廉金融宣传指导工作组，建立互访互学机制，加强经验交流，搭建整合信息共享交流学习平台，加大网络平台宣传力度。北京银保监局、北京市银行业协会、北京保险行业协会、北京金融工会联合发出《北京银行业保险业清廉金融文化建设倡议书》，这一倡议致力于使各金融机构保持融洽紧密的合作关系，各方共同努力推动清廉金融文化建设，倡导金融机构积极参加、行业组织共同参与清廉金融文化建设机制，大力推进诞生一批能够经受住时间和实践检验的高起点、高水准、高品位的清廉金融文化品牌。山西省银行业协会发出加强清廉金融文化建设的倡议，呼吁各会员单位从宣传、学习、监督等各个方面大力加强清廉金融文化建设。大连市银行业协会组建专门工作组，以工作组搭建平台，以“清廉金融”为交流和宣讲的主题，将警示教育内容融入其中，构建监督评价机制，进一步引领清廉金融文化深入银行经营规范和行规行纪之中，大力推动清廉金融文化的感召力、穿透力、引导力、传播力和影响力在全行业积极发挥作用。

二、保险行业协会

保险作为现代金融体系中不可分割的一部分，是在整个国家经济运行过程中调控风险的重要手段。随着我国经济体制改革的不断深化，保险在维持社会稳定、保障和改善民生等方面发挥了越来越重要的作用。保险作为当下中国高速发展的一个行业，要保持行业的高质量发展，在全行业建设清廉金融文化是必不可少的重要环节。为了进一步防范化解保险行业的内在风险，保险行业已经达成了廉洁从业的共识，内部的腐败惩治机制正在加速完善。清廉金融文化是保险行业文化的重要组成部分，廉洁从业成为保险从业人员的基本职业操守。

中国保险行业协会是中国保险业的全国自律性组织，在开展行业自律、维权、服务、交流、宣传等方面发挥着重要作用。在清廉金融建设的过程中，中国保险行业协会始终坚持正确的思想导向，引领行业坚决贯彻落实国家关于推动金融反腐的决策安排，秉持开放包容的态度，在保险行业大兴清廉之风，以清廉金融建设护航保险业高质量发展。

清廉金融建设开展以来，中国保险行业协会立足行业自身特点，将“清廉、诚信、合规”作为开展清廉金融建设的切入点，通过搭建行业清廉金融文化交流平台，加强与保险公司和地方协会的沟通联系，进一步形成行业合力，打造“清廉保险”品牌。2020 年 8 月，中国保险行业协会成立清廉金融文化与法律合规专委会，并制定实施意见，为清廉金融建设提供组织和制度保障。2020 年 12 月，中国保险行业协会在武汉举办的中国保险创新发展大会上专设清廉金融圆桌论坛，推动清廉金融文化融入行业自律和机构公司治理。中国保险行业协会不断强化行业清廉文化宣传阵地建设，运用微信开办“清廉金融文化微课堂”，邀请党员干部轮流授课，打造云端“清廉文化大讲堂”，将中央纪委宣传部有关领导同志和中央党校知名教授精彩授课同步至云端。中国保险行业协会积极联合平安保险，在知乎平台开设“共筑诚信，反诈同行”线上圆桌分论坛，持续向行业传递廉洁从业的思想和理念。中国保险行业协会组织开展“3・15 诚信宣言活动”，共有 30 多万人（次）签署诚信宣言；以“沉淀人生底色”为主题，邀请包括行业抗疫典型人物在内的 31 位嘉宾，在互联网上讲述自己的故事，持续向社会传播正能量。目前，中国保险行业协会正在积极探索，将清廉金融文化写入从业人员职业技能教育培训规划，试点制定《从业人员廉洁行为准则》；研究制定《保险销售从业人员执业失信行为认定指引》和行业反欺诈黑灰名单标准，试点以类似区块链分布式记账方式来设立黑灰名单。

高校是未来金融后备人才的最主要来源。除了坚持一直提倡的行业资源共享、合作共赢外，中国保险行业协会还注重与高校开展清廉金融建设合作。2020 年 10 月 19 日，中国保险行业协会在北京举办清廉金融文化建设教育基地签约仪式，与北京大学、对外经济贸易大学、中央财经大学、中国金融思想政治研究会等单位签署合作协议，从人才源头上加强宣传引导，培育大学生树立尚廉崇洁、诚信守法的价值观念，提升拒腐防变的能力。

除此之外，中国保险行业协会通过加强与智库、兄弟协会的合作，在行业标准制定和行业培训等方面进行创新，推动保险行业的高质量发展。例如，各地保险行业协会、保险中介行业协会先后向保险机构发起共建清廉金融文化倡议，引导各方主动融入行业清廉金融建设大格局，探索实践多维度清廉金融建设，大力营造清廉金融共创共建浓厚氛围。

三、证券业协会

中国证券业协会是全国范围内的证券业自律性组织，在整个金融行业自律组织中有着重要的地位。其作用在于对证券业加强自律管理，对协会会员的合法权益进行有效维护，促进中国证券市场体系的发展及完善，建立起符合中国国情和实际需要的证券业市场。中国证券业协会的职能在于根据国家的总体规划和国民经济发展的需要，在证券市场贯彻国家的大政方针以及相应的政策法律，在政府和证券业机构之间建立起高效的沟通渠道，推动证券业的发展，促进证券业的创新。

中国证券业协会响应金融监管部门决策部署，在全行业内从公司治理、自律措施和行业规范等多角度入手，探索在证券行业建设廉洁文化的途径，力求在全行业打造清廉金融文化。

清廉金融并非一个抽象模糊的概念，清廉金融建设对国家大政方针和决策部署在金融市场的贯彻落实有着重要影响，同时也关系着中国金融市场未来的长期可持续发展。为了在整个金融业形成清廉文化氛围，从金融监管部门到行业自律组织再到金融机构，共同采取了一系列措施，以推动在整个金融业中形成清廉金融文化氛围。中国证券业协会作为金融行业自律组织的重要组成部分，在证券行业内通过制定详细的廉洁自律措施、进行专题授课以及组织相关智库和研究机构进行专题探索等方式，使得中国证券行业的生态不断稳步向好发展。从证券从业人员的角度来看，中国证券业协会对从业人员提出了一系列廉洁自律要求，如要求证券从业人员在执业过程中廉洁自律。中国证券业协会明确禁止了从业人员的 34 种行为，禁止的行为涉及证券业的投资银行类业务、融资融券业务、股票质押式回购交易等融资类业务、自营业务、资产管理业务、另类投资业务、产品销售业务以及证券投资咨询业务。上述行业自律措施作为证券行业所有经营机构及其从业人员开展业务过程中廉洁自律的基本标准，有利于整个行业的健康发展。在这样的背景下，证券经营机构按照相关要求加强自身文化建设，通过制度建设、员工教育、明确责任、加强内部控制等方式将廉政从业的有关制度措施落到实处，有效实现廉政从业目标。中国证券业协会未来将对廉洁从业内部控制体系持续加强建设，以促进资本市场生态继续稳步向好发展。

第四节　其他协会与清廉金融

一、中国银行间市场交易商协会

中国银行间市场交易商协会是银行间市场的全国性行业自律组织，对银行间市场进行自律管理，保障银行间市场的健康发展。其会员包括个人会员和单位会员，涵盖银行间债券市场、同业拆借市场、衍生品市场等银行间交易的主要市场。

随着越来越多的主体进入银行间债券市场，银行间债券市场的规模越来越大，部分问题集中暴露。例如，一些机构诚信意识不够、信用评级不合规；一些企业主观恶意欺诈，故意隐瞒，造成企业偿还债务能力的信息不实。此外，银行间债券市场还存在主承销商尽职调查不作为、跟踪管理不充分以及相关中介机构履职不到位等问题。

中国银行间市场交易商协会于 2013 年修订了《银行间债券市场债券交易自律规则》①，修订后的新规通过建设面向市场的机制提高交易透明度，有助于创造诚信公平的市场环境，帮助市场参与机构强化内部管理机制，强化对廉政风险防范的意识与管理制度，建立科学有效的廉政风险防控体系。

银行间市场交易商协会对自身廉洁从业规则和管理方法的改进，促进本行业标准的开发，这是遵循市场导向的改革，是强化市场约束机制、积极稳妥促进银行间市场发展的重要手段，也符合我国深化金融改革的方向。同时，银行间市场交易商协会对廉洁自律措施的改进，完善了银行间债券市场的自律管理，促进了市场的健康有序发展。

二、中国证券投资基金业协会

中国证券投资基金业协会于 2020 年出台的《基金经营机构及其工作人员廉洁从业实施细则》②，要求基金管理机构建立完善人员廉政管理的内部控制机制，针对基金公司的业务特点对防范制度和过程控制制定具体有效的

---

① 《银行间债券市场交易自律规则》于 2013 年 6 月 27 日经交易商协会第三届常务理事会第六次会议审议通过，并经中国人民银行备案同意。

② 中国证券投资基金业协会第六届理事会第八次会议表决通过，2020 年 3 月 12 日发布。

措施。事后问责机制明确了董事、监事、高级管理人员和各级责任人的诚信管理职责，落实了诚信要求。

该实施细则是结合基金经营机构公司特点对中国证监会发布的《证券期货经营机构及其工作人员廉洁从业规定》的延伸。该实施细则分为5章，包括总则、内控要求、主要业务廉洁从业要求、自律管理和附则，共28条。该实施细则关注基金行业的主要业务，包括融资、投资、管理、退出，对每个流程的风险要点详细整理。

基金管理机构及其工作人员应严格遵守诚信的底线来开展基金业务及相关活动，严禁谋取不正当利益。

基金经营机构的从业人员必须严格遵守相应的法律法规，不得违反行业自律规定以及其他廉洁从业规定，在执业过程中应当积极主动判别诚信风险并对风险有一定防控能力，对执业中的违规行为承担相应责任。此外，机构与员工在从事证券期货业务及相关活动时，还应当遵守相关行业自律组织发布的有关廉政的规定。

三、中国期货业协会

中国期货业协会是全国期货行业的自律性非营利组织。其职责是使期货行业在被政府统一合法监管的基础上进行自律规范。中国期货业协会连接国家与期货行业，保障会员权利，维护期货行业的规范竞争氛围，促进市场和谐繁荣发展。

为营造和建立廉洁从业的氛围，明晰机构及员工需要做到的清廉要求，形成长期有效的机制，推动制度化和规范化的完整性以及实现期货行业的自律管理，根据相关法律法规，中国期货业协会出台了《期货经营机构及其工作人员廉洁从业实施细则》①。该实施细则的发布是中国期货业协会在行业内培育诚信合规文化的重要基础。通过各种法规的刚性约束，期货经营机构可以有效加强对责任主体的诚信风险防控，完善内部控制制度，认真履行各种责任以及增强自我反省、自我修正和主动报告违规行为的力度，特别是制定合理完善的公司营销制度，明确可列入营销费用的具体事项、内容、标准、额度等，严格审查，避免引发利益冲突，营造风清气正的行业生态。

---

① 2018年5月2日中国证券监督管理委员会2018年第三次主席办公会会议审议通过。

四、中国信托业协会

中国信托业协会是中国信托业的行业自律组织，接受中国银保监会的业务指导。其宗旨在于依据法律法规和国家金融政策，规范营业性信托机构的经营活动，进行同业自律管理，协调行业内部、外部关系，发挥营业性信托机构与主管机关之间的桥梁纽带作用，维护行业权益，促进行业发展。

信托业经过多年的发展，在取得一定成绩的同时，也存在风控能力有待提高、受托责任界定不清等一系列需要解决的问题。为厘清受托责任边界，促进信托业回归“卖者尽责、买者自负”的信托本源，2018 年，中国信托业协会发布了《信托公司受托责任尽职指引》。作为行业自律规范，虽然其性质对信托当事人和信托参与主体不具备法律强制力，但也是对现有的法律法规、部门规章及其他规范性文件的有益补充，弥补了行业空缺。除发布自律性文件外，中国信托业协会也积极开展清廉文化活动：一是打造“廉洁文化微课堂”，二是组织开展多次廉洁教育参观活动。另外，中国信托业协会纪委、工会联合组织开展了“清廉文化艺术展”。中国信托业的一系列活动宣传了廉洁理念，对弘扬清风正气的行业氛围的营造产生了积极的促进作用。

第八章

清廉金融与银行业安全

第一节　银行业的发展与监管

一、银行业的发展

中华人民共和国成立 70 多年来，我国银行业逐步从计划经济模式转向市场经济模式，逐步建立起了现代化的银行业经营体系和监管体系，取得了巨大的成就。按时间划分，中国银行业及其监管体系可以大体分为 6 个阶段。

（一）1949—1977 年：大一统格局，一元银行体系阶段

1949 年中华人民共和国成立时，我国刚刚从长期战乱中恢复和平，开始经济建设，致力于建立计划经济体制，优先发展重工业。1948 年 12 月成立的中国人民银行，隶属于财政部。1955 年 2 月，国家完成对民国时期留下来的银行和钱庄等金融机构的公私合营改造，全部并入中国人民银行各地分行的储蓄部。为了管理和经营农村地区和农业的金融服务，1956 年，中国农业银行成立，但第二年即并入中国人民银行，改组为农村金融管理局。在计划经济体制下，财政部和国家计划委员会制定国家财政预算，计划生产和投资、现金和信贷以及外汇交易。中国人民银行在财政部的领导下负责统筹信贷资金，监督企业的金融行为，利用自有资金进行信贷业务。当时，中国人民银行既是中央银行，也是银行业的监管部门，还是国有垄断的商业银行，但因为要接受财政部的领导和国家计委的计划约束，中国人民银行的自主权比较有限。这种情况一直持续到 1978 年。

（二）1978—1983 年：打破大一统格局，成立四大专业银行

从 1978 年党的十一届三中全会开始，我国开始了伟大的改革开放，从公有制企业垄断经营的计划经济体制，逐渐转向对外开放、发展国际贸易和投资、以公有制为主体的社会主义市场经济。银行业作为当时我国金融的主体行业，是经济改革的重要领域。银行业改革的目的是逐步从为计划经济而建立的银行业体系转变为与社会主义市场经济相适应的现代银行业体系。当时，中国人民银行作为实际上的国家垄断性的商业银行和政策性银行，必然出现缺乏竞争压力和创新动力的问题。银行改革的第一步就是把中国人民银行的各种商业银行职能划分出去，分别成立几家国有商业银行。

中国人民银行的农业金融服务划分给了恢复后的中国农业银行，外汇业务和国际金融业务划分给了新成立的中国银行，生产建设投资改为由新成立的中国建设银行提供贷款，工商业信贷服务由新成立的中国工商银行负责。这四家银行也在政府政策引导下逐步实现了独立核算、自负盈亏、自担风险，提供一般性商业银行服务，打破了原来由中国人民银行一家垄断的局面。中国人民银行也不再从事商业银行服务，而是成为专门的中央银行和银行业监管部门。这样做既可以在银行业内引入竞争，同时也解决了原来中国人民银行的商业银行职能与中央银行、银行业监管部门的角色冲突。中国人民银行也从财政部独立出来，成为直属于国务院的部级机构，这样也提高了银行业的地位，为日后的发展奠定了基础。

（三）1984—1994 年：国有专业银行实现商业化改制

这个阶段的主要目标是解决第二阶段引入竞争后银行内部风险控制机制不完善、缺乏合理且严格执行的贷款政策、总行与分行的关系不明确、商业银行继续承担政策性银行的职能造成职能冲突等问题。国家陆续成立了交通银行等十几家股份制商业银行，为新兴的市场经济中的集体企业、私营企业和合资企业提供金融服务。1994 年，国家剥离了国有商业银行的政策性职能，成立了国家开发银行、中国进出口银行和中国农业发展银行三家政策性银行，进一步促进了国有商业银行向现代化的股份制商业银行转变。

（四）1995—2000 年：防范金融风险，提高资产质量

1995 年 5 月，全国人大常委会通过了《中华人民共和国商业银行法》，明确了分业经营的金融行业格局，商业银行不得从事信托投资和股票业务，不得从事非自用的房地产业务。1997 年，亚洲金融危机爆发。1998 年，海南发展银行倒闭。当时我国商业银行的不良贷款率都比较高。为了防范系统性金融危机，我国一方面由财政部向四大国有商业银行注入资本金，提高四大国有商业银行的资本充足率；另一方面由财政部出资成立四家金融资产管理公司（中国华融资产管理公司、中国东方资产管理公司、中国信达资产管理公司、中国长城资产管理公司），承接四大国有商业银行剥离的不良资产。1998 年，中国人民银行取消了商业银行的贷款限额控制，而是实行“计划指导，自求平衡，比例管理，间接调控”的市场化原则，给了商业银行更多的经营自主权。进入 21 世纪，《贷款风险分类指导原则》和《商业银行内部控制指引》相继发布，为商业银行健全内部风险管理提供了依据。

（五）2001—2012 年：银行业扩大对外开放，银行业监管国际化改革

2001 年 11 月，我国正式加入世界贸易组织，我国银行业开始加大对外开放的力度。2003 年 4 月，中国银监会作为专业的银行业监管部门正式成立。2003 年 12 月，全国人大常委会通过了《中华人民共和国银行业监督管理法》，明确了中国银监会的监管目标和监管标准。原中国银监会发布了一系列管理办法，涉及商业银行的资本充足率、市场风险管理、操作风险管理、外汇风险管理等一系列监管指标，有效控制了银行业的系统性风险。此外，原中国银监会还发布了一系列关于商业银行内部控制、授信工作、公司治理、合规风险管理、信息系统风险管理等方面的管理办法，改善了商业银行的内部管理。为了促进商业银行的公司化和市场化，从 2004 年开始，四大国有商业银行、一些股份制商业银行和城市商业银行先后进行了公司化改制并实现了上市。原中国银监会还发布了一系列关于对外开放银行业的文件，兑现了中国加入世界贸易组织的承诺。这一时期的发展，让我国银行业的市场化程度进一步提高，银行业的管理更加专业和完善，对外开放程度加深。

2008 年，美国次贷危机引发了全球金融危机和经济衰退。原中国银监会结合国际形势的变化，进一步完善了监管工具，同时发布了一些制度文件管理商业银行的信用风险、流动性风险和声誉风险。原中国银监会注重通过监管政策推动银行业对重点产业行业以及重要的社会民生领域提供金融支持，尤其重视通过政策引导加强银行业对小微企业和“三农”的支持。

（六）2013 年至今：积极应对金融创新，推进银行业监管优化

随着智能手机进入千家万户，人工智能、大数据等现代科技迅速崛起，金融行业受到了互联网金融、金融科技、区块链等新兴力量的强烈冲击，全球监管部门普遍加强了对银行业的监管，这导致各种以规避监管、监管套利为目的的金融创新层出不穷。金融行业也随着这些金融创新逐渐走向混业经营，我国原有的分业监管的格局逐渐不再适应新的形势。2017 年 10 月，习近平总书记在党的十九大报告中首次提出“三大攻坚战”这一概念，即防范化解重大风险攻坚战、精准脱贫攻坚战以及污染防治攻坚战。同年 12 月召开的中央经济工作会议强调：“打好防范化解重大风险攻坚战，重点是防控金融风险，要服务于供给侧结构性改革这条主线，促进形成金融和实体经济、金融和房地产、金融体系内部的良性循环，做好重点领域风险防范和处置，坚决打击违法违规金融活动，加强薄弱环节监管制度建设。”原中国

银监会根据会议精神加大监管力度，大力整治市场乱象，为控制金融风险做出了重要的贡献。2018 年 4 月，原中国银监会和原中国保监会合并成立了中国银保监会。同时，国务院金融发展稳定委员会成立，使得我国的监管体系不断完善，以继续保持高效率的监管能力。

中华人民共和国成立以来，特别是改革开放以来，经过几十年的发展，我国的银行业不仅发展成为我国金融行业的主要力量，也在世界银行业中占据重要地位。在 2019 年《银行家》杂志发布的全球 1 000 家最大规模银行列表里，有 136 家中国的银行。截至 2017 年年底，我国银行业的资产总量占我国整个金融行业资产总量的 95%。截至 2018 年年底，我国实体经济的总融资额中 65%来自银行业。

除了体量大、重要性强外，我国银行业还表现出比较强的行业积聚性。规模最大的 5 家国有控股商业银行，即中国工商银行、中国建设银行、中国银行、中国农业银行和交通银行，其总利润早在 2016 年就已经超越了全球 7 家大银行（花旗银行、汇丰银行、美洲银行、摩根大通、三菱日联金融集团、法国农业信贷银行、富国银行）利润的总和。到 2019 年第一季度，这 5 家银行占据中国银行业总利润的 51.5%。在总资产方面，截至 2018 年年底，这 5 家国有控股商业银行的资产占整个银行业总资产的 36.7%，股份制商业银行的资产占比为 17.5%，城市商业银行的资产占比为 12.8%，农村金融机构的资产占比为 12.9%。值得注意的是，随着银行业内部竞争的加剧，国有控股商业银行的总资产和利润总额在银行业中的比重呈逐年下降态势。

2019 年 6 月末，我国拥有持牌银行业金融机构 4 597 家，其中有 6 家国有控股大型商业银行（上述 5 家和中国邮政储蓄银行），1 家开发性金融机构，2 家政策性银行，12 家全国性股份制商业银行，4 家金融资产管理公司，134 家城市商业银行，1 家住房储蓄银行，17 家民营银行，1 423 家农村商业银行，782 家农村信用社，1 622 家村镇银行，13 家贷款公司，45 家农村资金互助社，30 家农村合作银行，41 家外资法人银行，68 家信托公司，70 家金融租赁公司，254 家财务公司，25 家汽车金融公司，24 家消费金融公司，5 家货币经纪公司以及 18 家其他金融机构①。

中国工商银行、中国建设银行、中国银行、中国农业银行和交通银行是

① 银保监会家底曝光：4 597 家银行业金融机构，116 家外国及港澳台分行［EB/OL］.（2019-10-17）［2021-07-10］. bank.hexun.com/2017-10-17/198903123.html？ivk_sa＝1023197a.

我国最大的五家国有控股商业银行，由中央政府绝对控股，其主要资金来源是国内存款。根据 2016 年年底的统计数据，这五家银行 80%的总负债是国内存款。其持有的资产中也主要是贷款，这五家银行 60%的资产是贷款。这五家银行的经营目的是获取利润，同时也在国务院、中国人民银行和其他政府机构制定的总体经济目标的指导下发展业务。

1994 年，我国设立了三家政策性银行，即中国农业发展银行、中国进出口银行、国家开发银行。这三家银行设立的目的是承接国有商业银行的政策性贷款职能。这三家银行都由国务院直接领导，各有其专门的职能。中国农业发展银行注册资本为 570 亿元，其主要职能为通过国家信贷支持和市场融资的办法，为农民、农业和农村地区提供金融支持，以服务于国家战略。中国进出口银行主要为中国进出口行业提供金融服务，其目标是给中国对外商业和投资的发展提供支持，促进国际经济合作。截至 2018 年年底，中国进出口银行在全球各地有 32 个分支行，在中国香港有一家代表处。国家开发银行是世界上最大的开发性金融机构，注册总资本为 4 212.5 亿元，为我国重要的中长期经济建设计划提供中长期融资战略性支持。2015 年 3 月，国务院明确国家开发银行的定位为开发性金融机构，将其从政策性银行序列中剥离。

股份制商业银行是从 20 世纪 80 年代中期陆续成立的，其股东多为公司，包括非国有公司。我国目前全国性股份制商业银行包括浦发银行、中信银行、光大银行、广发银行、兴业银行、华夏银行、招商银行、民生银行、平安银行、浙商银行、恒丰银行和渤海银行。

我国民营银行的代表有微众银行、网商银行和新网银行。微众银行成立于 2014 年 12 月，是我国第一家纯粹的网上银行，致力于为难以从传统银行业获得贷款的客户提供小额消费贷款，为小微企业提供商业周转贷款。网商银行成立于 2015 年 6 月，致力于利用互联网和大数据的优势为小微企业提供金融服务。新网银行成立于 2016 年 12 月，致力于服务小微群体、支持实体经济、践行普惠金融。

农村中小金融机构包含农村商业银行、农村信用合作社、村镇银行、农村资金互助社等组织，主要为农村地区提供金融服务。

随着我国金融行业对外开放程度不断提高，越来越多的外国银行在我国开设外资法人银行，并逐步扩大规模。

二、银行业的监管

我国银行业监管顺应我国改革开放的现实和国际银行业监管的趋势，在党中央国务院的领导下，不断发展创新，逐渐从改革开放前由中国人民银行在财政部和国家计委的领导下进行计划经济式的管理，过渡到对商业银行的微观审慎监管，再到2008年全球金融危机后逐步转向宏观审慎与微观审慎相结合的监管。

1978—1992年，虽然已经从中国人民银行中分出业务并成立了四大国有商业银行，但商业银行的信贷资金仍然由国家计划安排，中国人民银行则负责管理和评估商业银行信贷资金的使用。从1992年开始，随着四大国有商业银行的公司化改制逐步推进，银行业的微观审慎监管逐渐成形。管理的指标也逐渐从开始的资产负债比和存贷款比转到更加全面的对三种风险的管理，即信用风险、市场风险和操作风险。此外，我国参照巴塞尔协议，在银行业监管中引入了资本充足率的监管。随着2003年中国银监会的成立，我国逐步形成了以资本监管和风险监管为主的审慎监管框架，注重对资本充足率、资产质量、信用风险等的监管。我国的监管框架还注重加强对商业银行的公司治理机制、内部控制和合规风险的管理。经过一段时间的努力，国有商业银行的不良贷款率明显下降，拨备覆盖率和资本充足率都得到大幅度提高。2008年，全球金融危机爆发。2010年，巴塞尔银行监管委员会发布《巴塞尔协议Ⅲ》。2012年，中国银监会发布了中国版的《巴塞尔协议Ⅲ》，即《商业银行资本管理办法（试行）》，其中规定商业银行的核心一级资本充足率、一级资本充足率、资本充足率分别不得低于5%、6%和8%。原中国银监会还规定储备资本要求为2.5%，逆周期资本为0~2.5%，系统重要性银行附加1%的资本要求。经过持续努力，我国的银行业监管体系和效率得到了包括由世界银行和国际货币基金组织领导的金融部门评估项目（Financial Sector Assessment Program）以及巴塞尔银行监管委员会（Basel Committee on Banking Supervision）等的高度评价。

目前，我国由中国银保监会负责的银行业监管框架包含以下几个基本组成部分：

（一）市场准入监管

中国银保监会负责审批三个方面的商业银行市场准入事项，即机构准入、业务准入和高级管理人员准入。新的金融机构或金融机构设立新的分支机构，必须满足《中华人民共和国商业银行法》规定的最低注册资本限额，必须建立完善的公司治理结构和内部控制制度。中国银保监会也根据《金融机构高级管理人员任职资格管理办法》对商业银行任命高级管理人员进行审批。值得注意的是，商业银行高级管理人员不仅需要熟悉和遵守有关法律法规，具备与职务相适应的专业知识和工作经验，还必须具有公正、诚实、廉洁的品质以及正派的工作作风。凡是有贪污贿赂、侵占或挪用财产、破坏社会经济秩序等行为，被判处刑罚、被剥夺政治权利的，对因违法经营被吊销营业执照、经营不善破产清算负有个人责任或领导责任的企业法定代表人，因工作失误或经济案件给任职金融机构造成严重损失的，负有较大债务到期未清偿，提供虚假材料，有赌博、吸毒、嫖娼等违反社会公德行为等，都不能担任商业银行高级管理人员。

（二）日常审慎监管

中国银保监会根据《商业银行资本管理办法（试行）》中的有关规定要求商业银行满足最低资本、储备资本、逆周期资本、系统重要性银行附加资本等方面的要求。在贷款质量监管方面，中国银保监会对商业银行建立不良贷款率、贷款拨备率（银行的贷款损失准备金占贷款余额的比例）和拨备覆盖率（贷款损失准备金占不良贷款额的比例）的监管标准。中国银保监会还建立了动态贷款损失准备制度，根据经济发展的不同阶段、商业银行贷款质量和盈利状况的差异对监管要求做动态调整。在流动性监管方面，中国银保监会对商业银行的流动性覆盖率（合格优质流动性资产占未来 30 天现金净流出量的比例）、净稳定资金比例（可用的稳定资金占所需稳定资金的比例）、流动性比例（流动性资产余额占流动性负债余额的比例）、流动性匹配率（衡量商业银行的资产与负债的期限配置结构）、优质流动性资产充足率（优质流动性资产占未来 30 天内流动性需求的比例）等流动性指标有监管要求。在内部控制方面，中国银保监会要求商业银行的董事会和高级管理层要有明确的责任和有力的监督，在银行内部建立有效的内部控制制度；商业银行必须充分认识和持续监控各种经营风险；商业银行内部要有良好的控制结构、职责分离和审批制度；商业银行各级管理层和各部门要有完善的信息交流和向上级报告制度。

（三）现场检查与非现场监管

中国银保监会及其派出机构还会依法对银行业金融机构进行现场监督检查，检查银行的财务报表数据是否准确可靠，评估银行的管理和内部控制的质量，以督促银行业金融机构提高经营管理水平，贯彻落实国家宏观政策和监管政策。中国银保监会及其派出机构还会通过非现场监管手段，即通过收集银行业金融机构的业务活动和风险状况的报表数据与有关资料，通过整理和分析，计算出一系列风险的评价指标，以作出评价和预警。

第二节　银行业的清廉金融建设分析

本节主要阐述清廉金融对银行业金融机构安全经营以及对银行业整体经营风险控制的影响。本节分别从委托-代理问题的理论角度、贷款业务的安全分析、系统性风险的总体控制等方面加以讨论。

一、清廉金融建设有助于解决银行业金融机构的委托-代理问题

清廉金融建设有助于解决银行业金融机构普遍存在的委托-代理问题。委托-代理问题可以说是银行业金融机构重要的腐败风险来源。降低不合规操作和经营的发生频率，减少银行业金融机构的经济损失，降低银行业金融机构的风险水平，从而提高银行业金融机构的经营效率，降低银行业金融机构的系统性风险水平，有助于银行业形成良好的行业风气，推动经济繁荣和社会可持续发展。现代的银行业金融机构往往规模巨大，从总行到分行，再到支行办事处，银行的每一级机构都涉及大额的现金交易，都有一定的贷款信用决定权，都分享着总行赋予的社会声誉。从股东，到总行的董事会、监事会，到高级管理人员，到下面各级分行、支行的管理人员，再到普通员工，每一层关系都存在着信息不对称和道德风险问题。

虽然现代大型企业都会存在委托-代理问题，但是银行业金融机构的委托-代理问题相对严重。这是因为对于银行业从事的存贷款业务，委托-代理问题造成的往往是潜在的经营风险，表面上难以察觉，往往要经过比较长

的时间，潜在的风险才会变成实际的损失，才有可能被委托人发现。还要认识到，银行业的经营不仅涉及大额资金交易，还涉及贷款、担保等风险比较高的经营活动。因此，委托-代理问题导致的后果相对严重。银行业金融机构员工若违反中国银保监会与其所在银行业金融机构的规定，可能会给自己带来利益，但给其所在银行业金融机构以及金融系统、社会公众带来损失。相比之下，其他行业虽然也存在委托-代理问题，但银行业金融机构的代理人面对的诱惑更大，道德风险问题更为严重。

此外，我国主要的银行业金融机构都是国有资本占主导地位。社会公众和市场投资者普遍认为这些银行机构如果经营出现严重问题，政府会出手援助。银行经营管理者有可能因此放松对各种经营风险的把控，特别有可能放松对内部腐败问题造成的经营风险的控制。由此造成的呆坏账及银行资本的损失，最后虽然有政府的援助，但使银行业金融机构成为国家财政的负担，成为广大纳税人的负担。

只有大力建设清廉金融，从制度上杜绝腐败渎职行为的蔓延，从文化建设上培养坚持原则、不贪心、不随波逐流的凛然正气，培养严格遵守规章制度的行业风气，才能有效控制委托-代理问题中的道德风险问题，从而有效保护银行业金融机构的总体利益，同时也能有效维护政府威信，减少潜在的财政负担。

二、清廉金融建设有助于提高银行业金融机构贷款业务的安全性

银行业金融机构的主要传统业务是存款业务和贷款业务。如果系统梳理一下银行业的各种腐败案件，就会发现问题往往出现在贷款业务上。贷款业务在各种金融借贷关系中有一定的特殊性，即贷款业务作为一种债权关系，比较接近债券，但是和债券不同的是，贷款合约一般不能转让。贷款资产的流动性比较差，风险比较高，但也是银行利润的主要来源。为什么贷款业务的流动性比较弱？这主要是因为贷款业务依赖于银行对借款公司或个人的深入调查和长期的监督与合作形成的借贷关系。这种借贷关系是不可能随着贷款权利的转让而被贷款资产的购买方获得的。因此，贷款资产不能像债券那样比较容易转让。这也使得贷款业务难以像债券那样通过市场投资者的监督促使债券发行方控制风险。贷款业务的风险很大程度只能靠银行内部通过各种机制和管理规定进行风险控制。这就给潜在的金融腐败留有空间。如果银

行内部的管理机制出了问题，贷款业务的风险可能就会累积，并且难以被银行上级管理部门和银行业监管部门发现。

贷款业务容易出现腐败的另一个原因是贷款能够给需要贷款的公司或个人带来潜在的巨额收益。现代金融理论证明，因为直接到公开市场发行股票和债券需要支付比较高的发行成本，而且需要企业有比较高的社会声誉、比较长的信用历史，因此大多数企业主要依赖银行贷款融资。考虑到民间借贷的高昂利率，能够取得银行贷款，往往就能省下巨额的利息支出。因此，银行的贷款业务代理人遇到的各种诱惑颇大。在本章第四节的案例中，为了获得银行贷款，某些公司或个人表现出极大的“耐心”和“热情”，不惜高昂的代价，不惜长年累月等待，致力于与对贷款业务有影响力的人员建立“友好关系”，由此使一位又一位长期在银行业金融机构奋斗的高级管理人员逐步走向违法违规放贷的道路，最终给银行造成巨额损失。涉案人员也要受到法律法规的严惩。

建设清廉金融，首先要注意银行腐败现象的重灾区——贷款业务。贷款业务既是银行业金融机构的主要利润来源，又是其主要风险来源。一方面，银行业金融机构要从制度上找到贷款审批过程中可能存在的各种“黑箱”和管理盲点，逐个破除；另一方面，银行业金融机构要宣传金融腐败给银行、国家以及腐败分子自身造成的后果，让银行业金融机构的管理人员和从业人员认识到贷款业务的复杂性和风险性，认识到银行内部各种贷款业务的管理规定的合理性和有效性，从而自觉遵守有关规定，主动向上级汇报不正常的现象，和贷款客户保持合理的距离，节制自己的物质欲望，培养清正廉洁的贷款风气。

三、清廉金融建设有助于提升银行业金融机构的形象

只有建设和倡导清廉金融，防止利用银行的声誉做欺骗性或违规的宣传和销售，才能有效维护银行业金融机构在广大客户和市场投资者心目中的形象。

各种违反规定的渎职和腐败行为，不仅损害了客户的利益，给银行带来直接经济损失，还会给银行声誉造成巨大的影响，导致银行客户流失，影响未来金融服务的销售和融资成本。此外，银行还可能招致监管部门的处罚。银行业金融机构的声誉对银行业的经营至关重要。社会公众普遍对银行业金

融机构特别是对我国主要银行机构有比较高的信任度，都比较相信银行的各种承诺。这也让银行业金融机构对建设清廉金融的需求更加迫切。

特别值得注意的是，一些给银行业金融机构带来巨大声誉损失的金融腐败案件，往往涉及银行内部人员甚至是管理层人员。声誉在金融行业中是极为重要的资产。例如，某些银行的管理人员在本职工作之外干“私活”，凭借自己的职务便利，从事与其所在银行无关的金融产品销售。这样的违规销售行为如果成功，往往就是基于客户对其银行机构的信任；如果无法兑现其对客户的承诺，会导致客户质疑该银行的信誉。这样的事情如果在社会公众之间传播，甚至会造成群体性事件，严重损害有关银行的声誉。

建设清廉金融，培养良好的企业文化，让银行业金融机构从业人员自觉爱护、维护其所在银行的社会声誉，自觉不做损害银行声誉的事情，不利用自己的职务便利借银行的信誉干“私活”。这样银行业金融机构才能在社会公众当中形成良好的口碑，才能在广大客户当中培养和维护良好的形象。

四、清廉金融建设有助于强化银行业金融机构对风险的控制

金融业关系国计民生，不仅因为金融业提供的服务是社会各行各业所必需的，还因为金融业本身存在易发生系统性风险的特点；如果管理不当，有可能会产生金融危机，导致大规模的失业和破产，造成严重的社会问题；如果没有及时控制，甚至有可能造成政治动荡和国际冲突。要维护经济社会的稳定，我们就必须有效控制金融业的整体风险，预防系统性风险的爆发。

控制银行业整体风险，有赖于中央银行和金融监管部门在合理运用货币政策和财政政策的同时，通过宏观和微观的审慎政策，密切关注、有效衡量系统性风险。建设清廉金融也可以为银行业的整体风险控制助力。这是因为发生在银行业金融机构的违规渎职和腐败行为，可能会因为违规人员的竭力掩盖而未被及时发现，从而构成潜在的风险。例如，银行管理贷款业务的人员违规放贷造成坏账，为了掩盖这些坏账，又采取另外借钱给贷款方让其先还之前的贷款的做法，这样在账面上看没有不良贷款，但实际上掩盖了风险，并且极易导致风险累积和蔓延。这些风险的相对隐蔽性给监管部门正确评估相关银行业金融机构的风险并及时采取措施带来不小的挑战。

此外，当一国经济处在高速增长时期，其房地产和其他各种资产的价格会不断上涨，以这些房地产和资产做抵押可以比较容易从银行获得贷款。如

果银行的内部控制不够严密，贷款的标准有所降低，其潜在风险因为抵押品价格的稳定上涨往往也不会表现出来。但是一旦经济增长遇到拐点，房地产等资产的价格下跌，就会让之前银行贷款的潜在风险暴露出来，并可能引起一定的金融动荡。1997 年的亚洲金融危机和 2008 年全球金融危机都是这种情况。这说明要正确衡量银行业的系统性风险是比较困难的，因为这往往取决于宏观经济形势和资产价格的波动。因此，银行业内部的风险控制，特别是对贷款质量的控制和管理，是防范金融危机的重要关口。

建设和倡导清廉金融，能够降低银行业风险。这是因为如果银行业金融机构的从业人员都能保持清正廉洁，都能严格执行银行的规章制度，特别是贷款业务的制度，不违规发放贷款，不违规掩盖呆坏账，就能有效改善银行的贷款质量。建设清廉金融，可以有效加强银行业金融机构的内部控制。正是因为银行业金融机构的特殊性，中国银保监会及其派出机构对银行业金融机构的内部控制，特别是有关的禁止性规定和回避工作的要求非常详尽。但是为什么违规和腐败的行为还是会在银行业金融机构发生呢？分析有关的违规和腐败案例就会发现，不仅有那些进行违规操作和发生腐败行为的人员受物质利益的诱惑铤而走险的原因，也有相关机构的管理人员和其他工作人员未能按规定执行各种合规操作的程序，未能及时自我检查发现问题，或者发现问题没有及时上报的原因。清廉金融不仅要求相关人员自身不腐败、不违规，也要求其积极遵守监管部门及金融机构的各种规章制度，严格执行，及时上报问题。只有这样才能让银行业金融机构内部控制的各项规章制度发挥作用。

第三节　清廉金融对银行业的重要意义

建设清廉金融，对于银行业意义重大。本节从清廉金融对银行业金融机构的绩效、风险控制、声誉建设以及行业风气等方面论述银行业建设清廉金融的必要性。

一、清廉金融对银行业金融机构绩效提升的重要意义

建设和倡导清廉金融能有效降低腐败和违规问题给银行业金融机构带来

的利润损失和潜在业务损失，提高银行业金融机构的利润水平，改善银行业金融机构的经营绩效。

各种腐败和违规问题往往是因为银行业金融机构的管理人员和从业人员为了自己的私利，而违反银行的规章制度。例如，银行管理人员收受贿赂，如发放贷款给不具备贷款资格的客户，或者私自使用银行公章给客户违规提供担保等，都会给相关的银行业金融机构带来巨额潜在损失，更会损害客户心目中银行的形象，导致客户流失。

我国银行业金融机构内部控制的各项规章制度可以说是较为严密和完善的。可是金融腐败现象在银行业金融机构中不断出现，这说明仅靠制度建设是不够的。再好的制度，没有与之适应的行业风气和企业文化，也将会在实际执行中走样。在银行业建设和倡导清廉金融文化、培养清正廉洁的行业风气、营造积极健康的企业文化、培养银行业金融机构从业人员洁身自好的品行，是制度建设的有效补充，配合良好的银行业金融机构管理制度，可以有效防范腐败和违规现象的发生，有利于银行业金融机构提高资产质量，减少不良资产带来的损失。

二、清廉金融对银行业金融机构风险控制的重要意义

现代金融机构的主要职责之一就是对各种风险（如信用风险、市场风险、操作风险、流动性风险等）进行管理和控制。在获得合理利润的同时，银行业金融机构必须能够有效控制风险，这样才能长期经营下去。

各种各样的金融腐败问题是银行业金融机构风险控制需要防范的重点内容。一些腐败问题往往未必会在一开始就对银行的利润造成直接的影响，而是会以潜在风险的形式在银行的资产负债表中“隐藏”起来，之后突然爆发。利润是比较容易度量的，而风险是看不见、摸不着的，是比较抽象的，很容易被错误估计。金融腐败行为如果已经造成了损失，就比较容易被银行的管理人员和监管部门发现。但腐败行为造成的损失有一个发酵过程，往往不会马上暴露出来，甚至有时要到出现大规模的金融危机才会暴露出来。正是因为风险控制的困难，建设清廉金融才会更加紧迫。建设清廉金融能有效控制腐败行为的发生，从而显著降低腐败行为造成的潜在风险。

三、清廉金融对银行业金融机构改善声誉的重要意义

清廉金融建设也能有效提高银行业金融机构的社会声誉水平。银行的经

营需要从存款与投资客户那里吸纳资金，许诺未来会还本付息。银行的信誉是赢得存款与投资客户青睐的关键。金融腐败和违规行为往往以损害存款与投资客户的利益来换取腐败和违规人员的利益，这样必然会损害其所属银行业金融机构的信誉。这种现象的泛滥甚至会损害整个银行业系统的信誉。在现实中，个别银行的管理人员私自向客户推销与银行无关的理财产品造成客户损失导致客户到银行经营网点聚集；个别银行的管理人员与银行客户进行虚假交易，违规使用信用卡套现。这些事件经过媒体的报道，必然会引起社会公众对相关银行的经营管理产生怀疑，甚至对整个银行业都可能产生不信任。如今金融科技迅猛发展，金融行业趋向混业经营和混业竞争，新兴的金融科技公司对传统金融行业构成严峻挑战，银行业的腐败和违规现象有可能会造成大批客户流失到其他的金融行业。建设和倡导清廉金融可以有效维护银行业金融机构个体和银行业整体的声誉，避免因为声誉损失造成业务流失。

四、清廉金融对银行业行业风气建设的重要意义

建设和倡导清廉金融也能提高银行业金融机构控制风险的水平，进而提高银行业系统性风险的控制水平。几乎所有的银行业金融机构的腐败现象和违规行为会造成直接的经济损失、潜在的不良资产以及信誉的损失，这些都会增加银行业金融机构的经营风险。在银行业金融机构内部控制不够严密、未能贯彻监管要求的情况下，腐败和违规行为可能在很长时间都没能被及时发现，这就可能造成银行业金融机构的管理层和银行业监管部门在较长时间内都低估相关银行业金融机构的风险，给相关银行业金融机构的风险管理和银行业系统性风险管理留下隐患。建设和倡导清廉金融，不仅可以加强银行业从业人员的清廉意识和合规意识，有效改善银行业金融机构的内部控制，让腐败和违规行为更早地被发现和阻止，从而降低腐败和违规行为的发生频率、降低腐败和违规行为带来的风险；还可以让金融机构的管理层和银行业监管部门更精准地评估和管理银行业的风险，从而更有效地推动银行业的健康发展。

建设和倡导清廉金融可以改善银行业金融机构的行业风气，保护银行业从业人员的长远职业发展。一个行业的风气对这个行业的长远发展至关重要。如果一个行业有不良的行业风气，就会在社会公众心目中留下不良印

象，会让这个行业的从业人员在社会上难以得到尊重，也会使得年轻一代不愿意在这个行业从业。这样一来，行业的长远发展必然受到不良影响。如果一个行业有良好的风气，则不仅会在社会公众心目中赢得比较高的地位，也会使社会公众乃至各行各业愿意和这个行业有业务往来，还会使这个行业的从业人员在社会上受到尊重，年轻一代也愿意积极加入这个行业。这样一来，行业必然蓬勃发展。

具体到银行业，一旦腐败和违规成为普遍现象，甚至成为行业风气，一些本来遵纪守法的银行业从业人员受不良风气的熏染，或者受到人情、圈子的影响和压力，或者因为攀比心理作祟，有可能走上腐败和违规的道路。一旦东窗事发，其就会面临所在银行业金融机构、监管部门乃至司法部门的惩罚。长此以往，也会在社会上造成不良的影响。建设和倡导清廉金融，培养良好的行业风气，防止不良的人情文化、圈子文化蔓延传播，从长远上保护了银行业从业人员，也会改善银行业从业人员的社会形象，更有利于银行业吸纳年轻一代中的优秀人才，从而促进整个行业的长远健康发展。

第四节　银行业案例分析

一、银行业反腐案例

本书选取了若干具有代表性的银行业反腐案例来说明在银行业中存在的典型腐败和违规行为，以说明清廉金融建设的必要性，并起到警示教育读者的作用。

（一）案例一：违规放贷案

1. 案例基本情况

王某某于2011年10月被任命为某政策性银行某分行筹备组组长，12月担任该分行党委书记和行长，一直到2017年被免职。

2013年9月，某私营企业缺乏周转资金，该企业老板找到王某某寻求帮助。王某某安排其所在分行的一名客户拆借款项给该私营企业。为此，王某某获得40万元的“中介费”。王某某自此利用职务便利在该分行客户间拆借资金，累计达十几亿元，并违规收受巨额利差，并让自己的弟弟充当“代理人”收取“中介费”。

王某某为了躲避党纪和国法的审查，拒收该分行客户的赠与款项，却并不拒绝客户“借钱”给王某某本人和他的弟弟。某集团老板邱某给王某某送钱以感谢王某某在该集团贷款审批过程中给予的帮助和支持，却被王某某拒绝。邱某改口说这笔钱是“借”给王某某的弟弟以便周转的，被王某某接受。此后，越来越多该分行的客户主动“借钱”给王某某和他的弟弟。王某某和他的弟弟几年间收受所谓“借款”1 000多万元。

王某某收受了“中介费”与“借款”后，为这些客户申请拆借资金提供便利和支持，却因为这些客户的风险过高，大部分拆借资金都没有收回，给该政策性银行带来严重损失。

该政策性银行作为服务于国家战略的政策性银行，对客户准入和资金投向都有严格的规定。王某某为了给自己谋取私利，亲自和提供“中介费”与“借款”的商人老板商谈信贷方案，确定贷款额度和利率以及抵押物和抵押品等关键指标。王某某指使其所在分行业务部门按照其意图开展贷前调查、项目评审和放贷。当一些违法违规项目出现风险后，王某某为了掩盖风险，找来更多不合条件的企业承接贷款，并作为回报，给这些企业提供更多的贷款。这样延迟了贷款风险的暴露，却造成了贷款风险的扩大。为了能让这些不合规的贷款项目看上去合规，王某某甚至亲自帮助企业编造虚假贸易背景、提供虚假发票、虚报抵押品价值，并要求其所在分行分管副行长和公司业务处处长放行。对风险意识比较强、反对王某某主导的不合规项目的银行信贷员李某，王某某先是主动找李某谈心，许诺提拔李某为副处长，被李某拒绝后，逼迫李某辞职。

王某某的违规行为最终造成了大批不良贷款、巨额国有资产损失以及导致其所在分行内部歪风邪气蔓延。王某某案发后，其所在分行7人被“双开”，6人被检察机关提起公诉。

2. 案例分析

信贷风险是银行的主要风险之一。为了防范信贷风险，银行内部有严格的、从大量风险和案件教训中总结提炼出来的信贷业务制度，包括一系列行之有效的工作规范和程序安排。违背了这套工作规范和程序安排，就给了王某某等人干预贷款项目，以银行信贷资金为个人谋取私利的机会。

防范放贷过程中的腐败现象，一是要坚持、维护和完善信贷业务制度，严格按照工作规范和程序来开展信贷业务，遇到违规行为及时上报；二是要建设和倡导清廉文化。行长、副行长等领导要坚持不收受贿赂，也不变相收受贿赂，不拿银行的资金为自己谋利。银行普通业务员要培养坚持原则、不同流合污的正气。

（二）案例二：受贿案

1. 案例基本情况

某国有大型商业银行某省分行原党委书记、行长薛某收受信贷客户贿赂，造成巨额不良贷款和国有资产损失。

薛某自 1987 年从某重点大学研究生毕业后就进入某国有大型商业银行工作，42 岁就担任该国有大型商业银行某直属分行党委书记、行长，之后又先后担任过两个省级分行和一个一级子公司的主要负责人。根据薛某交代，从 2003 年开始，他就开始收受信贷客户的钱物。薛某利用自己担任某省分行党委书记、行长所掌握的信贷资源，巧立名目，收受各类物品、房产和巨额钱款。薛某在担任某省分行行长期间，接受某集团实际控制人明某的请托，为该集团及其下属公司贷款提供便利。明某为表感谢，在北京某黄金地段为薛某购置了一套价值 1 000 多万元的房产。一名信贷客户赵某先后送给薛某港币上千万元。甚至到了 2017 年 10 月，薛某已经开始受到组织审查，还通过其特定关系人的亲属收受某信贷客户赠与的一套房产。某企业老板苏某实际控制的企业在该行有不良贷款被核销，在其他银行也有逾期贷款记录，这样的情况本来是不可能从银行贷到款的。为了能贷到款，苏某主动联系薛某的大哥，经常邀请薛某的大哥吃喝玩乐，送钱送物，并送给了薛某的大哥一辆价值几十万元的豪华轿车。薛某的大哥先后收受苏某的财物 200 多万元。苏某最终和薛某搭上了关系。薛某亲自干预该省分行的信贷工作，要求该省分行有关部门为苏某开辟绿色通道，降低准入门槛发放贷款。这些贷款后来全部成为不良贷款，苏某也因涉嫌贷款诈骗罪被司法机关采取刑事强制措施。

为了逃避上级部门的检查，薛某经常通过委托信贷客户帮助其“投资”等名目，要求信贷客户保证 200%以上的回报，实现隐形的利益输送。对受贿而来的资金，薛某也通过现金收送、绕道境外、间接交易等办法进行掩盖。

薛某本人在和一些商人老板交际往来的过程中，逐渐沉溺于奢靡生活。薛某喜欢品尝红酒、观赏名人字画、收藏高档茶叶和名表。某私营企业主范某为薛某提供其可以无偿使用的装修豪华、配有茶艺师和厨师的高档私人茶室。作为回报，薛某让范某的公司成为该省分行的集中采购供应商。某信贷客户安排薛某到国外享受高端医疗和体检服务，耗费数十万元。薛某还多次接受客户安排，私自出境前往澳门和香港赌博。薛某在担任该省分行行长期间结识了冷某，冷某后来为薛某生了一个女儿。薛某通过收受贿赂，以向信贷客户借钱的方式支付孩子上“贵族学校”、冷某买豪车和住豪宅等所需费用，还为冷某亲属在北京郊县购买了 9 间商铺。

除了私生活奢靡混乱以外，薛某在担任行长期间任用干部以圈子划线，只要是自己圈子的人，就算是有严重问题，也会予以提拔。薛某还在任用干部的过程中收受贿赂，优先提拔行贿的干部。

薛某归案后如实供述所犯罪行，法院审理后以受贿罪，判处薛某有期徒刑 13 年，并处罚金 130 万元；查封、扣押在案的房屋、车辆等物品；扣押、冻结在案的钱款 9 164 793 元，依法予以没收，上缴国库；其余钱款并入薛某的罚金刑执行。

2. 案例分析

本案例的情况和案例一非常相似，都是银行业金融机构的领导干部利用手中的信贷权力为自己谋取私利。腐败分子为了谋取私利，必定违背银行内部的规章制度。为了违背内部管理制度，腐败分子任人唯亲，只信任重用和自己同流合污的人，最终造成规章制度被公然违背，其所在金融机构内部不是正气凛然，而是沆瀣一气。唯有建设清廉金融，提倡任人唯公，严格执行规章制度，才能避免出现这样的局面。

本案例也说明了培养正确的价值观、人生观和健康的生活方式也是清廉金融建设的重要组成部分。薛某作为一名党员干部，沉溺于各种奢侈的生活方式之中，成为欲望的奴隶，在违法违规的道路上越走越远，最后受到党纪国法的严惩。

（三）案例三：违规担保案

1. 案例基本情况

2015 年 1 月，与某银行某支行行长王某有关系的顾某向陈某借款 500 万元以用于资金周转，顾某和陈某签订了借款合同，约定两年内还清本息，并由该银行支行行长王某以其个人名义和该银行某支行名义与出借款项的陈某签订了保证合同，约定由王某本人与该银行某支行为顾某借入的 500 万元及利息提供连带担保责任。王某在未获得批准，也未告知该银行方面的情况下私自在保证合同上加盖了该银行某支行的公章。后来，陈某未能还款，王某也没有履行连带责任。2016 年 1 月，陈某到人民法院起诉顾某、王某以及该银行某分行。2018 年 8 月，人民法院判决按原借款合同和保证合同，由顾某和王某偿还本息，因二人无力偿还，由该银行偿还。该银行最后赔偿陈某本息共 910 万元。

2018 年 11 月，该银行对王某滥用职权、违规担保一事到公安机关报案。2018 年 12 月，王某因涉嫌国有公司人员滥用职权罪被刑事拘留。2019 年 1 月，王某被监察委员会立案调查。2019 年 3 月，王某被逮捕。2019 年 5 月，人民法院以国有公司人员滥用职权罪判处王某有期徒刑 5 年。

2. 案例分析

王某作为支行行长，合规意识淡薄，无视银行授权管理规定，超越职权，违规以本人和所在机构名义为他人借款提供担保，致使该银行承担连带清偿责任和遭遇巨大的声誉风险，最终损失 910 万元。案发银行案件防控主体责任和监督责任履行不到位，对下级机构负责人监督管理不到位，对员工行为动态排查不到位，对违规操作未能及时发现。

（四）案例四：违规授信案

1. 案例基本情况

2017 年，中国银监会对某银行某分行进行了现场检查，证实该银行信贷业务存在重大问题。中国银监会要求该银行总行派出工作组对其涉事分行进行全面核查。中国银监会的现场检查和该银行总行的核查表明，涉事分行向 1 493 个空壳企业授信达 775 亿元，并由这些空壳企业出资承担该涉事分行的不良贷款，这样就掩盖了不良贷款的实际数量。

2018 年 1 月，该分行属地银监局决定对该分行罚款 4.62 亿元，对该分行原行长、两名原副行长、一名部门负责人和一名支行行长分别给予了终身禁止从事银行业工作、取消高级管理人员任职资格、警告和罚款等处罚，相关人员也被移交司法机关处理。中国银监会也对该银行的总行负有责任的高管人员和其他人员进行了立案调查和行政处理，先后共有 311 名责任人员被内部问责，多名管理人员受到党纪和国法的处理。

2. 案例分析

该案例表明该银行的内部控制形同虚设。总行对这样大规模、长时间的造假竟然一直没有发现。涉事分行长期不良贷款为零，这是反常的情况，总行竟然没有深入调查。该银行没有严格执行轮岗制度，致使涉事分行的造假行为可以持续下去。该银行的考核机制也有不适当的地方，助长了造假之风。涉事分行的原管理人员为了追求业务规模的扩大和不良贷款率的降低，弄虚作假，蒙骗总行，掩盖巨额不良贷款。

（五）案例五：违规销售案

1. 案例基本情况

某银行某支行原副行长熊某利用职务便利（熊某在该支行分管信贷业务），指使部分银行员工向到该支行办理业务的客户推销一款“理财产品”，不仅许诺短期限、高利息，而且虚假宣传该产品是某企业与该银行联合发售的理财项目，误导银行客户相信该产品是具有高度安全性的。熊某通过推销“理财产品”吸收来的资金向企业提供短期高息贷款（月息 3 分甚至更高），以获得息差。2013 年 6 月，刘先生来到熊某所在支行办理业务，该银行工作人员向刘先生推销该“理财产品”。面对银行工作人员宣称的日息 0.13%，3 个月即到期的丰厚条件，刘先生询问该理财项目为何能提供这么高的收益率。熊某作为当时该支行的副行长，向刘先生保证该理财产品是该银行参与的理财项目，不仅有高收益率而且非常安全，并提供了一家本地所谓的“投资公司”（实际上是担保公司）的担保书，担保书上的签字人员也是银行工作人员。相信了熊某的一面之词后，刘先生签了价值 110 万元的“理财合同”，却并未注意到“理财合同”上的公章不是该银行的业务公章，而是某企业的公章。3 个月后刘先生拿到了熊某许诺的高利息和本金，又投入了 230 万元。但到了当年 11 月，3 个月的还款期限已经过去，刘先生没有收到本金和许诺的利息，也无法联系到熊某。刘先生到公安机关报案。经查，2013 年的 6~11 月，有 110 名银行客户被熊某的“理财产品”欺骗了几千万元。受害客户两次到该银行门口维权，严重损害该银行的信誉和营业秩序。2014 年 1 月，当地公安局经济侦查支队以“金融诈骗罪”对熊某立案。

2013 年 10 月，熊某因害怕理财骗局败露，从该银行辞职。2014 年 1 月，熊某因涉嫌金融诈骗罪被批捕。同时，该银行依据员工违规行为处理相关规定，给予该支行原行长段某行政撤职处分并解除劳动合同；该银行个人金融业务原主管张某被免去职务，并被处以行政记过处分。

2. 案例分析

熊某利用其职务便利，欺骗误导客户，利用其所在银行的信用销售与该银行无关的“理财产品”，以短期限、高利息、有银行信用担保的虚假承诺吸纳资金以用于高风险的投资活动，最后导致客户资金的巨额损失，也严重损害其所在银行的社会信誉和营业秩序。案发银行个人金融业务部疏于对辖内理财业务销售环节的管理，内控合规部门日常监督检查流于形式，员工异常行为排查不到位，导致该支行长期销售“飞单”而未被发现。

二、银行业清廉金融生态建设案例

本书选取了某股份制商业银行某分行在其内部着手建设清廉金融生态的例子，以展示银行业清廉金融建设取得的实践成果。

（一）案例基本情况

某股份制商业银行某分行在其内部推进清廉金融生态建设，打造了清廉金融生态建设的“三个一”“五个聚焦”“五个力”体系。具体内容如下：着力“三个一”，即不断强化廉洁从业“一盘棋”系统思维，打造监督制约“一条绳”合力格局，建设拒腐防腐“一条心”清廉理念；突出“五个聚焦”，即聚焦关键少数、聚焦作风建设、聚焦职权运行、聚焦监督问责、聚焦唤醒教育；强化“五个力”，即主体责任落实上不断加力，日常履责中前置压力，重点监督上突出用力，责任追究上保持威力，自身建设上提升能力，以钉钉子精神紧紧牵住问题导向这个“牛鼻子”，积极探索创新工作方法，抓预见、抓苗头、抓细微，不断推进内部清廉金融生态的构建向纵深发展。“五个聚焦”具体内容如下：

1. 聚焦关键少数，构建内外联动立体监督格局

该分行针对重点领域、重要部门或重点岗位的领导干部履职尽责及清正廉洁情况开展调研，利用大数据分析、主动收集涉及廉政的重要信息，掌握第一手资料和情况。该分行探索建立领导干部廉政档案，立足“信息化监督”工作思路，形成运用廉政信息监测系统、重点人员信息台账、客户及供应商和采购商回访调查、纪检人员日常监督反馈、举报或投诉、异常情况报告等有机整合的廉洁从业监测机制。该分行采取背对背方式，实施信贷客户廉洁回访“扫雷行动”，重点调查各级客户经理遵守廉洁从业和职业道德规范的情况，开展在线廉洁回访个人客户。该分行建立了行风监督机制，外

聘贷款客户财务负责人作为行风监督员，对本行人员业务往来中的行为规范进行监督反馈，进一步拓宽监督信息收集渠道和线索来源，强化执纪监督内外合力。该分行开展“解剖麻雀”活动，对存在廉政风险隐患的单位进行有针对性“体检”，找准隐患或问题症结，提出“靶向治疗”措施，不断强化长效反腐内外合力。该分行高度重视防微杜渐，着力运用好执纪监督第一种形态和第二种形态，紧盯各单位一把手、重点或关键岗位人员，以日常管理、审查调查、作风评价的突出问题为导向，灵活运用廉政约谈、批评教育、责令检查、诫勉谈话等，发现苗头性、倾向性问题开展“双责约谈”，随时对苗头性、倾向性问题防微杜渐。

2. 聚焦作风建设，完善长效机制

该分行建立全面“自检”、督导“复检”、调度“互检”的作风监督机制，着力解决全行的思想作风、工作作风和纪律执行等方面存在的突出问题，鼓励广大干部群众争当作风建设“吹哨人”。该分行通过行长信箱、行长接待日、基层调研等途径，及时掌握苗头信息，将问题或隐患解决在萌芽状态。该分行扎实开展“中梗阻”专项治理，把形式主义、官僚主义摆在突出位置，以点、线、面结合带动关联部门主动担责、剖析根源、制定举措、强化服务整改，达到以点扩面、事半功倍的作风整治效果。该分行把作风监督融入日常，紧盯“四风”变异新动向、新表现，持续督查落实中央八项规定精神。该分行监督检查公车私用（公油私加）、乱发津（补）贴、违反企业负责人履职待遇规定、公款旅游、违规公款购买高档白酒、收送礼品礼金、违规公款吃喝转入内部食堂等问题，从严查处违纪违法行为。该分行持续着力节点监督，在元旦、春节、清明、五一、端午、中秋、国庆等重要节点突出抓好专项监督检查。

3. 聚焦职权运行，强化制度源头监督

该分行编印了《党员干部廉政应知应会手册》，制定了落实中央八项规定精神清单，促使全行各级严格执行廉洁自律有关规定。该分行结合经营管理实际，狠抓制度运行源头梳理，不断完善职权运行和“三重一大”决策实施的重点监督检查。该分行组织各相关专业管理条线在对重点职权运行事项梳理的基础上，进一步明确和清晰本条线涉及“三重一大”决策程序事项的关键节点和流程职责，盯住制度执行“跑、冒、滴、漏”，督促查找制度盲区、空白，针对职权运行部门内部审批、报备、交接、公示以及规范等情况疏通堵点、明确时限，强化对关键点廉政风险的有效防控。

4. 聚焦监督问责，突出震慑效果

该分行强化对权力集中、资金密集、资源富集的部门和岗位的有效监督，着力审慎用权、廉洁行权，形成审查、审批、考核的动态监督闭环，杜绝和防范行贿受贿及其他利益输送等违纪违法问题。该分行关注分行重要或重大开支事项、预算管理、过程管控，对涉及员工切身利益、干部任用提拔、干部推荐考察、晋级晋档、评优评先等敏感和重大的人事事项，抓细抓深“凡提必查”，严厉查处选人用人的不正之风和腐败现象。该分行以问题为导向，针对严重违规违纪行为，进一步理顺党纪追责与行政追责的双问责机制。该分行加强与公安、纪委监察、法院等单位协作配合，健全完善信息共享、线索移送工作机制。该分行发挥纪检与审计、合规、风险、计财等部门协同监督作用，强化信息共享、联动联防。该分行严肃执纪问责，突出对利用权力或资源设租寻租、内外勾结侵占银行和客户资金、履行主体责任和执行上级要求时阳奉阴违等行为的查处；对受到政纪处分的人员应当追究党纪责任的，依据规范程序严格落实党纪处分。该分行建立廉洁风险预警惩戒机制，充分运用函询通知、约谈函、提示函、建议函“四函”，督促相关人员认真履行职责，把好“第一道关口”，突出“第一责任”和“一岗双责”监督问责，推动失责必问、问责必严。

5. 聚焦唤醒教育，提升行规法纪意识

该分行开展廉政主题月活动，巩固“以案为鉴，以案促改”主题教育成果，运用专题研讨、集中培训、专家辅导、微课堂、网页设计廉洁作品征集、展板提示等多元化载体，开展党性党纪教育、典型案例教育，认真做好纪律审查及警示教育。该分行组织相关重点部门领导干部和所在单位的党员干部通过参观法律教育基地、观看警示教育片、邀请省市纪监委专家讲座等方式，让每个人身临其境，带着问题意识，把自己摆进去，充分发挥“活教材”的镜像效应，强化查处一案、警示一片、规范一方的治本作用。

（二）案例分析

上述案例中，该分行积极开拓思路、创新形式，深化银行内部的清廉金融制度建设，努力做到将清廉金融制度建设与党的建设、作风建设等深度融合，在积极推进业务数量拓展的同时，也更进一步提升了业务质量。

持续推进银行业清廉金融建设，必须不断强化制度执行监督，以规章制度明确从业人员禁止行为，强调底线红线，从而切实防范银行业从业人员的腐败问题，进一步构筑清廉堤坝。

三、案例小结

上述的违规放贷案、违规受贿案、违规担保案、违规授信案、违规销售案中的多种腐败行为，严重损害了营商环境，破坏了金融市场秩序，扭曲了金融资源配置，消耗社会公平正义，阻碍了经济的健康发展，造成了较为恶劣的影响。银行业要想健康发展，必然离不开完善的清廉金融制度。积极开展清廉金融建设，有助于从源头上防范各类贪腐问题。

在建设清廉金融的过程中，银行业要坚持正面引导与反面警示相结合，加强对银行业从业人员的日常监督和管理，切实将清廉金融建设落到实处，努力打造积极向上、清廉奉献的银行业氛围，不断提升金融反腐的内生动力，在每名银行业从业人员的心中筑牢清廉防线。

清廉金融建设永远在路上，清廉金融生态的打造需要咬定青山不放松的持之以恒，唯有与时俱进、发展创新才能保障银行业健康发展。

第九章

清廉金融与保险业安全

第一节 保险业的发展与监管

一、保险业的发展

没有风险，就没有保险。风险管理的需要催生了保险业。以人身保险风险为例，有研究表明，每个人一生中可能遇到危险的概率如下：受伤的概率为1/3，车祸的概率为1/12，在家受伤的概率为1/80，被致命武器攻击的概率为1/260，紧急偶发情况下死亡的概率为1/2 900，车祸、火灾、溺水死亡的概率约为1/5 000。可见，在这个世界上，人们的生活充满了风险。人类规避风险的本能触发了其对风险进行市场化、社会化管理和规划的需求。纵观世界经济发展史，保险业的发展史就是人类社会潜在风险的管理史。保险思想的萌芽历史悠久，早在中国古代，一些粮商在长途运米的过程中，就经常采用“分船运米”的方式，将粮食装在一个同一航程的多艘船上，避免了单船运输的风险过于集中，体现了分散管理风险的保险原则。在中世纪的欧洲，也有一个叫作“基尔特”（Guilde）的行会组织，它为会员个人和财产损失，如死亡、疾病、年老、盗窃和诉讼提供救济。这也是互助合作保险组织的最初形式。

现代意义上的保险引入我国只有200多年的历史。1805年，英国东印度公司在广州开办了中国第一家保险机构——谏当保安行，此后大量外资保险公司蜂拥而至，在广州、上海等通商口岸设立保险机构。到中华人民共和国成立前夕，上海已经有275家外资、民营保险机构，成为当时整个东亚地区的保险行业中心。

中华人民共和国成立翻开了中国保险业的新篇章。经过70多年的发展，中国保险业逐步走向成熟和完善。

（一）中国保险业的形成和发展（1949—1957年）

1949年10月20日，中国人民保险公司在北京成立，宣告了全国统一的国家保险机构的诞生。中国人民保险公司成立后，本着“保护国家财产，保障生产安全，促进物资交流，增进人民福利”的基本方针，配合国家经济建设，先后开办了各种保险业务。国民经济恢复时期，中国人民保险公司为配合国民经济恢复这一中心工作，开办的国内业务主要是对国有企业、县以上供销合作社及国家机关的财产和铁路、轮船、飞机的旅客实行强制保险。此外，中国人民保险公司在农村开展自愿性的牲畜保险业务，在城市开展各种自愿性质的财产保险和人身保险业务。

在创建和发展人民保险事业的同时，政府对保险市场进行了整顿和改造，逐步确立了国营保险公司的主导地位。首先，国家接管了官僚资本保险机构。由于官僚资本保险机构大多集中于上海，因此接管工作主要在上海开展。1949 年 5 月 27 日上海解放后，上海军管会财政经济接管委员会金融处立即接管了官僚资本保险机构。其他城市的官僚资本保险机构也由当地军管会相继接管。其次，国家对民族资本保险公司进行了整顿和改造。国家对民族资本保险公司先进行了重新登记，并允许其进行社会主义改造。民族资本保险公司几经合并，国家又对其投入了部分资金，最终于 1956 年成立了公私合营的专营海外保险业务的太平保险公司。最后，国家对外商保险公司实行限制政策。中华人民共和国成立后，为彻底改变帝国主义垄断中国保险市场的局面，维护民族独立，我国废除了外商保险公司的一切在华特权，对其业务经营活动进行严格管理，限制其业务经营范围，切断其业务来源，对违反中国法令和不服从管理的外商保险公司进行严肃查处。到 1952 年年底，外商保险公司由于在我国保险市场上的业务量逐年下降而陆续申请停业，最终全部自动撤离中国保险市场。

我国通过对官僚资本保险机构、民族资本保险公司和外商保险公司的整顿与改革，逐步确立了国营保险公司的主导地位。在这一时期我国对保险业的战略定位主要是将其作为财政补充和吸纳资金的工具。

（二）中国保险业的停顿（1958—1978 年）

1958 年 10 月，全国财贸工作会议提出，人民公社化后，保险工作的作用已经消失，除国外保险业务必须继续办理外，国内保险业务应立即停办。1958 年 12 月，在武汉召开的全国财政会议正式作出“立即停办国内保险业务”的决定。至此，除上海等个别城市还保留少量的国内保险业务外，全国其余各地全部停办了国内保险业务。中国人民保险公司专营国外业务，改由中国人民银行总行国外局领导，紧缩成编制为 30 多人的一分处。1958 年年底到 1959 年，数万名保险干部转业，上千个保险机构被撤销。

（三）中国保险业的恢复（1979—1985 年）

在党的十一届三中全会确立了改革开放的总方针的大背景下，1979 年

4 月根据国务院批示，中国人民银行印发《关于恢复国内保险业务和加强保险机构的通知》，决定逐步恢复国内保险业务[①]。

1979 年 11 月，中国人民银行召开了全国保险工作会议，肯定了保险对发展国民经济的积极作用，并在吸取国内外保险经验的基础上，根据国家改革开放的精神，具体部署了恢复国内保险业务的方针政策和措施。全国保险工作会议结束后，恢复国内保险业务、组建各地分支机构的工作全面展开。到 1980 年年底，28 个省、自治区、直辖市都已恢复了保险公司的分支机构，各级机构总数达 311 个，专职保险干部达 3 423 人。1980 年，保费收入为 2.9 亿多元。在恢复各类财产保险业务的基础上，1982 年，中国人民保险公司又开始恢复办理人身保险业务和农村保险业务。在国内各项保险业务飞速增长的同时，涉外保险业务也快速发展。1983 年，中国人民保险公司已与 120 多个国家和地区的 1 000 多家保险公司建立了国际业务关系。1985 年 3 月 3 日，《保险企业管理暂行条例》出台，这是中华人民共和国成立以来的第一部保险业法规。《保险企业管理暂行条例》指定中国人民银行是保险行业的管理机关，规定了保险企业的设立、中国人民保险公司的地位、偿付能力和保险准备金、再保险等方面的内容。

（四）中国保险业的逐步完善（1986 年至今）

中国保险业从 1986 年起进入全面发展时期，并逐步走向完善和成熟。

1. 传统保险业向现代保险业发展的探索阶段（1986—1997 年）

这一时期是保险业不断探索如何从传统的发展模式向符合现代经济要求的发展模式转变的时期。这一时期保险业发展的主要特征如下：保险市场主体迅速发展，打破了独家经营格局，经营主体趋向多元化；《中华人民共和国保险法》颁布和实施，确立了分业经营体制；引进保险营销新模式，推动保险创新等。

（1）保险市场主体迅速发展。1986 年，中国人民银行首先批准设立了新疆生产建设兵团农牧业保险公司，专门经营新疆生产建设兵团内部的以种植业和牧养业为主的保险业务，这预示着中国人民保险公司独家经营的局面从此在我国保险市场上消失。1987 年，交通银行及其分支机构开始设立保险部，经营保险业务。1991 年，中国太平洋保险公司组建成立，成为第二

---

① 柯锐. 周延礼：40 年来我国保险业改革创新成就斐然［EB/OL］.（2018-10-27）［2021-07-10］. specials.cfbond.com/jyj/detail/20181027/1000200033141921540605469171071635_1.html.

家全国性综合保险公司。1988 年，平安保险公司在深圳市成立，这是中国第一家股份制保险公司。1992 年，平安保险公司更名为中国平安保险公司，由区域性保险公司改建为全国性保险公司，成为第三家全国性综合保险公司。20 世纪 90 年代以后，保险市场供给主体发展迅速。1996 年，永安财险、华安财险、华泰财险、泰康人寿、新华人寿等一批股份制保险公司相继成立。在国有保险机构改革和民营保险公司不断发展的同时，外资保险公司也逐渐进入中国保险市场。1992 年 9 月，中国人民银行批准美国国际集团所属美国友邦保险公司在上海设立分公司。这是我国保险市场对外开放以来，第一家经批准进入中国保险市场的外国保险公司。1996 年 11 月 26 日，中国人民银行批准加拿大宏利人寿保险公司与中国对外经济贸易信托有限公司在上海合资设立中宏人寿保险有限公司。这是我国保险市场对外开放以来，批准设立的第一家合资保险公司。

（2）《中华人民共和国保险法》（以下简称“《保险法》”）的颁布和实施。随着中国保险市场体系的建立及保险业务的发展，一个以政府监管为主、行业自律为辅的保险市场监管体系也在逐步建立和完善。1995 年 6 月 30 日，《保险法》正式颁布，并于同年 10 月 1 日起正式实施。《保险法》对保险公司、保险经营规则、保险业的监管和保险代理人、保险经纪人等作出比较详细的规定。《保险法》的颁布标志着中国保险市场监管的法律法规建设步入了一个崭新的发展阶段。

（3）引进保险营销新模式，推动保险创新。随着中国保险市场日趋成熟，保险中介制度也逐步建立和完善。保险代理人、保险经纪人以及保险公估人共同组成保险中介体系。1986 年以后，中国保险市场上陆续出现了各种保险中介，保险代理人是我国保险市场出现最早也是发展最快的一种中介。特别是 1992 年美国友邦寿险营销机制的引入，使我国寿险市场上的营销员制（寿险个人代理制）得以迅速发展。

2. 传统保险业向现代保险业发展的转折时期（1998—2001 年）

在这一时期，各项体制继续完善、改进和深化。1997 年东南亚金融危机后，在中央加快金融体制改革、防范化解金融风险一系列重大决策部署下，保险业出现转折性变化，加快了向现代保险业方向迈进的步伐。1999 年，中保集团解散，原中保集团所属的三家公司独立，更名为中国人民保险公司、中国人寿保险公司和中国再保险公司。2000 年 6 月 29 日，中保国际控股有限公司在香港联合交易所挂牌上市。这是第一家在境外上市的中资保险企业。2001 年 12 月 11 日，中国正式加入世界贸易组织。保险业积极履行加入世界贸易组织时的承诺，把握对外开放主动权，引进先进技术。2001 年，我国唯一承办出口信用保险业务的政策性保险公司——中国出口信用保险公司正式成立，标志着我国政策性保险体制改革取得重大进展。

3. 中国现代保险业大发展时期（2002 年至今）

2002 年起，保险业进入全面蓬勃发展阶段。2001 年 12 月，我国正式加入世界贸易组织以后，严格履行保险业对外开放承诺，逐步放宽保险经营领域、业务范围、公司组织形式以及法定分保要求等，对外开放程度不断提高[①]。过渡期结束后，中国保险业全面发展，逐步建立了由保险公司、保险中介机构和再保险公司组成的统一、开放、竞争、动态的保险市场体系。从市场格局不断变化的角度，我们可以将中国现代保险业大发展时期细分为以下几个阶段：

（1）中国保险业进入全面开放阶段（2002—2006 年）。这一时期，市场主体不断增加，向多元化发展。2002 年 10 月，针对我国加入世界贸易组织时承诺的对保险业的要求，第九届全国人民代表大会常务委员会第三十次会议对《保险法》进行了第一次修正，修正后的《保险法》自 2003 年 1 月 1 日起正式实施。2003 年 11 月，中国人民财产保险股份有限公司在香港联合交易所成功上市。2003 年 12 月，中国人寿保险股份有限公司分别在纽约、香港成功上市，公开募股筹集 30.1 亿美元，为 2003 年规模最大的首次公开募股。2006 年 6 月，国务院发布《国务院关于保险业改革发展的若干意见》，成为保险业改革发展的里程碑事件。

（2）主要供给主体主导竞争阶段（2007—2011 年）。这一时期，保险市场更加完善，行业自律逐步加强，市场竞争秩序日趋规范。人保财险、中国人寿、中国平安、中国太保等主要供给主体的品牌、服务优势凸显，主导市场竞争格局。2007 年，中国人寿、中国平安、中国太保登陆 A 股市场。2009 年 2 月 28 日，第十一届全国人民代表大会常务委员会第七次会议表决通过了新修订的《保险法》。修订后的《保险法》于同年 10 月 1 日正式实

① 周延礼. 让保险消费者有高度的获得感［J］. 清华金融评论，2018（12）：36-37.

施。《保险法》的修订不仅是我国保险法律制度建设的重大事件，也是完善社会主义市场经济法律体系的重要举措，对全面提升保险业法治水平、促进保险业持续平稳健康发展产生了积极而深远的影响。

（3）全面竞争阶段（2012 年至今）。这一时期，竞争主要在几家大型保险公司与其他中小保险公司之间全面展开。市场竞争从单纯的“价格战”逐步向综合竞争转变。2013 年 11 月 6 日，国内首家互联网保险公司——众安在线财产保险有限公司正式开业。2014 年 8 月，国务院印发《国务院关于加快发展现代保险服务业的若干意见》。2014 年 8 月 31 日，第十二届全国人民代表大会常务委员会第十次会议对《保险法》进行了第二次修正。2015 年 4 月 24 日，第十二届全国人民代表大会常务委员会第十四次会议《关于修改〈中华人民共和国计量法〉等五部法律的决定》对《保险法》进行了第三次修正。修正后的《保险法》顺应了中国加入世界贸易组织后保险业开放和竞争的新形势，更加注重对被保险人利益的保护，突出强调了诚信原则，充分体现了遵守国际准则和对国际惯例的认同，对保险监管机构的性能和监管方式进行了重新定位，加快了保险业市场改革的步伐。随着新修正的《保险法》的施行，我国保险业快步进入依法监管、依法经营的新阶段，未来必将持续健康快速发展，为全面建设社会主义现代化国家提供保险保障服务。

改革开放为保险业注入了强大的生机与活力。从 1979 年国内保险业务全面恢复算起，至今已 40 余年。保险业从无到有、从小到大，市场规模不断扩大，市场体系逐渐形成。截至 2020 年 6 月底，保险市场主体共有 235 家，其中财产保险公司 87 家，人身保险公司 84 家，健康险公司 7 家，再保险公司 13 家，集团和控股保险公司 14 家，资产管理公司 27 家①。保费收入从 1980 年的 4.6 亿元增加到 2020 年的 4.5 万亿元，年均增长率达 25.8%。保险资产从 1980 年的 14.5 亿元增加到 2020 年的 23.3 万亿元，年均增长率达 27.4%。中国保险业的快速发展及其取得的非凡成就，不仅奠定了其在国内金融体系中的地位，而且吸引了世界保险市场的关注。中国保险业在国内外的影响及地位主要体现在三个方面：第一，中国已经发展成为世界排名

---

① 联合资信. 行业研究：2020 年保险行业分析及 2021 年展望 [EB/OL].（2021-01-01）[2021-07-10]. https://finance.sina.com.cn/roll/2021-01-01/doc-iiznezxt0083964.shtml.

第二的保险大国，保费收入规模仅次于美国。第二，中国保险业对世界保险业增长的贡献度最高。2010—2020 年，中国保险增速（12.9%）约为同期世界保险增速（5.2%）的 2.5 倍。第三，中国保险业是与企业生产、家庭生活和社会管理最为密切的行业。2020 年，保险业为社会提供的风险保障金额已经达到 8 710 万亿元。

二、保险业的监管

（一）保险监管的定义

监管在经济学、法学、政治学和管理学等领域均得到广泛研究，各学科从不同的视角对监管作出了既有联系又有区分的定义。

卡恩（Kahn，1970）认为，对公用事业的监管应被总结为一种基本的制度安排，实质是以政府命令代替市场竞争机制，以确保获得良好的经济绩效。监管经济理论的创立者施蒂格勒（Stigler，1971）则指出，监管作为一项规则，是对国家强制权的运用，通常是由被监管产业争取来的，监管的设计和操作也是为产业集团的利益服务的。法学文献注重研究监管的执法、市场规则以及行政程序。吉尔宏和皮尔斯（Gellhorn & Pierce，1982）强调，经济监管是监管者的判断对商业或市场判断的强制取代。政府对经济产业的监管仅仅是对大量私人经济力量采取法律控制的一种形式。史普博（Spulber，1989）指出，有序的市场交易理当依赖于法律规则，对监管的研究应该从对规则的研究开始，这其实是法学和经济学的交叉点。不同于法学研究，政治学强调监管决策的政治与行政内容，在关注公共利益的同时，考虑了利益集团之间的讨价还价，并关注利益集团之间的冲突对公共利益产生的影响。米尼克（Mitnick，1980）认为，监管是针对私人行为的公共行政政策，是从公共利益出发而制定的规则，是与政治家寻求政治目的有关的政治过程。

结合以上各种定义，我国通常认为监管是指由行政机构制定并执行的直接干预市场配置机制或间接改变消费者和厂商供需决策的规则或行为。这主要采用狭义的监管定义，研究也主要集中于以政府部门为主体的行政监管。当然，市场经济不仅需要行政监管，而且需要一个密切配合、互为补充的多层次的监管体系，包括行业自律组织监督、社会公众监督以及企业内部控制等广义的监管。

保险监管并非与政府监管同质同步，因此在定义保险监管时，我们既要顾及监管的一般性阐述，又必须考虑保险体系和保险活动的独有特征。保险监管也有狭义和广义之分。狭义的保险监管，即由保险行政监管部门制定并执行的直接干预保险市场资源配置机制，或者间接改变保险消费者和保险企业供需决策的规则或行为。广义的保险监管包括行业协会和社会公众等在内的市场监督主体。我国保险监管通常由两大部分构成：一是通过制定保险法律法规，对保险业进行宏观指导与管理；二是国家专门的保险监管职能机构依据法律或行政授权对保险业进行行政管理，以保证保险法规的贯彻执行。

（二）保险监管的必要性

由于保险制度有着极大的特殊性，各个国家和地区都对保险业有着比其他行业更加严格的监管。其原因如下：

一是保险合同具有特殊性。与其他商业性合同相比较，保险合同具有射幸性、附和性等特点。射幸性是指保险人是否履行赔偿或给付责任，有赖于特定的保险事故或保险事件的发生，同时对损失原因的确认要遵守保险业的独特原则或惯例。以单一特定保险合同为例，射幸性让合同赋予交易双方的权利和义务具有不等价关系。附和性是指保险人可以率先拟定保险合同的主要内容，投保人只能选择全部接受或全部拒绝，没有协商的余地。尽管保险合同是保险人和投保人双方在协商一致、本着公平自愿原则的基础上签订的，交易双方有着平等的法律地位，但客观上不可否认的是，由于保险人相对于投保人通常有着更加丰富的保险学基础，其在设计保险产品的时候难免会使用对于投保人而言较为晦涩、艰深的保险学术语，这些都有利于保护保险人的权益。作为合同制定者，保险人势必处于主动地位，而投保方则相对弱势处于被动地位。也正因为如此，与一般商业合同相比，保险合同的履行更为复杂，投保方的利益更易遭受损害。在实践中，当对保险条款存有歧义时，除了尊重当事人的意图表示，按照通常理解予以解释外，更多的情况下是要作出不利于条款提供者的、使其免责最小的解释。其目的就是要通过公权力救济，使原本失衡的法律关系得到校正，避免让本已处于交易劣势地位的投保人利益受损。

二是保险交易的特殊性。保险交易中的消费，即赔付存在时间上的滞后。在一般商品的交易过程中，付款和交货在时间上较为接近，交易双方可以即时了解交易状态和信息，消费者也能及时判断商品质量。然而，在保险交易过程中，先进行保费的支付，赔付往往在支付之后相当长时间才完成。保险人总是提前向大量投保人收取保险费，只有在保险事故发生后才向被保险人支付赔偿金或保险金，对于寿险合同，这一期限可能长达数十年。消费的滞后增加了保险业务的风险。一方面，保险公司的业务对象是风险，风险管理过程相对复杂且技术性很强，大多数保险行业的消费者不具备了解其过程的专业能力，因此很难对保险公司的业务流程实施实质性的监督。保险公司的金融负债经营特性和有限责任制带来了较高的道德风险，个别保险人为追求高额收益而开展高风险业务，将审慎保守的经营理念抛之脑后。另一方面，由于保险消费周期非常长，经济周期、政策法规、灾害事件等外部因素变化的可能性较高，因此保险经营的不确定性也随之增加。在长期的经营过程中，保险公司也可能因为定价、销售、再保险和资金使用等方面的问题而陷入困境。在保险交易的绩效必须向不确定的未来延伸的背景下，保险公司持续稳定的经营，对被保险人利益的实现至关重要。

三是保险运营的特殊性。保险经营的特殊性在于其技术性、负债性和社会性。技术性是指保险合同文本需要精心设计，更重要的是，保险费率的确定应该建立在科学的数学统计学基础上。过高的费率会损害投保人的利益；而如果费率过低，则会降低保险公司的准备金积累水平，导致财务状况不稳定，甚至丧失偿付能力，不当和不足的保费最终会损害公众的利益①。负债性是指保险营运资金主要来源于为被保险人交付的保险费，应该被认为是保险人对被保险人的负债。因此，保险人有义务在投保期间内妥善管理和运营保险资金，并在保险事故发生后以保险资金的形式履行偿债义务。社会性是指保险业渗透到现代社会的各个方面，维系着整个社会的发展和稳定，在微观层面上其关系到每个被保险人的切身利益，在宏观层面上保险业的稳定健康发展影响到社会经济的平稳运行乃至国家的稳定。保险业的重要作用和巨大影响决定了国家权力介入保险业监管的重要性和必要性。

（三）保险市场的监管

“监管的历史是不断变换政府行为的重点和焦点的过程。”② 各国保险监

---

① 郭宏彬．论保险监管的理论根源［J］．政法论坛，2004（4）：168-172．

② 史普博．管制与市场［M］．余晖，何帆，钱家骏，等译．上海：上海三联书店，上海人民出版社，1999：15．

管的历程形象具体地阐明了这一点。随着技术进步加速、市场范围扩大、分工程度深化，一方面对保险监管的需求增加，另一方面也要求对保险监管的方式和重点进行调整。

改革开放以来，随着国内保险业务的恢复发展，我国保险监管正式起步并逐步完善，先后经历了中国人民银行、原中国保监会、中国银保监会等阶段，推动了一系列改革创新，逐步探索现代化、专业化、规范化的新兴保险市场监管体系，经受住了诸多风险和挑战的考验。

1. 1979—1997 年：起步阶段

1979 年，我国的保险业务在中国人民银行领导和监督管理下开始全面恢复运营。与此同时，我国于 1983 年和 1985 年先后出台了《中华人民共和国财产保险合同条例》和《保险企业管理暂行条例》，开始了保险监管制度建设。1995 年，《保险法》出台，标志着我国保险业进入依法监管阶段。

2. 1998—2018 年：专业监管阶段

1998 年，我国设立中国保险监督管理委员会，专门负责保险监管事项。该委员会于 2003 年升格为正部级单位。我国加入世界贸易组织后，国务院出台了一些和外资保险相关的保险条例，如 2001 年出台的《中华人民共和国外资保险公司管理条例》；一些专业险种保险条例，如 2006 年出台的《机动车交通事故责任强制保险条例》，2012 年出台的《农业保险条例》，不断对相关领域进行规范。原中国保监会探索出一系列规章制度和规范性文件，形成了原中国保监会机关、省级派出机构（36 家）、地市级派出机构（13 家）的三级架构，初步建立了有中国特色的现代保险监督管理体系。

3. 2018 年至今：保险监管迈入新时代

2018 年 3 月，中央决定将原中国银监会和原中国保监会进行整合，组建中国银行保险监督管理委员会，代替原中国银监会和原中国保监会的部分职责，保险监管就此迈入新时代。2020 年 7 月，《中国银保监会办公厅关于印发推动财产保险业高质量发展三年行动方案（2020—2022 年）的通知》发布，明确了今后一个时期财产保险的总体要求、发展方向和目标。同年，中国银保监会发布了《关于印发〈财产保险公司、再保险公司监管主体职责改革方案〉的通知》，将财产保险公司划分为直接监管公司和属地监管公司。36 家直接监管公司由中国银保监会监管，64 家属地监管公司由属地银保监局监管。2020 年 9 月，以“降价、增保、提质”为基本目标，车险综合改革在全国正式启动。车险综合改革启动以来，车险市场化费率机制逐步完善，市场费用大幅度下降，改革成果逐步显现。在人身保险领域，2019年10月，中国银保监会出台了《健康保险管理办法》，旨在规范健康保险经营行为，提高人民群众健康保障水平。2020年1月，中国银保监会联合其他12个部门出台《关于促进社会服务领域商业保险发展的意见》，深化金融供给侧结构性改革，充分发挥商业保险在保障民生、促进消费和拉动内需等方面的重要作用。在保险中介市场，2020年11月，《保险代理人监管规定》出台，规范了保险人经营行为，保护了投保人、被保险人合法权益，维护了市场秩序。

经过多年的发展，中国的保险监管体现出以下四个鲜明特征①：

一是初步构建偿付能力、公司治理和市场行为“三大支柱”的现代保险监管框架。偿付能力监管是现代保险监管的核心。1995年，《保险法》正式提出了偿付能力的概念。2003年，中国保监会出台了《保险公司偿付能力额度及监管指标管理规定》。2009年，偿付能力监管委员会成立。根据新的形势，风险导向的二次偿付能力监管体系的构建始于2012年。2016年，第二代偿付能力监管二期项目工程提高了企业偿付能力，增强了监管的科学性和有效性。2021年3月，修订后的《保险公司偿付能力管理规定》实施，该规定吸收了第二代偿付能力监管规则实施的成果，将第二代偿付能力监管规则中的原则性、框架性要求上升为部门规章，并进一步完善了监管措施，以增强其针对性和有效性，更好地督促和引导保险公司恢复偿付能力。公司治理是现代企业制度的重要基石。随着现代企业制度的建立和保险公司的上市，中国保监会于2006年发布指导意见，正式引入公司治理监管，重点加强股权、资本金和管理层的监管，切实落实“三会一层”制度。2021年6月，中国银保监会制定了《银行保险机构公司治理准则》，将党的领导与公司治理有机融合的要求正式写入监管制度，并借鉴引入《二十国集团/经合组织公司治理原则》所倡导的良好做法，进一步健全完善了银行保险机构的公司治理监管规则。市场行为监管是市场有序运行的重要保障，是历史最悠久的保险监管内容，但其实践多于理论，目前不同国家的保险监管部门对市场行为和市场行为监管并无统一的界定。在早期的保险监管框架中，市场

① 中共中央印发《深化党和国家机构改革方案》[EB/OL].（2018-30-21）[2021-07-10].http://www.gov.cn/zhengce/2018-03/21/content_5276191.htm#1.

行为监管是与财务监管相对应的概念，涵盖了保险公司经营行为以及在经营过程中与消费者之间发生的关系，甚至涉及目前归属于公司治理和内部控制等方面的内容。2005 年 10 月，国际保险监督官协会（IAIS）在《保险监管新框架：构建偿付能力评估的共同框架和标准》中，对市场行为做了进一步阐述，将其定义为保险公司开展业务的行为和在市场上的各种表现行为。在我国保险业复苏之初，市场行为监管是主要的监管模式。1998 年，中国保监会成立后，市场行为监管逐步过渡到市场行为监管和偿付能力监管并重，再过渡到以偿付能力监管为核心、公司治理监管为基础、市场行为监管为起点的“三支柱”监管框架。

二是积极建立一个全面、全过程、全方位的保险公司风险防控体系，强化综合风险管理理念。在保险业务规模较小、保险机构不成熟的初期，保险业更注重业务发展。随着保险业的发展，监管部门大力加强保险机构的主体作用，促进保险机构树立正确的经营理念。全方位建设风险防控机制主要体现在监管部门可以逐步将重点从事后监管转向事前防范和事中控制。保险业逐步完善风险防范预警机制，运用风险管理技术建立监测指标体系，做到早发现、早干预、早处置，从源头上防范风险，健全事前、事中、事后风险识别和管控机制。

三是继续深化公司内部治理、产品生产经营、资金管理运用、基础教育设施建设四项重点改革。第一，推动保险公司建立现代公司制度。国家支持国有保险机构牵头完成改制上市。2003 年，中国人保、中国人寿、中国再保险三家国有保险公司全部完成重组改制，中国人保财险、中国人寿先后在海外上市，为国有金融企业改革探索了经验。2004 年，中国平安在香港上市。目前，我国已有 9 家保险公司上市。2010 年 3 月，中国保监会出台《保险集团公司管理办法（试行）》。2017 年 4 月起，中国保监会修订完善《保险公司股权管理办法》，大力规范保险公司的公司治理。第二，推进保险产品定价机制改革。在财产保险方面，监管部门推进商用车保险费率改革，改进定价方式，降低费率浮动系数的下限。在人身保险方面，2000 年，我国推出了分红保险、万能保险、投资连结保险等新产品。2013 年以来，我国保险业按照正常、普遍、分红三步走的思路，初步完成了关税市场化改革，放宽已实施 14 年的 2.5% 预定利率上限。第三，深化保险资金使用改革。改革开放之初，保险资金使用混乱，造成大量不良资产。1995 年出台的《保险法》对保险资金的使用进行了严格限制。这种简单的管控方式虽然有利于风险管控，但也极大地制约了保险资金运用的活力和生产力。2012年以来，监管部门加大保险资金运用改革力度，逐步扩大市场主体投资自主权，支持保险资金进入实体经济和资本市场，有效激发市场活力。第四，探索基本管理制度和基础设施建设。监管部门探索促进中国保险信息技术有限公司、中国保险投资管理公司、上海保险交易所加快国家汽车保险、农业保险、健康保险信息平台建设，健全精算制度，为强化监管、促进保险业健康发展、发挥保险功能作用提供了支撑。

四是逐步扩大对外开放，包括股权比重、经营区域和经营领域逐步开放。在股权结构比例方面，在中国加入世界贸易组织的两年过渡期后，我国取消了对合资非寿险企业利用外资持股比例的限制；在 5 年过渡期后，外资股东持股比例有所上升，合资寿险保险公司可以达到 50%。2018 年 4 月以来，银行业、保险业共分三轮出台 34 项开放措施。在地域限制方面，上海、广州自 1992 年起相继对外开放保险业。中国加入世界贸易组织后，经过 3 年的过渡期，开放范围从上海、广州、大连、深圳、佛山 5 个城市逐步扩大到全国。在业务限制方面，我国允许外资非寿险公司在中国加入世界贸易组织 2 年过渡期后经营除法定保险业务以外的所有非寿险业务；3 年过渡期后，允许外资寿险公司经营综合寿险业务。2012 年，外资非寿险公司强制保险业务放开。4 年过渡期后，外资保险公司将取消指定再保险公司的人身意外伤害和健康保险相关再保险业务。5 年过渡期后，设立保险经纪公司所需的境外资产总额从 5 亿美元减少到 2 亿美元。2018 年 4 月，我国允许合格境外投资者（QFII）在境内开展保险代理业务和保险评估业务，放开境外保险经纪公司经营范围。截至 2020 年年末，境外保险机构在我国设立外资保险机构 66 家、代表处 117 个、专业保险中介机构 17 家[①]。保险业开放主要有三大驱动力：第一，将外资人身保险公司外资持股比例上限由 51% 提高到 100% 的过渡期缩短；第二，取消境内保险公司持有保险资产管理公司 75% 以上股份的要求，允许境外投资者持有 25% 以上股份；第三，放宽境外保险公司准入条件，取消 30 年经营年限要求。2020 年 1 月 16 日，安联

---

① 北京商报. 境外保险机构在华共设立 66 家外资保险机构 外资保险公司总资产 1.71 万亿元 [EB/OL]. (2021-03-21) [2021-07-10]. http://www.china-insurance.com/insurdata/20210331/54537.html.

（中国）保险控股有限公司在上海正式开业，成为我国首家获准开业的外资保险控股公司。2020 年 6 月，中国银保监会发布《关于友邦保险有限公司在中国内地分支机构改建为友邦人寿保险有限公司的批复》。原友邦保险有限公司上海分公司改建为独资人身保险公司，成为我国首家外资独资寿险公司。2021 年 3 月，中国银保监会发布《关于修改〈中华人民共和国外资保险公司管理条例实施细则〉的决定》，中国保险业对外开放进入了新的阶段。未来，我国保险业将更加全面对外开放。

综上所述，我国保险监管工作取得了历史性成就。第一是坚持以人为本，切实维护消费者权益。第二是坚持问题导向，有效防范保险公司风险。2020 年第四季度末，从已披露的保险公司偿付能力数据看，人身险、财产险公司的平均综合偿付能力充足率分别为 239.6%和 277.9%①。这一指标的法定要求是不低于 100%。第三是坚持强化监管，保险市场实现有序运行。第四是坚持回归本源，推动保险业为经济社会服务取得显著进展。第五是坚持内外并举，实现了全球经济地位质的飞跃。中国保险业对外开放时间较早，对外开放程度较高。在“引进来”和“走出去”相结合的情况下，中国保险业的竞争力逐步提高。

第二节　保险业的清廉金融建设分析

清廉是全世界共同关注的话题。金融清廉是国家安全的重要组成部分。保险是金融业重要支柱之一，识别保险业中的腐败风险及从业人员的道德风险，是确保保险业安全的重要一环。

一、识别保险业常见的腐败风险

（一）核心保险业务流程中的违法行为

开展保险业务主要包括业务获取、保险赔付两个核心环节。

1. 业务获取环节

保险业务获取环节涉及跟投保人、代理人、经纪人之间的沟通与合作，

---

① 仇兆燕. 2020 年第四季度险企偿付能力情况出炉［EB/OL］.（2021-03-05）［2021-07-10］. http://xw.sinoins.com/2021-03/05/content_384589.htm.

该环节容易发生的违纪违法行为就是行贿与串通投标。业务获取环节常见的违法行为如图 9.1 所示。

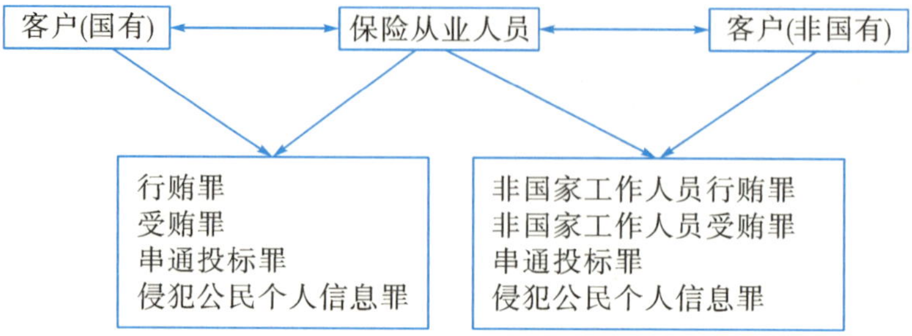

图 9.1　业务获取环节常见的违法行为

保险行业竞争激烈，部分从业人员采取行贿的方式以获取交易的机会或有利于交易的条件。通常情况下，监管部门对此会认定为违反了“不得给予保险合同约定以外利益”的规定而实施行政处罚。如果数额较大，则同时触犯了《中华人民共和国刑法》，构成行贿罪或对非国家工作人员行贿罪。反之，如果客户为谋取不当利益，给予保险公司从业人员财物，数额较大的，保险公司从业人员也将成为非国家工作人员受贿罪的犯罪主体。例如，保险代理人为达到大量办理外地拖拉机保险而从中获取中介费的目的，批量伪造拖拉机相关资料并与保险公司车险业务员进行勾结。保险公司业务人员利用岗位便利，在明知车辆资料信息虚假的情况下，配合进行了承保。该行为就构成了非国家工作人员受贿罪。

如今，农业保险、一些大型保险项目都会采取招投标的方式确定保险公司。在此过程中，保险公司从业人员如与其他投标人相互串通投标报价，损害招标人或其他人利益，情况严重的，将构成串通投标罪。

近年来，侵犯公民个人信息的情况也时有发生，甚至已成为世界性问题。一些人员通过违法渠道，获取指定目标的身份信息、住址、健康信息、银行账户等。国家虽然不断完善法律制度，严惩此领域的犯罪，但受利益驱使侵犯公民个人信息的问题仍比较普遍。在保险行业，客户信息是保险公司重要的商业机密，这些客户信息如被保险公司内部个别不法分子出售获利，将给保险公司造成巨大损失。当然，实施该不法行为的人员也将受到法律的严惩。

2. 保险赔付环节

在保险赔付环节，主要的违法行为是保险诈骗。如果保险从业人员在明知犯罪的情况下，参与保险诈骗，则构成保险诈骗罪的共犯。进行保险诈骗活动，数额较大的，构成保险诈骗罪。保险诈骗罪图示如图 9.2 所示。

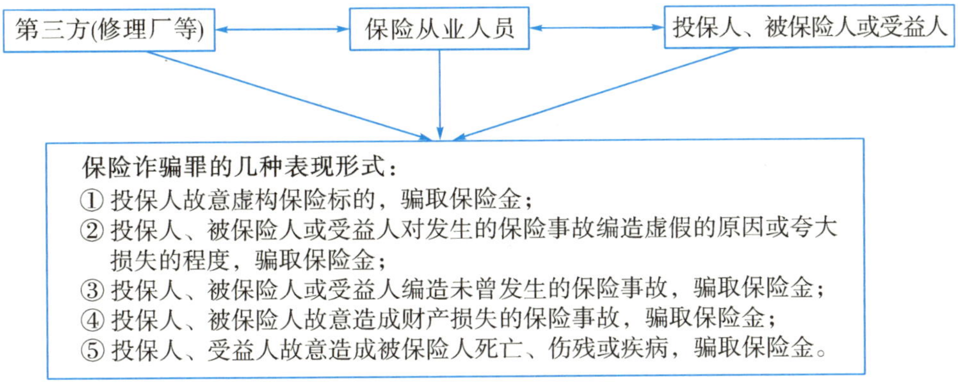

图 9.2　保险诈骗罪图示

虚构事实和隐瞒事实真相是保险欺诈的两种手段。保险欺诈类型如图 9.3 所示。

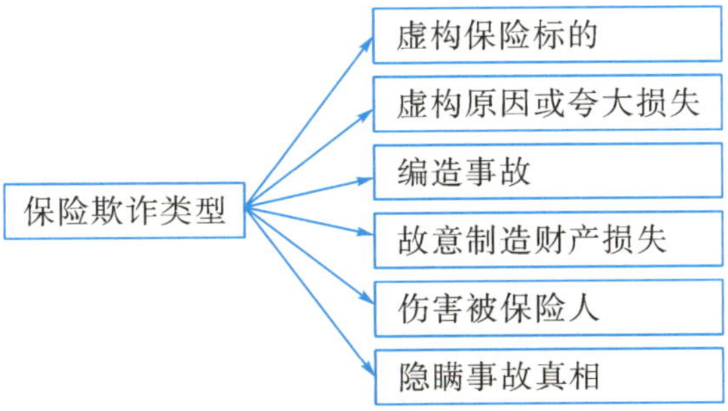

图 9.3　保险欺诈类型

（二）保险经营管理中的违法行为

任何一家企业组织生产，都离不开对人、财、物的风险管理。保险行业是一个受严格监管的行业，经常要与外部监管部门及其工作人员打交道，容易诱发行贿风险。保险经营管理中的违法行为如图 9.4 所示。

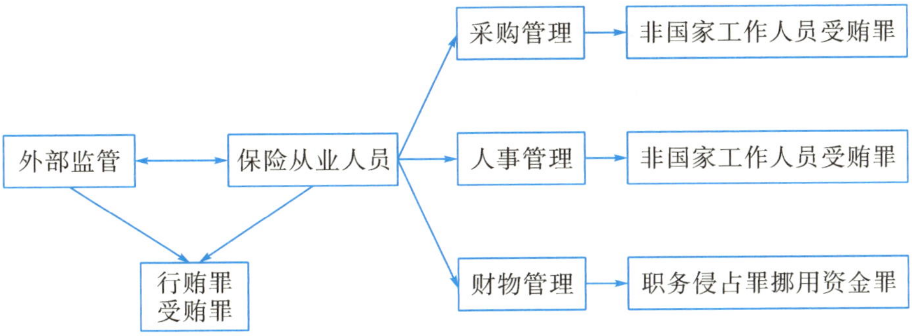

图 9.4　保险经营管理中的违法行为

保险行业商业模式的独特性，对资本有很大的吸引力。为了获取保险经营牌照，“围猎”手握审批重权的监管人员的情况时有发生。2017 年 4 月，原中国保监会主席项俊波落马的原因之一就是滥用审批职权①。

保险具有很强的公共产品特性，各国都实施严格监管，并对违法违规行为进行行政处罚。个别保险公司为避免或减轻监管处罚，选择对监管人员行贿，寄托“人情执法”。无论是受贿者，还是行贿单位或个人，都将被追究刑事责任。

采购环节往往是企业最易产生腐败的地方。相关人员在吃、拿、卡、要供应商的回扣后，对供应商的涨价要求积极响应或对市场价格下降趋势熟视无睹。保险公司绝大部分成本开支为赔款或给付支出、手续费佣金支出。保险从业人员发生采购舞弊风险，往往是在防灾减损增值服务与保险理赔外修服务采购、信息技术设备采购、职场租赁以及日常货物、劳务、服务采购等中后台经营管理环节中。相关人员利用职务便利引进“关系”供应商，索取他人财物或非法收受他人财物，为他人谋取利益，数额较大的，构成非国家工作人员受贿罪，有些国有控股公司的人员被定为受贿罪。

无形的产品决定了保险公司人力资源的需求也具有特殊性。对一些大项目的拓展，空挂业务人员领取绩效工资就可以很隐蔽地做到利益输送。有的保险公司通过接受“打招呼”解决就业问题，就能变相实现行贿的目的。2020 年 11 月，某银保监局原局长亓某某获刑 10 年 6 个月，违法情节就涉及为他人解决就业问题收受贿赂。一些保险公司内部也不乏人事管理不规范问题。在基层，某些保险公司负责人开起“夫妻店”“家族店”，在关键岗位安插自己的亲戚朋友，为个人腐败大开方便之门；在高层，某些保险公司领导干部在离开岗位之际，“突击提拔”“突击进人”，其背后都隐藏着不同程度的利益输送和违法交易。

保险公司在财务管理上容易出现的舞弊风险，一是在展业阶段保费收取环节，有的业务人员收取客户保费后不及时存入公司账户，长期挂账应收保费，或者通过套打保单进行保费“体外循环”，这主要发生在农险或短期意外险上。二是在理赔环节，存在理赔人员利用职务便利编造虚假赔案，或者扩大理赔截留客户赔款，或者将公司寻回的盗抢车辆、损余物资等资产，利

---

① 北京商报. 项俊波上任后五年：保险牌照发放加速度［EB/OL］.（2017-04-12）［2021-07-10］. https://finance.sina.com.cn/money/insurance/bxdt/2017-04-12/doc-ifyeceza2246990.shtml.

用信息的不对称进行私自变卖侵吞。三是钻管理上的漏洞，有的人员利用职务便利侵占政府税收奖励或惠农补贴款。数额较大的，则构成职务侵占罪，有些国有控股公司的人员因此被定为贪污罪。有的公司人员利用职务上的便利，挪用公司资金归个人使用或借贷给他人，数额较大且超过 3 个月未还的，或者虽未超过 3 个月，但进行营利活动或非法活动的，构成挪用资金罪；有的国有控股公司的人员有以上行为，被定为挪用公款罪。

（三）个人利用工作环境实施的违法行为

非法集资是近年来国家重点打击的金融领域犯罪。非法集资犯罪包括非法吸收公众存款、集资诈骗（见图 9.5）。由于保险具有金融属性，因此保险公司内部人员，利用保险公司职场或保险从业人员身份，更容易完成犯罪行为。例如，某大型保险公司核查客户投诉时发现，某分公司营业部经理刘某等人以销售团体年金保险名义，向客户承诺 2.6%～5.3%不等的年利率，采取先支付利息、到期支付本金或继续滚存的方式，非法吸收公众存款，累计涉及金额 9 000 多万元，客户 300 余人。公安机关以涉嫌非法吸收公众存款罪将刘某等人逮捕。近几年，几乎每年都会发生与保险公司有关的非法集资事件，有些数额特别巨大，影响十分恶劣，给保险公司造成了巨大的损失。

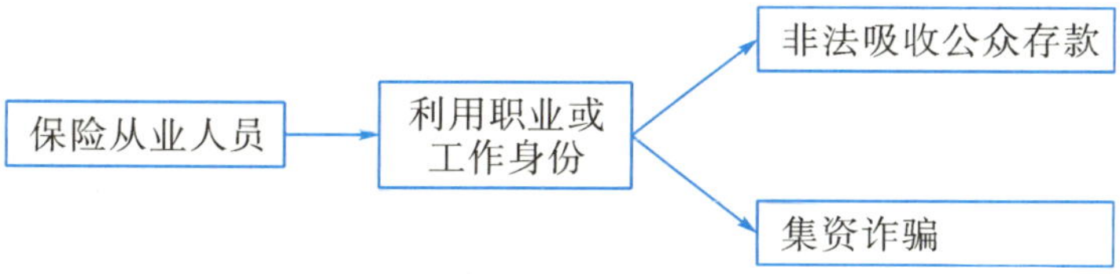

图 9.5 非法集资犯罪

二、保险违纪违法行为的动机分析

保险违纪违法行为的动机比较复杂，一般有如下情况（见图 9.6）：

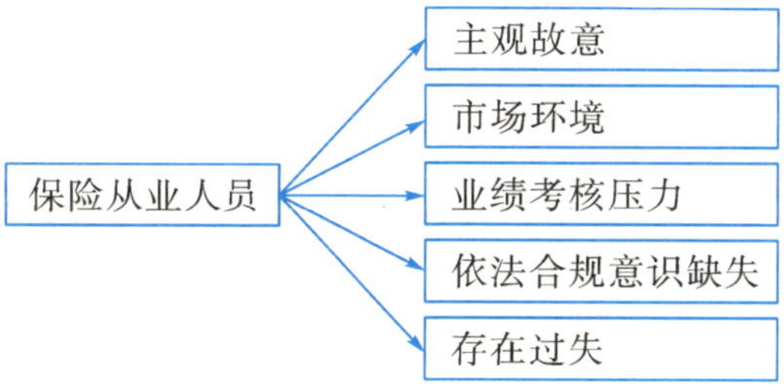

图 9.6 保险违纪违法行为的动机

主观故意，即行为人故意采取违法手段，以获取违法利益或达到违法目的。其犯罪动机明确，主观恶意明显，社会危害性较大。

市场环境也会对保险从业人员的行为产生影响。为获取业务，而给予客户一些“好处”，不仅在保险行业存在，在各行各业均存在这种现象。如果给予客户及客户单位主管人员的好处费、回扣等数额较大，则构成犯罪。

每家保险公司都会制定业绩考核指标。在激烈的市场竞争下，为完成业绩，个别人员铤而走险，展业手段激进，甚至违法。有时也可能存在上级领导指示下级人员违法展业的情况。在这种情况下，行为人在被追责时，一般都会辩解，主观没有故意，不是个人行为，是为公司利益行事，也没有个人谋私。其实并不然，采用违法手段获得业务，客观上实施了违法行为，破坏了正常市场秩序，得到了公司的奖励，也是一种变相的谋私。没有一家公司公然允许违法经营，即使这样会为公司带来巨大利益。但有时个别公司会为了业绩而对员工的违规违法操作视而不见，真正出现问题时又会对行为人进行追责。

还有一种现象就是行为人缺少依法合规意识与知识，导致违法行为发生。例如，甲与乙是朋友，甲向乙索要乙所在公司的业务信息。乙根本没有意识到公司重要信息是商业秘密，不清楚未经允许向其他人泄露公司重要信息是违法的。乙将公司的业务信息给了甲，其行为已构成违法。又如，丙认为自己的信息技术能力很强，抱着“闹着玩”的目的侵入他人信息系统，这也可能构成犯罪。以上案例表明，即使没有主观故意，但由于缺少法律知识，客观上形成了违法结果。

保险行业的过失违法，一般是指疏忽大意而存在过失。例如，保险公司在承保国家补贴的险种时，未经认真审核，扩大了承保数量，获取了超额的国家补贴资金，侵占了国有资金。

三、舞弊“三角论”视角下的保险反腐措施

企业舞弊“三角论”产生的原因是由动机、机会和（自我）合理化三要素组成的。其中，机会是指企业舞弊行为能够被掩盖起来不被发现而逃避惩罚的可能性。舞弊之所以存在，客观上是因为存在舞弊的机会，即内部控制存在漏洞。

为促进保险公司合规经营、稳健发展以及保障保险业的可持续发展，

2010 年 8 月，中国保监会出台了《保险公司内部控制基本准则》，以加强保险公司内部控制，提高保险公司防范风险的能力，以期进一步提高保险公司合规经营管理的水平，降低腐败风险。近年来，打着各种金融创新和资本运作旗号的个别保险企业，内部合规经营理念淡漠，风险控制能力和制度建设滞后，存在严重的经营风险，而风险的背后往往隐藏着金融腐败。监管部门为从根本上防范化解保险业风险，制定了一系列严密审慎的监管制度和内部控制制度。《保险机构独立董事管理办法》《保险公司关联交易管理办法》《银行保险机构公司治理监管评估办法（试行）》等都是剑指保险企业的公司治理。强化保险公司治理，是防范风险的“牛鼻子”，特别是防止大股东操纵和内部人控制①。除了完善内部控制制度，加强监管是防止腐败的有力保证。2018 年和 2019 年，监管部门向保险机构开出的罚单金额分别超过 2.4 亿元和 1.4 亿元②。2020 年，金融监管力度持续升级，保险机构被处罚 342 家（次），罚单总金额高达 2.36 亿元③。

为推进金融反腐和防范风险，除了强化外部监管外，保险公司可以从以下几个方面进行建设与完善：

第一，保险公司应加强党的领导，将党的领导与企业内部控制相结合，坚持把清廉金融建设与企业核心价值观、党团组织建设、企业转型发展相结合，使清廉金融建设成为公司业务和员工队伍建设的一项基础内容，与各类重要的创建活动统一规划、统一部署、统一推进、统一评估。

第二，保险公司应紧盯保险行业主要环节、关键领域的风险，完善流程、健全制度，如承保流程、理赔流程、采购流程、“三重一大”决策流程等，针对这些环节的风险点进行识别、评估、控制以及监督，并有效落实合规“三道防线”，发挥合规部门事前合规评审、事中风险监测预警以及内部审计部门事后查处的作用。

第三，保险公司应对重点岗位、关键人员加强监督，将权力关进制度的笼子，防范内部人控制带来的职务侵占、关联交易、利益输送等风险以及违

---

① 王虎云，郝菁. 银保监会肖远企：强化公司治理是防风险的牛鼻子［EB/OL］.（2020-08-25）［2021-07-10］. http://news.xinhua08.com/a/20200825/1952677.shtml.

② 王笑. 2020 年保险业关键词：从严监管［EB/OL］.（2020-12-24）［2021-07-10］. https://baijiahao.baidu.com/s? id=1686935695867635627&wfr=spider&for=pc.

③ 2020 年 342 家保险机构被罚 2.36 亿元，普华永道报告道出严格监管全景［EB/OL］.（2021-01-14）［2021-07-10］. https://baijiahao.baidu.com/s? id=1688839496267302527&wfr=spider&for=pc.

规决策带来的重大经营风险。保险公司尤其应重视党员干部、关键岗位骨干员工的廉政教育工作，将合规考核与员工职务晋升、荣誉奖励等直接挂钩。

第四，保险公司应围绕“守纪律、讲规矩”开展警示教育活动，引导党员干部心有所畏、言有所戒、行有所止。保险公司应定期组织员工学习法律法规，开展合规专题宣导，通过以案释纪、以案释法，帮助员工及时了解监管政策、法律法规。

第三节 清廉金融对保险业的重要意义

随着经济的增长，我国保险业得到了长足的发展，经济“稳定器”和“压舱石”的作用愈发凸显。同时，保险行业在快速发展的过程中，也出现了一些非理性竞争带来的违法违规违纪问题，使行业蒙羞、企业发展受阻、涉案人员职业生涯断送。金融风险事件背后往往隐藏着金融腐败，加强党风廉政建设和金融反腐败斗争，强化监督执纪，无论是对行业、公司，还是对保险从业人员，都有着非常重要的意义。

一、加强清廉金融建设，有利于降低保险行业经营风险

保险是管理风险的特殊行业，一方面需要履行风险管理职能，另一方面需要加强对自身风险的管控，不能由风险的管理者异化为风险的制造者，不能让风险管理行业成为风险之源①。近几年，中国银保监会把防控风险放在更加重要的位置，深入治理市场乱象，深挖背后的金融腐败，并完善防控风险的长效机制，切实守住不发生系统性风险的底线。

以机动车辆保险和农业保险乱象治理为例，机动车辆保险在财产保险行业占有举足轻重的地位，在维护道路交通安全、服务社会经济建设等方面发挥了不可替代的重要作用②。从行业内部来看，机动车辆保险业务在财产保险行业占比长期在 70% 以上，历来是各家财产保险公司竞争的主战场。激

① 周延礼. 保险业决不能由风险管理者异化为制造者［EB/OL］.（2017-11-04）［2021-07-10］. https://finance.sina.com.cn/money/insurance/bxdt/2017-11-04/doc-ifynnnsc5973549.shtml.

② 陈文辉. 为什么要进行商业车险改革［EB/OL］.（2014-08-04）［2021-07-10］. http://finance.china.com.cn/roll/20140804/2586262.shtml.

烈竞争的背后，少不了暗流涌动、藏污纳垢。机动车辆保险业务乱象主要有不严格执行报备的车险条款费率；给予投保人、被保险人保险合同约定以外的利益；车险经营数据不真实，编制提交虚假报告、报表；编造虚假赔案、虚列费用、虚挂代理等。这些违法违规问题的存在，一方面破坏了市场正常经营秩序，使保险公司陷入恶性竞争，也变相损害了消费者的利益；另一方面还滋生涉嫌洗钱、套取费用、“小金库”等舞弊风险，使得公司经营受损。例如，某保险分支机构为取得团体车险招投标资格，承诺以高达保费收入的48%支付安全教育培训基金，不仅扰乱市场，还隐藏商业贿赂风险。2018年，各级银保监部门针对车险问题共开出500余张罚单，罚款金额超过1亿元，并对37家机构责令停止商业车险新业务。为了进一步治理车险市场乱象，2020年9月，中国银保监会发布了《关于实施车险综合改革的指导意见》，在一定程度上解决了我国车险高定价、高手续费、高返还等合规风险问题，也降低了车险经营乱象背后暗藏的道德风险。

自2007年中央财政对农业保险开展保费补贴试点开始，全国农业保险得到了快速发展，保费收入持续增长，覆盖面迅速扩大[①]。在高速发展过程中，由于农业保险本身准公共品性质及其标的物的特殊性，加上经营过程中的不规范操作，农业保险的道德风险是国内外农业保险都面临的一个重要问题。这类问题主要包括虚假投保，协议赔付、虚假理赔，虚列、挪用经营管理费用，挪用、截留、侵占赔款，垫付保费。保险公司是保险合同的当事人，与农业保险有利益关系，其垫付少量保费，可以获得大量财政补贴，垫付的保费越多，得到的国家财政补贴就越多。保险公司为了申请更多的国家财政补贴，有虚构保险标的的主观意愿。因此，垫付保费是违法的，有必要禁止保险公司垫付保费。农业保险的道德风险直接导致了保险事故发生概率上升、损失范围扩大、农业保险赔付率增高，增加了运营成本，并间接引起农业保险的保费提高，更是导致了财政补贴资金的流失。这些行为不仅提高了农户获得保障的成本，损害了农户的利益，也给承保机构造成了损害，增加了农业保险的经营风险，降低了财政资金对农业保险补贴的效率，违背了财政资金对农业保险补贴的初衷，同时影响了保险行业形象，破坏了保险市场秩序，扰乱了市场资源配置，降低了保险市场的运行效率。为营造良好的

---

① 农婧，杨爽．我国农业保险的道德风险及防范［J］．现代经济信息，2015（3）：350-351.

市场环境，中国银保监会连续5年开展农业保险业务检查，加大对承保端数据不实、理赔端数据不实等违法违规行为查处力度。中国银保监会开展农业保险反欺诈专项行动，对重复投保、虚假理赔等5类涉嫌欺诈行为重点核查，配合公安部门严肃查处骗取赔款等不法行为。不少保险公司引入卫星定位、遥感、无人机巡航等新科技，解决保险标的不精准、查勘定损难度大、道德风险管控难等问题。外部监管压力和内部自发合规经营的动力相互促进，形成合力，净化环境，促进农业保险高质量发展。2019年，我国农业保险聚集保费资金672.48亿元，为1.9亿户（次）农户提供风险保障①。特别是在稳定粮食生产中，农业保险发挥了重要保障作用，其覆盖面持续扩大、保障水平不断提高，成为粮食安全的“压舱石”。

二、加强清廉金融建设，有利于保险公司行稳致远

清廉金融建设对保险公司合规经营提出了更高要求。合规经营对保险公司来说十分重要，不仅有利于推动保险公司自身持续健康发展，还能维护上市公司形象；反之，将增加保险公司在经营过程中的经营风险，轻则蒙受行政处罚，重则面临破产风险，这将在一定程度上对保险行业整体经营形象造成损害，使保险行业公信力降低，从而影响保险公司的长期发展，构成恶性循环。

安邦保险集团成立于2004年，是依靠销售汽车保险起家的财险公司。到2016年，短短12年时间，安邦保险集团从一家初始注册资金5亿元的名不见经传的公司发展到资产将近2万亿元的保险集团②。安邦保险集团发展速度惊人，主要依靠“资产驱动负债”策略，不停做大资产再做大投资，不停地放大杠杆效应，一旦出现金流不足就会产生连锁反应，出现巨大风险漏洞。2017年，安邦人寿一季度偿付能力报告显示，截至2017年一季度末，安邦人寿净现金流为-57.04亿元。2017年6月，中国保监会派出工作组进驻安邦保险集团进行现场检查。2018年2月24日，安邦保险集团股份有限公司原董事长、总经理吴某某因涉嫌经济犯罪，被依法提起公诉。

---

① 梁涛. 农业保险高质量发展如何把握“关键词”? [EB/OL]. (2020-06-23) [2021-07-10]. https://baijiahao.baidu.com/s? id=1670256405322337095&wfr=spider&for=pc.

② 光明财经. 新年第一磅! 从5亿到2万亿的神话终结，安邦被接管 [EB/OL]. (2018-02-23) [2021-07-10]. http://www.yidianzixun.com/article/0IP4PLMr? s=co&from=timeline.

原中国保监会依法对安邦保险集团实施两年接管。根据《中华人民共和国保险法》第一百四十四条的规定，在以下两种情形下，国务院保险监督管理机构可以对保险公司实施接管：一是公司偿付能力严重不足。以中华联合保险为代表，2007 年中华联合保险巨额亏损 64 亿元，导致偿付能力严重不足。2009 年，中华联合保险严重资不抵债，已符合技术层面的破产标准。在引入外部资本等一系列市场化重组手段失败之后，保险保障基金最终在 2010 年 4 月受托管理中华联合保险 75. 13%的股份，代为行使股东权利。二是违法经营，危及公司偿付能力。这具体是指违反《保险法》的规定，损害社会公共利益，可能严重危及或已经严重危及公司的偿付能力。安邦保险集团就属于第二种类型。2018 年，安邦保险集团旗下 3 家寿险公司、1 家财险公司原保费均出现了大幅度下滑。其中，寿险下滑 90%，健康险下滑 99%，养老险下滑 54%，财险下滑 43%[①]。安邦保险集团 2016 年就有 5 000 亿元保费、5 000 亿元保户储金及投资款负债，一旦前端现金流大幅下滑，后端“短险长投”的资产注定难以为继，如果任由其发展，上千万客户即将到期的产品将无法给付，造成严重金融风险。中国银保监会高度重视保护保险消费者合法权益，指导安邦保险集团成立独立团队专项推进存量保单兑付工作，平稳度过现金流危机。2020 年 2 月 22 日，中国银保监会发布了《中国银行保险监督管理委员会关于对安邦保险集团股份有限公司依法终止接管的公告》，其中提及，安邦保险集团股份有限公司拆分新设的大家保险集团有限责任公司已基本具备正常经营能力，中国银保监会依法结束对安邦保险集团的接管。

为救助安邦保险集团，中国银保监会动用了 52%保险保障基金，高达 608 亿元[②]。可见，保险公司违法违规经营的代价是惨重的，造成的损失是巨大的。增强保险公司合规经营意识，建设清廉金融，才能确保保险公司行稳致远。

① 和讯网. 安邦大案接管“终曲”：堵上 1.5 万亿窟窿，经营基本恢复 [EB/OL]. (2020-02-24) [2021-07-10]. https://finance.sina.com.cn/stock/relnews/hk/2020-02-24/doc-iimxyqvz5324198.shtml.

② 观察者网. 保险保障基金动用 52%资金出手搭救，2 万亿资产安邦帝国家底仅 11 亿 [EB/OL]. (2018-04-04) [2021-07-10]. https://www.guancha.cn/economy/2018_04_04_452668.shtml.

三、加强清廉金融建设，有利于从业人员职业生涯发展

保险行业是我国金融行业的重要组成部分，在其高速发展的背景下，作为保险行业形象窗口的保险从业人员的行为规范和职业道德水平，直接影响着人们对整个保险行业的信任度。在行业快速发展的过程中，个别保险机构各类制度建设相对滞后，尤其是对保险从业人员的职业道德建设工作重视程度不够，保险从业人员道德失范的事件时有发生。这不仅影响了保险行业的可持续健康发展及在社会中的良好形象，也可能对经济秩序、社会秩序造成破坏。

据中国银保监会的统计，金融风险导致的损失中，有一大部分是由于违纪违法案件发生的损失。违纪违法案件发生的最主要原因就是从业人员的道德操守问题。习近平总书记指出："法律是成文的道德，道德是内心的法律。"保险行业需要加强保险从业人员职业道德建设和清廉金融建设，强化从业人员法律意识、纪律意识、规矩意识，要求从业人员做到守法明纪知规，谨记党纪严于国法，规矩是刚性的纪律。加强保险从业人员清廉金融文化教育，最有效的手段是让其感受到违纪违法对个人的严重影响，包括经济损失、职务损失、声誉损失、人身自由损失等，使其"不敢违"。违纪违法人员处罚如图 9.7 所示。

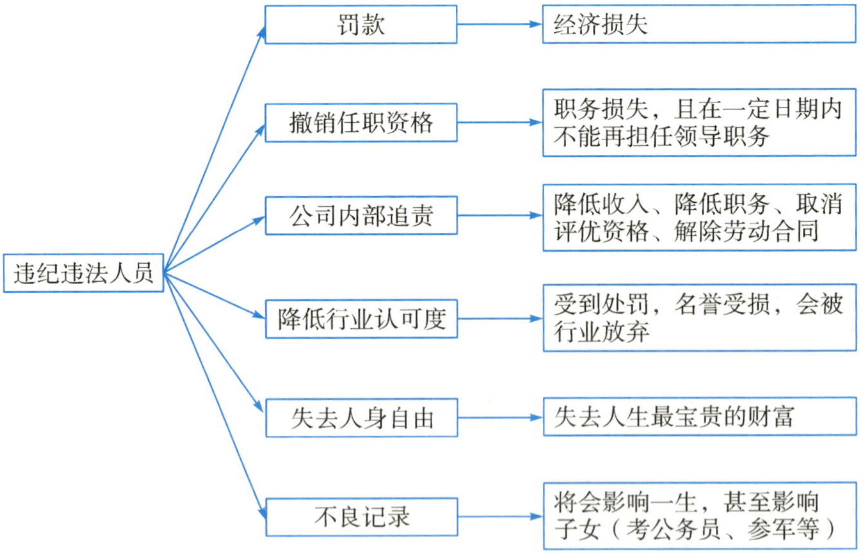

图 9.7　违纪违法人员处罚

安邦保险集团原董事长吴某某因其违纪违法行为，被以集资诈骗罪判处有期徒刑 15 年，剥夺政治权利 4 年，并处没收财产 95 亿元；以职务侵占罪判处有期徒刑 10 年，并处没收财产 10 亿元，决定执行有期徒刑 18 年，剥夺政治权利 4 年，处没收财产 105 亿元，并追缴违法所得及其孳息。

第四节　保险业案例分析

本书选取了若干具有代表性的保险业反腐案例来说明在保险业中存在的典型腐败和违规行为，以说明清廉金融建设的必要性，并起到警示教育读者的作用。

一、保险业反腐案例

（一）案例一：行贿案

1. 案例基本情况

彭某作为某国有保险公司中心支公司农险渠道经理，在经办某区 2016—2017 年特色农业保险过程中，为了发展特色农险业务，找到辖内甲镇农业服务站站长刘某、乙镇农业服务站站长易某，并让二人以垫付保费的方式虚假投保特色农业保险，承诺事后通过虚假理赔的方式按个人垫支保费金额不低于 130% 返还，同时按各乡镇特色农业保险总保费的 6% 给予好处费。为了完成农业保险任务和挣取好处费，刘某于 2016 年、2017 年先后分别以齐某、荣某的名义进行了虚假投保，易某也于 2016 年、2017 年先后分别以马某、申某等 5 人的名义进行了虚假投保。2017 年 2 月起，彭某陆续通过伪造资料、虚假理赔的方式来套取特色农险理赔款，以兑现当初保费返还和好处费。同期，彭某还以单位名义分别向辖区何某、唐某等 6 名负责特色农业保险的农业服务站站长行贿，并谋取不正当利益。根据 2020 年 12 月当地人民法院判决，彭某犯贪污罪被判处有期徒刑 1 年 10 个月，并处罚金 10 万元；犯单位行贿罪被判处有期徒刑 1 年，并处罚金 5 万元；数罪并罚，决定执行有期徒刑 2 年 6 个月，并处罚金 15 万元，追缴违法所得 9 万元。该国有保险公司内部也进行了严肃问责，给予彭某开除处分，撤销程某中心支公司党支部书记、总经理职务，给予农险专员易某降级处理。

2. 案例分析

该案不仅对个人、对保险公司造成巨大影响，也影响了国家惠农富农强农政策的落实。该案发生的原因有以下五点：

第一，监督约束机制严重失效。农险推广、风险勘查、承保、查勘理赔业务和工作经费审核的各环节近乎全流程均由彭某直接操作。其所在公司管理体系中本已分别设置农险渠道经理与农险专员这两个相互制约的岗位，并对费用审批工作采取逐级审核模式，但由于该中心支公司负责人片面重视业务发展，忽视内部控制管理甚至刻意纵容，以信任代替监督的现象非常突出，在日常管理和流程审批中均存在严重失察，导致该公司的农险业务实际沦为彭某的“一言堂”，出现彭某一人身兼多职、操作多个流程节点的失控局面，为滋生造假提供了条件和机会。在长达两年多的时间里，时任农险专员易某由于案件防范意识薄弱，专业能力不强，纵容违规行为持续发生，存在严重的不作为现象，实际沦为替彭某打下手的角色，完全没有起到审核把关和监督制衡的作用，反而间接成为造假的帮凶。

第二，基础管理工作不到位。该案中一系列虚假行为的发生，主观上是由于相关岗位员工缺乏责任心、法律意识淡薄、未严格执行公司“两核”制度要求、缺少合规风险意识、执行力层层递减，客观上是由于农业保险本身具有特殊性，参保品种多、地域广，保险公司现有人力、物力难以有效满足工作需要，更多是依托基层农牧站的协助，依靠各村协办员来完成相关资料的收集和数据审核。其间，人员结构复杂、操作环节繁多，增大了管理难度，加上个别乡镇干部内外勾结、联手作案以及保险公司自身验标、查勘工作不到位，给了不法分子可乘之机。

第三，自查整改工作流于形式。该保险公司长期以来存在“重业务、轻合规”的错误思想，在开展的各项自查整改、上级公司组织的检查督导以及外部风险评估中都流于形式，仅仅停留在对基础数据资料不完整、不真实的补充和订正层面。上级保险公司在进行监督检查时也同样局限于查看系统数据、电话回访等传统方式，在外出风险勘查和对现场照片等资料的真实性查验方面缺乏有效的技术手段，特别是在遇到内外勾结的情况时更是难以有效甄别。

第四，审核工作缺乏大数据思维。在“两核”工作垂直管理的模式下，一般的线性审核更偏向于所在环节的质量审核，缺乏对整体流程有效的评估和校验以及对批量数据进行真实性、合理性比对。此外，上级保险公司缺乏必要的事后复检机制，也没有定期进行现场查访，在数据群体穿透式检查中所能发现的风险往往被湮没在个体数据的考量中。

第五，制度机制不够健全。该保险公司在“两核”、费用审批等流程设计方面也存在一定的重形式、轻实质问题，对于机构层面的不履职、代履职现象缺乏有效的监控，而日常的培训教育也大多停留在文件宣传引导层面，没有真正入脑入心，导致表面上层层管控但实际上可以轻松绕过。此外，该保险公司前期在软硬件设施方面也缺乏必要投入，包括照片的重复校验和实时录入系统功能、测亩仪和无人机等新科技应用、专业人才队伍建设、基层服务体系等方面欠账较多，在对标同业公司均与时俱进的大环境下，风险不断累积。

（二）案例二：保险诈骗案

1. 案例基本情况

2017 年 1 月，某保险公司销售人员在为客户包某整理保单时，发现一份保单存在异样。保险公司经初步核查，发现该保单系离职人员郭某伪造后立即向公安机关提供了案件线索，并协助受害人向公司机关报案。法院判决书显示，2015 年 12 月至 2016 年 4 月，郭某通过伪造保险合同、虚构趸交保费、整合合同的事实，让客户包某通过 POS 机刷卡向其支付“保费”共 3 次 4 笔，金额 55 万元。同时，郭某还谎称为客户包某代办保险，取得包某的银行卡和密码，将包某在保险公司的 20 万元保险的退保金 87 021. 33 元骗走，涉案金额共计 63. 7 万元，郭某的上述行为构成诈骗罪。法院依法对郭某予以严惩。

2. 案例分析

郭某通过伪造保险合同、虚构趸交保费、整合合同的事实骗取客户保险费，并谎称为客户代办保险取得客户银行卡和密码，采取虚构事实、隐瞒真相的方法骗取客户“保费”和已投保险的退保金，并将所骗资金全部挥霍耗用。该案发生的原因包括以下四点：

第一，退保流程不规范。按照该保险公司的规定，业务员上门为客户办理退保需要有两名内勤人员一起上门陪同进行监督并出具情况说明。该案中，内勤人员并未实际上门就在情况说明上签了字，致使营销人员郭某顺利办理了退保手续，骗取客户退保金额 8 万余元。因此，该保险公司退保流程存在不规范和管理漏洞。

第二，岗位人员案防意识差、制度执行不力。通过对退保办理流程梳理，经办人员对该保险公司的退保实务管理规定掌握不准确，反映出该保险公司员工对规章制度学习不到位、执行不到位，风险防控意识淡漠，缺乏案件防控警觉性。

第三，对营销人员日常管理存在缺失。该保险公司对营销人员的合规培训仅停留在相关法律法规、规章制度的表面宣传引导上，未将依法、依规开展业务的理念根植于营销人员的内心。该保险公司未把好入口关。经排查发现，郭某曾在多家保险公司频繁办理入职、离职。经司法调查发现，郭某在入该保险公司前就有不良嗜好。

第四，客户本人缺少必要的防控意识。客户轻易将本人的银行卡和密码交予他人毫无戒备之心，为郭某骗取“保费”和退保金大开方便之门。

（三）案例三：职务侵占案

1. 案例基本情况

2011 年 8 月至 2012 年 9 月，谢某作为某寿险公司某中心支公司总经理，在业务经营管理过程中，利用职务之便，指使其下属内勤人员何某，以公司客户经理王某、蒋某、张某的名义，伪造三人工作支出的“中支方案价款”财务票据，虚报费用上万元。事后，谢某将上述款项占为己有，并用于个人日常消费和炒股使用，其犯罪行为构成职务侵占罪。谢某被判处有期徒刑 3 年，缓刑 4 年。案发后，谢某将涉案款项全额退还给被害单位。某寿险公司内部给予谢某解除劳动合同关系的处分；给予该中心支公司警告处分，并取消其当年度各类评优评奖资格。

2. 案例分析

谢某作为某中心支公司的高级管理人员，利用职务之便套取费用，侵占公司的财务资金，除了本身没有抵住金钱的诱惑、丧失理想信念外，公司内部控制机制也存在以下缺陷：

第一，各级审核把关不严。财务人员在审核业务经营费用过程中，未对业务的真实性、合法性、有效性进行实质性核实，为作案人员通过虚列业务费用骗取公司资金留有可乘之机。

第二，稽核审计的第三道防线未充分发挥作用。保险业务主要集中在各中心支公司开展。在各机构创造业务价值的同时，谢某所在寿险公司稽核审计第三道防线未有效布防落实，检查力度不够，问题未得到充分暴露。

第三，管理人员法治意识淡薄。谢某所在寿险公司内部未有效形成反腐倡廉、诚信合规的清廉金融文化，对管理干部的合规教育停留在纸上，个别管理人员法治意识淡薄，为谋取个人利益而不顾个人前途与公司利益。

二、案例小结

案件风险是外部经济金融环境与行业各类违法违规风险因素交织形成的一种综合风险，是各类违法违规行为积累到一定程度的集中表现。保险案件风险涉及公司治理、承保、理赔、财务核算及资金运用等各个方面，不仅侵害保险消费者利益、侵蚀保险机构经营效益，而且破坏正常的保险市场秩序、损害保险行业形象。加强保险行业案件风险防控，对打好防范化解重大风险攻坚战、促进保险行业可持续健康发展具有十分重要的意义。

监管人员要不断加强学习，透过案件看本质，保持打赢防范化解重大风险攻坚战的信念，以更积极的态度和更有效的措施去推动案件的处置工作。保险从业人员要时刻紧绷法治这根弦，防微杜渐，切实履行好合规文化建设的主体责任，从公司理念、业务流程、制度建设、技术工具、合规文化等方面全面推动风险防控工作更上一个台阶，坚决把合规执行力落实到业务操作的各个环节中去。

第十章

清廉金融与证券业安全

第一节　证券业的发展与监管

一、证券业的发展

1987 年 9 月 27 日，深圳经济特区证券公司于深圳市正式成立，其为 12 家当地金融机构联合成立，从此我国证券业序幕正式拉开。

经过 30 多年的发展，同时伴随着改革开放的大潮和全国资本市场的发展，中国证券业锐意进取，开拓创新，机构规模不断壮大。证券业不断发挥其功能与效用，为我国近几十年来经济社会的快速发展贡献了重要力量。截至 2020 年 3 月末，我国共有证券公司 132 家。

中国证券业经历了一个从弱小到壮大、从无序到有序、从本土化到国际化的过程，这种发展过程是具有中国特色的。不同于西方国家的自发式演变，中国证券业和资本市场的发展是围绕着企业改革和经济转型这一主线展开的。

按时间发展顺序，中国证券业发展可以大体分为 5 个阶段。

（一）1984—1998 年：基础建设阶段[①]

伴随着改革开放的浪潮，这一阶段先后诞生了中国第一只股票、第一家证券公司、第一笔柜台交易，此外还有集中交易市场的形成、监管部门的成立、相关法规的发布等标志性事件。

1984 年 11 月，飞乐音响公开发行了我国第一只股票，由中国工商银行上海信托投资公司代理发行，发行市场开始形成。

1986 年 9 月，沈阳信托投资公司作为全国先行者，首先开创了股票柜台交易，中国工商银行上海分行信托投资公司静安证券业务部也紧随其后开展股票柜台交易业务，这标志着我国二级交易市场逐渐形成。

1988 年，上海先后成立海通证券、万国证券和振兴证券 3 家证券公司。1990—1991 年，上海证券交易所（以下简称“上交所”）和深圳证券交易所（以下简称“深交所”）先后开业（二级市场开始进入集中交易时期）。

① 涛动宏观. 券商行业与全部 138 家券商分析手册［EB/OL］.（2021-01-25）［2021-07-10］. mp.weixin.qq.com/s/evbZ9cJ22Gw-ugvvzHy9YQ.

1991 年 8 月 28 日，中国证券业协会于北京正式成立。1992 年 10 月，国务院证券委员会和中国证监会也先后成立，这预示着中国证券业真正进入了基础设施建设不断完善的阶段。

1995 年 5 月，《中华人民共和国商业银行法》出台；1998 年 12 月，《中华人民共和国证券法》出台，标志着我国的金融业正式由混业经营进入分业经营的阶段。

这一时期我国的证券业务分散于中国人民银行各地分行、商业银行证券业务部、信托公司证券业务部、财务公司、保险公司以及财政系统等，从事证券业务的证券公司只是其中一部分。

（二）1999—2005 年：乱象整治与股权分置改革阶段

资本市场形成的最初 10~15 年时间，恰逢亚洲金融危机。中国加入世界贸易组织后的一系列举措（如 2002 年实施的浮动佣金制、一些合资券商和基金公司相继设立等）以及 2001—2005 年的漫长“熊市”（这四年时间中国券商行业呈现全行业亏损的局面）等一系列环境的变化，导致之前隐藏的一系列风险（如非法挪用资金、违规对外担保、非法融资、非法委托理财、账外自营、违规市场操纵等）也开始逐步暴露。2001 年甚至对股市的发展道路还产生了争论。

2004 年 1 月，《国务院关于推进资本市场改革开放和稳定发展的若干意见》（以下简称“国九条”）正式出台，国务院明确 2004 年 8 月至 2017 年 8 月证券业进入综合治理并实施分类监管的阶段，当时处置了 31 家高风险证券公司，并在客户资金的三方存管、从业人员的资格管理以及信息披露制度等方面进行变革。

2005 年 5 月，我国开始推动股权分置改革，并于 2006 年年底基本完成。

2005 年 7 月，中国证监会制定出台《证券公司综合治理工作方案》。2005 年 10 月修订后的《中华人民共和国证券法》施行，不再将我国证券公司分为经纪类与综合类两类，进一步构建以净资本为核心的监管指标体系。

（三）2006—2011 年：资本市场改革逐步推进阶段

在经历 2001—2005 年的低潮期后，中国股市于 2006 年步入了快速上涨的“牛市”通道，但在 2007 年遇到全球金融危机而终止，并在之后的长达十年时间里没有明显起色。不过这一时期资本市场改革进程并没有停止，特别是 2008 年中国证监会和世界银行在对中国资本市场进行全面评估后出版了《中国资本市场发展报告》，为后续的资本市场改革提供了借鉴。

2004 年 5 月，经国务院批准，中国证监会正式设立中小企业板。2006 年 1 月，中关村科技园区股份公司作为首个正式试点企业，开始进入代办股份转让系统进行交易。2006 年 9 月，中国金融期货交易所正式成立。

2006 年起，全流通模式下的新股发行制度得到了调整，主要制度变动有大型企业境内外同时发行上市以及加入超额配售选择权、战略投资者。

2007—2009 年，中国证监会开展了为期 3 年的“上市公司治理专项活动”。

2009 年 6 月，中国证监会启动新一轮新股发行体制改革，完善询价和申购机制，优化网上发行制度安排，重视中小投资者的参与意愿，加强风险揭示，同时取消了对新股定价的窗口指导。

2009 年 10 月 30 日，创业板（又称第二股票交易市场）正式设立。

2010 年 3 月 31 日，中国证监会正式启动我国证券公司融资融券业务试点工作。2010 年 4 月 16 日，我国股指期货合约正式上市流通交易，当日股指期货也同期正式推出。

（四）2012—2017 年：券商创新大会推动下的探索创新发展阶段

2012 年 5 月，证券公司创新发展研讨会后，我国券商开启了“全面创新之路”。2014 年，第三届券商大会召开，放松行业准入限制、实行业务牌照管理、延伸融资渠道、施行双向开放和拓宽基础性功能 5 方面推进举措于会上相继被提出，我国证券业创新改革进程进一步深化。经历了一系列的创新举措后，我国证券机构在承销保荐、传统经纪业务和自营业务之外，又新增了资产管理、私募股权、融资融券、转融通、质押式回购业务、现金管理、“新三板”业务等业务类别。受此影响，券商行业纷纷借助其资管子公司渠道，大量开展通道类业务（定向资管占比在 85%以上），券商的创新意识不仅没有增强反而被抑制，真正的资管和投行类业务反而停滞不前。

（五）2018 年至今：新一轮资本市场改革大幕徐徐拉开阶段

始于 2017 年的严监管让部分打着创新旗号的“伪创新”业务面临严重冲击，券商行业净利润在 2016—2018 年连续三年大幅下滑，券商资管规模急速萎缩。同时，这一时期新一轮资本市场改革再次成为国家战略，如注册制全面推行、新修订的《中华人民共和国证券法》正式实施、投资者权益保护力度显著加强、打造航母级券商成为主要方向、“新三板”和创业板深化改革、再融资政策约束显著放松、退市制度全面确立、科创板出台等。可以说新一轮资本市场改革已经达到一定高度，后续将进一步在注册制、完善上市公司治理、提高上市公司质量、加强信息披露、规范退市制度、加强投资者保护、培养中长期投资者、开放各类资产管理产品进入资本市场渠道等方面加大力度。

经过 30 多年的发展，中国证券业在中国特色社会主义事业建设中发挥了重要作用。第一，证券业以重组这一途径促进更多公司扩大规模、组合重整。相当一部分上市公司已成为各自行业的领军者，同时这些上市公司在自身风险控制能力、组织治理结构以及公司文化建设等方面都有了质的提高。第二，证券业提供了多元丰富的金融投资工具，扩大了投资的多样性，有利于金融业的整体进步。第三，证券业给外资在国内投资铺垫了良好的条件。第四，证券业发挥了资源配置的功能，帮助企业发展进行巨额资金的筹措，从而进行社会经济资源再分配。

目前，我国经济正处在经济发展方式转变、经济结构不断优化的重要时期。建设现代化经济体系，实施创新驱动国家战略对资本市场提出了更高的要求。证券公司作为资本市场的“第一线”、资本市场的“节拍器”，肩负着重要的责任。展望未来，我国证券业应该多管齐下，全方位加强服务实体经济的能力，重点做好以下工作：加快资本市场基础制度建设，以制度创新提升证券业核心竞争力；稳步推进资本市场深化改革，促进证券业高质量创新发展；增强忧患意识，提高防控能力，防范化解重大风险；持续弘扬“合规、诚信、专业、稳健”行业文化，增强证券公司责任能力建设。

二、证券业的监管

中国证券市场监管的发展见证了我国证券市场的进程与发展，其每一次制度创新的背后都是金融监管从业者辛勤的汗水。资本市场经历了不断的深化改革与创新，我国证券市场监管体制也经历了“从分散监管到集中监管，由地方监管到中央监管”的历史变迁。我国证券业监管体制的演变过程大致可分为以下三个阶段：

第一阶段，1980—1991 年，证券业监管起步阶段。在这一阶段，我国证券市场处于起步状态，股票发行仅限于少数的试点企业。1990 年，国务院分别于上海、深圳两地设立两大证券交易所，这两个地区的一些股份制公司开始进行股票公开发行与上市交易的试点。总体来说，当时中央政府仅在宏观层面进行协调与指导，整个证券业监管体系处于萌芽阶段。

第二阶段，1992—1998 年，全国证券业统一监管体系正式形成。1992 年，少部分注册地位于上海、深圳以外的股份制公司开始到上海、深圳两家证券交易所上市。在这一阶段，我国证券市场的监管主要由上海、深圳两地的地方政府单独负责。其间一些有关股份制公司证券交易的地方性法规也相继出台，地方证券市场监管部门也得以建立。国务院决定成立国务院证券委员会和中国证监会，负责对全国证券市场进行统一监管，标志着我国证券市场统一监管体制开始建立。国务院证券委员会是国家对证券市场进行统一宏观管理的主管机构；中国证监会则是国务院证券委员会的监管执行机构，依照法律法规对证券市场进行监管。

第三阶段，1998 年 8 月至今，证券业监管体系进一步完善。1998 年，国务院证券委员会被国务院正式撤销，其职能由中国证监会统一行使，同时中国证监会被指定对地方证券管理部门实行垂直领导，集中统一的监管体系全面形成。

根据《中华人民共和国公司法》《中华人民共和国证券法》《证券公司监督管理条例》等相关法律法规的规定，中国证券业形成了以中国证监会依法进行集中统一监督管理为主、证券业协会和证券交易所等自律性组织对会员实施自律管理为辅的行业管理体制。依照法律法规和国务院的规定，作为国务院直属正部级事业单位，中国证监会统一监督治理我国证券期货市场，维持证券期货市场秩序，保证其合法运行。证券业良好生态的全面构建离不开清廉金融建设。廉洁从业是提升企业自身软实力和核心竞争力的重要因素，因此证券行业相关机构应将廉洁从业理念融入企业文化以及公司发展过程中。当前，在推进证券基金行业清廉金融建设背景下，各证券经营机构需要不断增强文化自信，尤其是摈弃“围猎”文化，以抓好廉洁从业规定落实为契机，推进证券业清廉金融建设，持续加强廉洁从业内部控制体系建设，坚守廉洁底线，促进资本市场生态不断向好发展。

第二节　证券业的清廉金融建设分析

一、识别证券业常见的腐败风险

（一）证券业务中违纪违法行为

证券业作为金融业的重要组成部分，与金融业的发展息息相关。我国证券业经过30多年的发展，市场机制和相关法律法规越来越完善。证券业是清廉金融建设的重要主阵地之一，由于证券业资本高度集中等行业特点，腐败问题在证券业中不容小觑。

在证券业不断向前发展的过程中，整个行业的风气与腐败风险一直是监管层面的关注焦点。中国人民银行研究局原局长谢平等专家曾共同研究提出了中国金融腐败指数，该指数显示中国证券业腐败问题一直存在。我国相关部门一直严厉打击证券业腐败行为，规范行业秩序。这一方面体现了中央一贯坚持的反腐败无禁区、全覆盖、零容忍、无死角的态度，另一方面也体现了反腐败正在向纵深领域拓展。尽管我国证券业已先后出台多项政策法规对相关违法违纪行为进行规范和约束，但违法违规和腐败行为在证券业仍时有发生。我们可以从证券业的反腐情况中了解到这些年证券业的部分违法行为，以下是证券行业相关腐败案例。

2015年6月20日，中国证监会发行监管部原处长李某某的妻子被查实进行了非法股票交易。根据相关法律法规的规定，中国证监会对李某某作出行政开除处分，此外其还涉嫌职务犯罪，被移送司法机关处理。2015年8月7日，中国证监会投资者保护局原局长李某被查实未遵守廉洁自律规定，私下收取贿赂，此外其借用职务之便给他人提供服务，非法收取钱财。之后李某被“双开”，其涉嫌犯罪问题被移交给司法机关进行处理。2015年9月16日，中央纪委网站公布，中国证监会原主席助理张某某因为涉嫌严重违纪，接受上级组织审查。

不仅有中国证监会工作人员受到查处，证券机构的反腐风暴也未停息。2015年9月15日晚间，中信证券发布公告：中信证券总经理程某某因涉嫌内幕交易、泄露内幕信息被公安机关依法要求接受调查。加上2015年8月底被查的公司董事总经理徐某等8人，中信证券当时的核心决策层已有半数成员被查。2015 年的腐败情况只是这些年以来证券业腐败现象的冰山一角。在证券业不断发展的过程中，所牵扯的利益方越来越多，腐败现象也在滋生。

2017 年 3 月，李克强总理在国务院第五次廉政工作会议上的讲话中指出“对个别监管人员和公司高管监守自盗、与金融大鳄内外勾结等非法行为，必须依法严厉惩处、以儆效尤”。李克强总理的讲话以及同期众多证券业高层被审查，表明党的十八大之后的证券业反腐行动将进一步深化。

党的十九大之后，整个金融行业内的反腐行动持续推进，证券业落马高管数量也保持增加态势，“加大金融领域反腐力度，对存在腐败问题的，发现一起坚决查处一起”，习近平总书记在中国共产党第十九届中央纪律检查委员会第三次全体会议上的讲话萦绕耳旁。一个个证券业贪官的落马，昭示着我国政府整治行业腐败、保护投资者的决心。

（二）腐败行为发生的原因

证券业腐败行为高发的主要原因可以分为内部与外部两方面。

证券业内部诱惑多、利益多。公司、机构或个人容易利用证券业复杂度高、透明度相对较低的特点开展腐败活动，市场操纵、违法违规减持、短线交易、财务作假以及违规信息披露等行为频繁出现。除此之外，有效内部控制的缺乏仍然是我国相当一部分证券经营机构所面临的不容忽视的问题。

此外，外部诚信体系建设不足也是我国证券业面对的一大问题。行业从业人员的声誉、品德、个人作风以及录用、入职、晋升等的约束、激励机制作用没有充分发挥，因此各种腐败手段也更加隐秘而难以被监管发现，这也是诱发证券业腐败案件发生的主要原因之一。

二、证券业打击腐败行为的措施

监管持续保持高压态势，才能有效保证我国证券业市场稳步发展、全面发展、良性发展。我国一直高度重视打击证券业腐败行为，2020 年 3 月 12 日发布的《证券经营机构及其工作人员廉洁从业实施细则》就从内部控制机制、廉洁从业要求、自律管理等多个维度对证券从业人员廉洁从业进行了规范与约束，通过开展法规培训、案例警示和现场检查，联合纪检监察、司法机关等共同打击违法违规违纪行为，督促证券经营机构加强内部管控、提高执业质量，推动新时代证券业规范发展。

要抑制证券业腐败行为，建设清廉金融，可以从以下三个方面入手：

第一，理性看待目前我国证券业反腐局面。党的十八大以来，以习近平同志为核心的党中央全面加强党的领导，全面加强党的建设，全面从严治党，在治理腐败方面取得了重大成果。但在金融行业，反腐败斗争形势依然严峻，管党治党与金融反腐还任重道远。

第二，强化证券业党的集中统一领导，深化行业的公司治理。当前，证券机构保持着多方位监督的工作架构，包括党内监督、治理监督、内部控制监督、合规监督等，各类监督力量较为分散，且各谋其位、各司其职。基于这种情况，证券业需要进一步强化党的集中统一领导，完善企业监事会建设，保证监事会独立履职，充分运用人工智能、大数据等先进技术手段，强化对金融腐败的监督预警，及时发现问题、处理问题。

第三，建立自律与诚信建设长效管理机制。证券业要制定行业行为规范，进一步强化制度建设，切实提升行业自我约束、自我管理、自我教育、自我服务的能力，进一步完善行业信用信息管理平台和诚信评价体系。证券业应强化对证券从业人员的培训教育，努力提高证券从业人员对证券法律法规的认识、理解和执行水平，使证券从业人员进一步坚持职业操守、合规意识，提高服务水平，促进行业自律。证券业需要定期组织清廉金融文化教育活动，提升从业人员的文化素养，形成廉洁文化软约束，从源头杜绝腐败行为滋生。同时，证券业应加强舆论宣传，引导社会各界关心、督促、支持清廉金融建设活动。

第三节　清廉金融对证券业的重要意义

一、清廉金融建设有助于营造良好的行业生态

证券业历经 30 多年的发展，行业规模不断扩大，从业人员队伍不断壮大，取得了很多进步，但也积累了许多问题。随着证券业法律法规的不断完善①，整个资本市场正在发生深刻的变化，这些深刻的变化将推动资本市场、证券市场良性和高质量的发展，证券业也将形成多层次、多元化的行业

① 例如，注册制改革、常态化退市、投资者保护等各项改革政策逐步落地。

生态和航母级券商领跑的格局。证券业应该妥善应对各种挑战，化解各种风险，创造新的优势，为打造中国经济的“升级版”助力。

当前证券业已经进入改革转型攻坚年，改革转型是挑战也是机遇。未来券商业务升级将遵循轻重并举路线：财富管理、投资银行、资产管理等轻资产业务将驱动资产回报率提升；融券业务，权益类投资，固定收益、外汇和大宗商品业务、衍生品等重资产业务有望驱动权益乘数提升，顺利转型的券商有望实现净资产收益率上行。在此过程中，证券业生态的复杂性意味着监管难度的增加。从实践来看，一个良好的生态包括经济、政治、文化和社会等各个方面，这种生态的发展是长期的和动态的。一个生态要实现良性的可持续发展，仅靠“填补漏洞”是不够的，只有生态内部建立稳定的、获得一致认可的秩序，才能为整个生态带来源源不断的发展动力。这个秩序便是清廉金融文化。清廉金融建设的核心是解决好金融从业人员的世界观、人生观、价值观这个“总开关”的问题，只有在行业中形成清廉金融的文化约束，才能潜移默化地为营造良好的行业生态持续注入动力。

二、清廉金融建设有助于树立证券业的清廉风气

清廉金融是一种价值观念、价值选择和行为方式，是金融从业人员可以践行的从业准则，对于打造良好的金融生态，净化证券业风气，具有重要的意义。在经济发展方式快速变化的今天，中国金融业担负着更加神圣的使命，确保金融队伍的纯洁与稳定，是习近平新时代中国特色社会主义思想赋予清廉金融建设的一项重要任务。

习近平总书记指出：“要加强反腐倡廉教育和廉政文化建设，督促领导干部坚定理想信念，保持共产党人的高尚品格和廉洁操守，提高拒腐防变能力，在全社会培育清正廉洁的价值理念，使清风正气得到弘扬。”清廉金融文化是一种“软约束”，但是它不仅仅是一种道德文化，更是一种法治文化。清风化雨、润物无声，证券业清廉金融建设要不断增强从业人员的廉洁意识和加强职业道德建设，创新教育载体，营造廉洁氛围，改良金融系统的政治生态，防范金融领域违纪违法犯罪行为的发生。

文化是民族生存和发展的重要力量，是民族的“根”与“魂”。清廉金融文化是社会主义先进文化的重要组成部分，是广大金融工作者追求以清为美、以廉为荣价值取向的集中体现。大力推进清廉金融建设，对回应人民群

众关切、提高金融服务实体经济水平、提高金融干部拒腐防变能力、树立金融从业人员清正廉洁意识，具有十分重要的现实意义。

第一，加强清廉金融建设是贯彻落实习近平新时代中国特色社会主义思想的必然要求。习近平总书记在党的十九大报告中提出要“弘扬忠诚老实、公道正派、实事求是、清正廉洁等价值观”。这一看似寻常的论述，明确把“廉洁”与价值观紧密联系在一起，郑重提出弘扬清正廉洁等价值观，体现中国共产党坚持思想建党的高度自觉和政治定力，深化了对中国共产党执政规律和社会主义建设规律的认识。相较于“廉洁政治”“廉洁文化”“廉洁理念”等概念，“廉洁价值观”更具系统性、哲理性和指导性，是马克思主义党建理论和道德学说在当代中国的创造性运用与发展。

第二，从证券从业人员来看，通过全面推进清廉金融建设，进一步强化证券业金融机构及从业人员宗旨意识和社会责任意识，将清廉金融文化内化于金融从业者的内心，才能将廉洁外化于行。从证券业运行的功能上讲，加强清廉金融建设，一定程度上避免了证券业市场违法违规的操作、首次公开募股发行腐败等不良现象，从而维护了良好的金融政治生态。

第三，自古以来，腐败、勾结都是为人们所反感、厌恶乃至憎恶的，是引起不满和矛盾的火药桶，阻碍了人际和谐和社会和谐。习近平总书记指出：“金融是国家重要的核心竞争力，金融安全是国家安全的重要组成部分，金融制度是经济社会发展中重要的基础性制度。”近年来，金融系统大案、要案时有发生，给社会造成一定的不良影响。根据不完全统计，仅2019年全国纪检监察机关就立案审查调查金融系统违纪违法案件6 900余件。作为金钱和权力深度纠缠、利益和资源相对集中的“高地”，证券业的腐败案件往往涉案金额更大，并且这类腐败案件极具复杂性和隐蔽性，使得市场无法有效发挥资源配置作用，反而成为资本大鳄巧取豪夺的工具。深入全面地推行清廉金融建设，可以引导各金融机构及其从业人员主动融入国家发展规划和地方经济发展规划，推动证券机构落实好服务实体经济、防控证券风险、深化社会发展改革任务，保持证券业的稳健运行，继续发挥证券、金融在国民经济中的重要作用。

从查处的违纪违法案件来看，证券业作为中国金融体系的重要组成部分，涉腐案件影响相对较大。金融腐败造成的损失具有杠杆效应，几百万元的利益输送可能造成数亿元国有资产流失，诱发的金融风险会扩散到实体经济，导致一系列连锁反应，给金融安全、市场稳定造成严重不良影响。对此，在金融系统加强清廉金融建设，有助于净化金融政治生态，确保金融事业稳健发展。

第四，全面深入推进清廉金融建设，进一步推进证券机构与监管部门之间构建“亲”“清”监管关系，全面落实非公务交往、“零物质往来”等要求，营造风清气正的氛围，真正让证券业成为公平交易的平台。

清廉金融建设是新时代背景下中国金融治理体系现代化的现实需要，是营造风清气正金融从业氛围和优良金融政治生态的迫切要求，是金融行业反腐倡廉斗争的一项系统工程，需要全社会共同参与、共同监督、共同配合，方能奏效。就此而言，清廉金融建设任重道远。

第四节　证券业案例分析

一、证券发行与财务造假腐败案例

从近年查处的案件情况来看，腐败问题较为突出的主要在股票发行审核领域。相关案件涉案金额较大，时间跨度较长，涉及较多企业和市场参与者；违纪违法行为也较为隐蔽，发现难、查处难。随着市场和产品不断创新，证券审批监管领域的腐败方式也更加复杂多变，给腐败查处工作带来了新的挑战。本书选取了若干具有代表性的证券业反腐案例来说明在证券业中存在的典型腐败和违规行为，以说明清廉金融建设的必要性，并起到警示教育读者的作用。

（一）案例一：财务信息造假案[①]

1. 案例基本情况

某科技股份有限公司通过虚构客户和业务、伪造合同等方式虚增收入和利润，骗取上市核准。上市后，该公司虚增报告期 2014 年利润约 8 049 万元、虚增银行存款约 2.18 亿元、虚列预付工程款约 3.1 亿元。通过调查，2018 年 3 月，中国证监会依法对该公司及相关责任人员作出行政处罚。2018 年 6 月，中国证监会依法将相关人员涉嫌欺诈发行等犯罪问题移送公安机关。2018 年 8 月，中国证监会依法对负责该公司财务报表审计的某会

① 中国证券监督管理委员会. 2018 年证监稽查 20 起典型违法案例［EB/OL］.（2019-01-11）［2021-07-10］. csrc.gov.cn/pub/newsite/jcj/aqfb/201901/t20190116_349889.html.

计师事务所进行处罚。

2. 案例分析

该案例属于典型的信息披露不实的案件。该发行人在证券发行过程中伪造业务、伪造合同虚增利润，财务造假，严重违反《中华人民共和国证券法》信息披露相关规定，严重破坏市场诚信基础。

（二）案例二：私募股权投资腐败案

1. 案例基本情况

所谓私募股权投资（PE）腐败，具体表现为两种形式：一是利用重组上市公司财务顾问的角色，自身或关联人在二级市场提前买入股票，高位套现；二是利用承接首次公开募股项目的便利性，在项目上市前通过关联人入股，在上市后套现。某证券公司 PE 腐败案毫无疑问就是这两种形式的结合。自 2001 年以来，李某某（某证券公司投行四部原总经理）通过其妻及设立公司等方式，参股已上市公司甲科技 6 万股、乙科技 65 万股以及准上市公司某股份有限公司 100 万股。经测算，李某某总投入不足 143 万元，但是按照市值测算，李某某及其妻的股份金额已经高达 3 200 万元，李某某通过隐蔽的方式间接持股保荐项目，投资回报率高达 20 倍，获得了巨额的利润。

2. 案例分析

李某某 PE 腐败一案，是典型的保荐人员违反《证券发行上市保荐业务管理办法》第六十九条相关规定的案例。该办法明确规定，保荐代表人本人及其配偶持有发行人的股份，中国证监会可以采取认定为不适当人选的监管措施；情节严重的，对其采取证券市场禁入的措施。由此也能看到，针对证券从业人员通过隐蔽方式间接持股的问题，证券监管部门该如何监管、如何通过有效的方式完善信息披露，预防此类 IPO 腐败，更是证券业预防腐败的重中之重。

（三）案例三：上市公司虚假信息披露案

1. 案例基本情况

某药业股份有限公司披露 2016—2018 年财务报告存在重大虚假。2019 年 4 月 28 日，某药业股份有限公司第八届董事会第二次会议审议通过了《关于前期会计差错更正的议案》。总体来说，一是由于公司采购付款、工程款支付以及确认业务款项时的会计处理存在错误，造成公司应收账款少记、存货少记、在建工程少记、使用虚假银行单据虚增存款；二是部分资金转入关联方账户买卖本公司股票；三是通过伪造业务凭证进行收入造假。2014—2018 年，某证券公司参与该药业股份有限公司的多个融资项目，包括非公开发行优先股项目、公司债券项目。在持续督导的过程中，该证券公司未勤勉尽责，未充分进行尽职调查，缺乏应有职业审慎，缺乏完整合规的内部控制。最终，中国证监会对该药业股份有限公司实控人马某某夫妇分别处以 90 万元的顶格处罚，对其采取终身证券市场禁入措施；对该证券公司采取暂停保荐机构资格 6 个月、暂不受理债券承销业务有关文件 12 个月的处罚。

2. 案例分析

该案是一起典型的上市公司虚假进行信息披露的案件。该案例中的上市公司主体肆意妄为，未如实披露财务报告的相关信息，对资本市场产生重大不良影响。一是虚假进行信息披露影响资本市场发展。信息披露制度是资本市场健康发展的基石，是维护投资者的重要保障。虚假的信息披露，扰乱了资本市场的秩序。二是虚假进行信息披露触碰诚信的底线和法律的底线，给市场传递错误信息，影响投资者的独立判断。

为坚决遏制证券发行等事件中腐败行为的发生，中央纪委国家监委驻中国证监会纪检监察组持续监督执纪问责，狠抓证券上市、审批监管领域的各类腐败问题。一是持续高压、以零容忍的态度惩治腐败。二是对重要部门、关键岗位开展监察。近年来，证券市场不少案件都是通过“结构化产品”“股份代持”等较为隐蔽的方式进行利益输送的，这类腐败现象给监管带来一定困难。中国证监会围绕堵漏洞、补短板，有效强化不能腐的制度机制，重点对监管审批工作程序、过程留痕、回避情况等进行全面倒查。监察整改工作期间，中国证监会系统累计建立健全各类制度 192 项。三是围绕标本兼治，狠抓干部思想政治工作和审批监管领域的政治生态建设，增强监管人员的“四个意识”。

二、证券内幕交易案例

内幕交易是一种典型的证券交易欺诈行为，是指证券交易内幕信息知情人或通过非法手段获取不知情信息，在内幕信息公开之前买卖相关证券，或者泄露信息，或者建议他人或利用他人账户进行证券交易的行为。一般来说，判断是否属于内幕交易行为应关注三个要件：一是行为主体为内幕人；

二是相关信息为内幕信息；三是行为人或内幕人在内幕信息的价格敏感期间内买卖相关证券，或者建议他人买卖相关证券，并且获取相关利益或巨额利润。符合上述要件的，一般可以认定为内幕交易行为。

根据中国证监会于 1996 年 11 月出台的《中国证券监督管理委员会关于严禁操纵证券市场行为的通知》中对于操纵市场行为的界定，证券市场中的操纵市场行为大致分为 10 类，具体包括：通过合谋或集中资金操纵证券市场价格；以散布谣言、传播虚假信息等手段影响证券发行、交易；为制造证券的虚假价格，与他人串通，进行不转移证券所有权的虚买虚卖；以自己的不同账户在相同的时间内进行价格和数量相近、方向相反的交易；出售或要约出售其并不持有的证券，扰乱证券市场秩序；以抬高或压低证券交易价格为目的，连续交易某种证券；利用职务便利，人为压低或抬高证券价格；证券投资咨询机构及股评人士利用媒介及其他传播手段制造和传播虚假信息，扰乱市场正常运行；上市公司买卖或与他人串通买卖本公司的股票；中国证监会认定的其他操纵市场的行为。

公开、公平、公正的“三公原则”被称为资本市场的基石。内幕交易行为在证券信息初期或持续未披露的情况下进行交易，违反公开原则。凭借特殊地位、便利渠道获取信息，违反公平原则。内幕交易使得少数交易者凭借其特殊地位获得利益，使广大投资人遭受损失，违反公正原则。

内幕交易信息传播速度快、传播范围广，严重损害广大投资者的信心，给整个证券市场带来了恶劣的影响。如果证券市场充斥着内幕交易，市场上的普通投资者的投资将不会建立在理性的投资决策上，而是通过“裙带关系”获取内幕信息，扰乱正常的公平交易的市场秩序，导致投资者丧失信心，证券市场筹集资金和优化资本组合的基本功能也会逐渐丧失。当前中国资本市场正处于机遇与挑战并存的转型过程，无论是投资者、上市公司还是监管部门，都期望拥有一个公开、公平、公正的市场交易环境，这对于金融市场的发展是十分重要的。

（一）案例一：公司内部人员泄露内幕信息案①

1. 案例基本情况

宋某与陈某是师生关系，两人曾经合作推动多个并购项目，在业务上的

① 北京证监局. 内幕交易风险警示和案例［EB/OL］.（2018－12－31）［2021－07－10］. htsec.com/jfimg/colimg/upload/20200904/14661599205077819.pdf.

合作非常紧密。陈某了解某上市公司重大资产重组事项的内部信息。在内幕信息非公开阶段，陈某与宋某有过两次电话联系，一定程度上传递了相关的信息，而后宋某控制使用“宋某”“邢某”“张某瑶”账户在该股票停牌前大量买入，在复牌后全部卖出。其交易时间段、交易行为明显异常，经过中国证监会核查，构成内幕交易行为，中国证监会决定对其处以 60 万元罚款的行政处罚。

2. 案例分析

内幕交易是证券市场多发的违法行为，严重破坏证券市场的秩序。内幕交易主体范围十分广泛，除了配偶、父母、子女等亲属关系外，还涵盖同内幕信息的知情人具有师生、同事、同学、朋友等社会关系人员。内幕信息不一定准确，内幕交易也不一定获利，广大投资者需要明辨是非，加强自我防备意识，不能轻易掉进内幕信息的陷阱。

（二）案例二：项目外部参与者泄露内幕信息案①

1. 案例基本情况

2014 年，某基金公司总经理王某向上市公司甲公司推荐乙公司的某项技术，并具体参与了甲公司收购该技术及非公开发行股票的全过程。同月 28 日，三方约定了合作内容。2015 年，甲公司复牌并公告非公开发行股票预案。在内幕信息敏感期内，王某分别与其朋友尚某、妹妹王某玉、妹夫陈某、战友王某仪联络和接触。上述人员大量买入甲公司股票共计 1 019 万余股，成交金额 2 936 万余元，在非公开发行股票阶段非法获利共计 1 229 万余元。

2. 案例分析

证券期货从业人员及上市公司高管、员工应当恪守职业道德，不得主动、被动向第三人透露相关内幕信息。监管部门依法惩治内幕交易违法犯罪，促使内幕信息知情人严格依法履职，维护证券业的健康发展。

（三）案例三：证券从业人员内幕交易案

1. 案例基本情况

2009 年 3 月至 2011 年 8 月，某基金公司债券交易员王某多次登录公司交易管理部查询账号，进而了解了公司股票类基金产品投资信息。王某知悉

① 中国证券监督管理委员会. 2018 年证监稽查 20 起典型违法案例［EB/OL］.（2019-01-11）［2021-07-10］. scrc.gov.cn/pub/newsite/jcj/aqfb/201901/t20190116_349889.html.

内幕消息后，伙同其亲属利用获取的未公开信息进行证券交易。在此期间，王某伙同其亲属所进行的股票交易涉及的股票达 375 只，累计交易金额达 8.78 亿元，非法获利 1 774 万元。2018 年 3 月，人民法院核查，王某等人构成利用未公开信息交易共同犯罪。

2. 案例分析

该案属于基金领域的内幕交易行为。基金从业人员利用从业的便利，伙同亲属进行内幕交易，违反了基金从业人员规范，破坏了基金行业规则，造成了不良影响。

（四）案例四：私募基金从业人员内幕交易案

1. 案例基本情况

刘某某为深圳某基金管理有限公司法定代表人、总经理。2015 年 5 月至 2016 年 5 月，刘某某等人知悉某基金产品的内幕消息，共同控制使用刘某某的证券账户实施“老鼠仓”交易。2018 年 6 月，中国证监会经过核查，决定对刘某某及其关联人进行处罚。

2. 案例分析

该案是一起典型的私募基金领域从业人员的内幕信息交易典型案例。内幕交易不仅发生在公募基金行业中，同时也发生在私募基金行业中。基金从业人员必须增强合规守约意识，不得损害基金投资者的利益。

内幕交易主要是利用信息不对称带来的优势，直接破坏了证券市场的公平、公正、公开原则，《中华人民共和国证券法》等相关法律对此行为是明令禁止的。行为人一旦构成内幕交易，必将受到法律的严惩。

三、操纵市场案例

（一）案例一：个人操纵市场案①

1. 案例基本情况

2012 年 5 月至 2013 年 1 月间，唐某博伙同唐某子、唐某琦使用本人及其控制的数十个他人证券账户，采取频繁申报后撤单或大额申报后撤单的方式，诱导其他证券投资者进行与虚假申报方向相同的交易，从而影响三只股

① 案例一至案例六来源：中国证券监督管理委员会. 2018 年中国证监稽查 20 起典型违法案例 [EB/OL].（2019 - 01 - 11）[2021 - 07 - 10]. csrc. gov. cn/pub/newsite/jcj/aqfb/201901/t20190116_369889.html.

票的交易价格和交易量。2012 年 4 月 24 日至 5 月 7 日，唐某博伙同唐某子、唐某琦采用上述手法操纵某股票，违法所得金额 1 369.14 万余元。2012 年 5 月 7 日至 5 月 23 日，唐某博伙同唐某子、唐某琦，操纵某股票，违法所得金额 425.77 万余元。2012 年 6 月 5 日至 2013 年 1 月 8 日，唐某博伙同唐某琦操纵某股票，违法所得金额 786.29 万余元。

2. 案例分析

该案属于典型的操纵市场案。操纵证券市场行为违法干预证券市场供求关系，破坏自由、公平的证券价格形成机制，损害其他投资者合法权益，严重危害证券市场的健康发展。监管部门必须提高不法分子的违法犯罪成本，增加惩罚力度和震慑力度，让不法分子付出应有的代价。

（二）案例二：公司、个人合谋操纵市场案

1. 案例基本情况

2016 年，某公司拟收购目标公司的控股权，担心收购不成功，与李某某合谋。该公司向李某某提供配资保证金，李某某负责从场外配资并操作账户交易目标公司股票。2016 年 7 月开始，朱某伟通过“王某生”等个人银行账户向李某某及其配资方支付配资保证金。2016 年 3 月 15 日，该公司开始在二级市场买入目标公司股票。其间，其通过多个机构账户与他人账户交易目标公司股票，利用资金优势、信息优势操纵目标公司股票股价，导致股价极大偏离中小板股价指数，对中小投资者产生极大的影响。

2. 案例分析

该案属于典型的上市公司、市场机构与个人进行勾结的案件。上市公司通过资金优势、信息优势让个人有充分买入相关股票的机会，其间不断加大资金杠杆，影响股价走势。此举不是单人的力量可以完成的，是公司实际控制人勾结市场机构合谋操纵的结果。

（三）案例三：操纵国债市场案

1. 案例基本情况

2014 年 9 月 1 日至 2016 年 3 月 31 日，陈某在“国债 1507”等 5 只国债的交易中频繁互为对手方交易，累计对倒 117 次。其对倒均价较中证估值均价最大偏离 14.57%，最小偏离 1.63%。其抬高收盘价，以操纵形成的价格通过国债质押式回购业务超额融入资金，降低融资成本。2018 年 6 月，中国证监会依法对陈某作出行政处罚。

2. 案例分析

该案是一起在交易所债券市场操纵国债价格的违法案件。该行为干扰了市场供需关系，破坏了正常的债券价格形成机制。中国证监会依据规定，依法予以严厉处罚。

（四）案例四："抢帽子"交易方式操纵市场案

1. 案例基本情况

廖某某是知名财经媒体的嘉宾主持，颇受受众青睐。廖某某还经营某应用程序。廖某某在不具有证券投资咨询执业资格的情况下，发布荐股视频，一定程度上积累了名气和受众；同时，利用自身的影响力，在微博、博客上公开评价、推荐股票。廖某某推荐他人买入，并在股价上涨时迅速卖出，谋取短期价差。2015 年 3~11 月，廖某某 46 次操纵了 39 只股票。从整个过程中来说，廖某某摆脱不了哄抬股价的嫌疑。2018 年 4 月，中国证监会依法对廖某某作出行政处罚。

2. 案例分析

该案属于股市"黑嘴"通过"抢帽子"交易方式操纵市场案件。基本操作过程可以概括为向他人荐股，待大额资金流入、股价抬升时，高点套现，谋取利润。

（五）案例五：机构高管操纵市场案

1. 案例基本情况

某投资管理有限公司成立于 2006 年。2014 年 4 月 21 日至 12 月 8 日，该公司实际控制人任某成、任某斌控制和使用公司及其控制的其他公司员工和融资方名义开立的 11 个证券账户，大宗交易买入 16 只股票。其通过操纵手法，高价申报、撤销申报，使得股票价格产生较大的波动，并于次日或过后几日在二级市场上卖出。该案件规模较大，涉案账户 100 多个，既有单一的连续操作，又有大宗交易相关操纵市场行为。2018 年 9 月，中国证监会依法对任某成、任某斌作出行政处罚。这是任某成第三次因操纵市场领到罚单，前两次已被罚没 3.4 亿元。

2. 案例分析

证券市场参与者不应该贪图"一夜暴富"而妄图操纵二级市场。该案的查处对于大宗交易市场参与者起到了"敲山震虎"的作用。

（六）案例六：公司实际控制人操纵市场案

1. 案例基本情况

某传媒股份有限公司实际控制人、董事长文某某在筹划公司重组时，嫌本公司的股票股价被低估，为使得股价达到预期的价格，伙同王某某和宋某某控制使用“刘某英”账户、某商务信息咨询企业账户，通过联合买卖、连续买卖、发布虚假信息等多种手法操纵本公司的股价。2015 年 10 月 23 日至 11 月 23 日，文某某等与做市商合谋借钱炒股，再次操纵股价。

2. 案例分析

该案属于公司实际控制人联合操纵市场股价的行为，不仅害人也害己。不论是“新三板”市场的参与主体还是其他市场的参与主体，都要依法合规参与市场活动，自觉维护市场正常秩序。

（七）案例七：期货市场的操纵市场案

1. 案例基本情况

在期货圈，某物产公司是一家知名度很高的公司，某石化公司为该物产公司控股 70%的子公司。2016 年 5~8 月，某石化公司董事长利用资金优势，控制 18 个期货账户，通过以市场价大量连续买入聚丙烯期货合约 PP1609 开仓的手法，将资金优势转化为持仓优势，同时在现货市场通过直接购买、代采代持等方式大量囤积现货，制造聚丙烯需求旺盛氛围，对期货的价格产生重要影响。法院审查认为，某石化公司犯操纵期货市场罪，判处罚金 3 亿元，某石化公司董事长吴某某犯操纵期货市场罪，判处有期徒刑 5 年，并处罚金 500 万元；对某石化公司的违法所得 436 638 083. 11 元依法予以追缴，由扣押机关负责处理；对吴某某的违法所得 4 875 770. 32 元依法予以追缴，由扣押、冻结机关负责处理；对涉案的其他 11 个账户中的违法所得继续追缴。

2. 案例分析

该案是期货市场的操纵市场案件。上市公司实际控制人为抬升自身期货价格，控制多组交易账户，在期货的现货市场和远期市场进行交易，引发市场波动，扰乱了正常的交易秩序。

三、案例小结

证券市场发行与首次公开募股腐败以及内幕交易与操纵市场现象，都是资本市场所禁止的行为。这些行为不仅损害投资者的利益，更扰乱了资本市场健康、正常发展的秩序。监管部门要坚决履行监管职能，综合运用全方位手段，如现场检查、非现场监测、教育培训、案例警示等，有效防控风险、及时发现问题，对于涉嫌违法违规的行为坚决不手软，及时移交纪检监察及司法部门进行调查，维护资本市场的公平公正。

针对上述资本市场乱象，除了进行法律、行政、制度上的硬约束外，也要重视清廉金融建设的软约束，开展常态化的清廉金融文化教育，扎实推进清廉金融建设，形成良好的金融生态。

参考文献

[1] 习近平. 习近平谈治国理政：第三卷 [M]. 北京：外文出版社，2020.

[2] 习近平. 论中国共产党历史 [M]. 北京：中央文献出版社，2021.

[3] 中共中央宣传部. 习近平新时代中国特色社会主义思想学习问答 [M]. 北京：学习出版社，2020.

[4] 中共中央宣传部. 习近平新时代中国特色社会主义思想学习纲要 [M]. 北京：学习出版社，人民出版社，2019.

[5] 中共中央党史和文献研究院，中央“不忘初心、牢记使命”主题教育领导小组办公室. 习近平关于“不忘初心、牢记使命”论述摘编 [M]. 北京：党建读物出版社，中央文献出版社，2019.

[6] 中共中央纪律检查委员会，中共中央文献研究室. 习近平关于党风廉政建设和反腐败斗争论述摘编 [M]. 北京：中央文献出版社，中国方正出版社，2015.

[7] 郭田勇. 金融监管学 [M]. 4 版. 北京：中国金融出版社，2020.

[8] 梁勇. 开放的难题：发展中国家的金融安全 [M]. 北京：高等教育出版社，1999.

[9] 王国刚. 中国金融 70 年 [M]. 北京：经济科学出版社，2019.

[10] 谢平，陆磊. 中国金融腐败的经济学分析 [M]. 北京：中信出版社，2005.

[11] 殷孟波，许坤. 货币金融学 [M]. 4 版. 成都：西南财经大学出版社，2020.

[12] 张桥云. 现代商业银行经营管理 [M]. 成都：西南财经大学出版社，2002.

[13] 朱淑珍. 金融风险管理 [M]. 北京：北京大学出版社，2012.

[14] 卓志. 风险管理理论研究 [M]. 北京：中国金融出版社，2006.

[15] 邹宏元. 金融风险管理 [M]. 5 版. 成都：西南财经大学出版社，2021.

[16] 史普博. 管制与市场 [M]. 余晖，何帆，钱家骏，等译. 上海：上海三联书店，上海人民出版社，2017.

[17] 陈凝，安启雷. 我国金融领域腐败形成的体制原因及治理对策 [J]. 宏观经济研究，2009 (11)：59-63.

[18] 丁冬. 金融审判竞争视野下的司法供给：迪拜国际金融中心法院建设的启示 [J]. 金融理论与实践，2019 (7)：62-68.

[19] 葛丰. 如果反腐败工作做不好，金融安全只能是表面安全 [J]. 中国经济周刊，2017 (15)：3.

[20] 广东银保监局. 清风养正气 廉洁促发展 [J]. 中国农村金融，2020 (17)：58.

[21] 韩廷春，雷颖絜. 金融生态环境对金融主体发展的影响 [J]. 世界经济，2008 (3)：71-79.

[22] 黄志刚，刘丹阳. 货币政策、资本监管与影子银行：基于微观视角的非对称性研究 [J]. 金融监管研究，2019 (12)：82-99.

[23] 李旭章. 金融腐败：金融风险的“催化剂”[J]. 人民论坛，2019 (23)：98-99.

[24] 马理，何云. 金融业开放、金融创新与宏观金融风险防范：基于银行、证券和保险业发展的视角 [J]. 武汉金融，2020 (11)：29-34.

[25] 汤火箭，宋远军. 大数据时代个人所得税征管中第三方涉税信息共享制度研究 [J]. 税务研究，2020 (1)：102-108.

[26] 王锐. 金融司法的发展：基于制度变迁的历史逻辑 [J]. 中国应用法学，2020 (3)：71-87.

[27] 王元龙. 关于金融安全的若干理论问题 [J]. 国际金融研究，2004 (5)：11-18.

[28] 王志成，徐权，赵文发. 对中国金融监管体制改革的几点思考 [J]. 国际金融研究，2016 (7)：33-40.

［29］谢平，陆磊. 利益共同体的胁迫与共谋行为：论金融监管腐败的一般特征与部门特征［J］. 金融研究，2003（7）：1-15.

［30］张红力. 金融与国家安全［J］. 金融论坛，2015（5）：3-17.

［31］郑小荣，王美英. 内部控制法制化的理论依据、法律特征与实践影响［J］. 当代财经，2010（4）：116-121.

［32］卓志. 保险监管的政治经济理论及其启示［J］. 金融研究，2001（5）：111-118.

［33］曹溢. 金融领域反腐败工作持续深化［N］. 中国纪检监察报，2020-04-13（04）.

［34］陈志法. 打造清廉金融文化 涵养良好金融生态［N］. 中国银行保险报，2020-12-23（07）.

［35］代江兵. 加大金融领域反腐力度 防范化解重大金融风险［N］. 中国纪检监察报，2019-01-14（03）.

［36］何韬. 一体推进不敢腐不能腐不想腐［N］. 中国纪检监察报，2021-01-19（01）.

［37］兰琳宗."探头"升级 靶向惩治金融领域腐败［N］. 中国纪检监察报，2019-01-18（02）.

［38］聂新鑫. 持续加大金融领域反腐力度［N］. 中国纪检监察报，2019-11-29（02）.

［39］AMSTAD M，SUN G F，XIONG W. The Handbook of China's Financial System［M］. Princeton：Princeton University Press，2020.

［40］BERGER A N，MOLYNEUX P，JOHN O S. The Oxford Handbook of Banking［M］. 2nd ed. Oxford：Oxford University Press，2015.

［41］DARON A，VERDIER T. Property rights，corruption and the allocation of talent：a general equilibrium approach［J］. Economic Journal，1998，108（450）：1381-1403.

［42］DARON A，VERDIER T. The choice between market failures and corruption［J］. American Economic Review，2000，91（1）：194-211.

［43］GREENBAUM S I，THAKOR A V，ARNOUD W A. Contemporary Financial Intermediation［M］. Amsterdam：Elsevier Inc.，2016.

[44] LUO R, FANG H, LIU J, et al. Maturity mismatch and incentives: evidence from bank issued wealth management products in China [J]. Journal of Banking & Finance, 2019, 107.

[45] MIRRLEES J A. The optimal structure of incentives and authority within an organization [J]. Bell Journal of Economics, 1976, 7 (1): 105-131.

[46] NILOY B. "Corruption and Economic Growth", The New Plagrave Dictionary of Economics [M]. London: Macmillan Publishers Ltd., 2018.

[47] ROSE P S, SYLVIA C. Bank Management and Financial Services [M]. 9th ed. New York: McGraw-Hill/Irwin, 2012.

[48] ROSS S A. The economic theory of agency: the principal's problem [J]. American Economic Review, 1973, 63 (2): 134-139.

[49] SMITH C W. "Agency Costs", The New Plagrave Dictionary of Economics [M]. London: Macmillan Publishers Ltd., 2018.

[50] STIGLITZ J E. Incentives and risk sharing in sharecropping [J]. Review of Economic Studies, 1974, 41 (2): 219-255.

[51] STIGLITZ J E. Incentives, risk, and information: notes toward a theory of hierarchy [J]. Bell Journal of Economics, 1975, 6 (2): 552-579.

[52] STIGLITZ J E. "Principal and Agent (ii) ", The New Palgrave Dictionary of Economics [M]. 3rd ed. London: Macmillan Publishers Ltd., 2018.

[53] WEI S J. How taxing is corruption on international investors? [J]. Review of Economics and Statistics, 2000, 82 (1): 1-11.

附录：清廉金融相关法规制度

《中华人民共和国民法典》	《中华人民共和国刑法》
《中华人民共和国监察法》	《中华人民共和国公职人员政务处分法》
《中华人民共和国银行业监督管理法》	《中华人民共和国行政许可法》

《中华人民共和国行政处罚法》	《中华人民共和国行政强制法》
《中华人民共和国行政复议法》	《中华人民共和国行政诉讼法》
《中华人民共和国票据法》	《中华人民共和国企业破产法》
《中华人民共和国中国人民银行法》	《中华人民共和国商业银行法》
《中华人民共和国保险法》	《中华人民共和国信托法》
《中华人民共和国证券法》	《中华人民共和国证券投资基金法》

《中国共产党廉洁自律准则》	《中国共产党纪律处分条例》
《中国共产党党内监督条例》	《中国共产党巡视工作条例》
《中国共产党问责条例》	《中国共产党党员教育管理工作条例》
《党政机关厉行节约反对浪费条例》	《十八届中央政治局关于改进工作作风、密切联系群众的八项规定》
《关于实行党风廉政建设责任制的规定》	《领导干部报告个人有关事项规定》
《党政主要负责人履行推进法治建设第一责任人职责规定》	《领导干部干预司法活动、插手具体案件处理的记录、通报和责任追究规定》

《全国人民代表大会常务委员会关于惩治破坏金融秩序犯罪的决定》	《中华人民共和国人民币管理条例》
《中华人民共和国外汇管理条例》	《中华人民共和国外资银行管理条例》
《中华人民共和国外资保险公司管理条例》	《储蓄管理条例》
《企业债券管理条例》	《金融资产管理公司条例》
《证券公司风险处置条例》	《证券公司监督管理条例》
《期货交易管理条例》	《金融机构撤销条例》

《国有重点金融机构监事会暂行条例》	《个人存款账户实名制规定》
《金融违法行为处罚办法》	《非法金融机构和非法金融业务活动取缔办法》
《中央企业债券发行管理暂行办法》	《关于促进互联网金融健康发展的指导意见》（银发〔2015〕221 号）
《中国银保监会关于银行保险机构员工履职回避工作的指导意见》（银保监发〔2019〕50 号）	《中国银保监会办公厅关于预防银行业保险业从业人员金融违法犯罪的指导意见》（银保监办发〔2020〕18 号）
《银行业从业人员职业操守和行为准则》	《四川银行业金融机构从业人员禁止性规定》
《四川保险机构及保险专业中介机构从业人员禁止性规定》	《四川银行业保险业清廉金融文化建设指导意见》

后记

西南财经大学和四川银保监局积极探索，在四川省率先开展以“四个一”（签订一份协议、建立一个基地、开设一门课程、编写一本教材）为目标的清廉金融进校园合作。2020 年 6 月，双方签署合作协议，共建清廉金融教育基地，正式拉开清廉金融进校园序幕。2020 年 9 月，清廉金融教育基地揭牌，特别邀请时任中央纪委国家监委驻中国银行保险监督管理委员会纪检监察组副组长虞云为金融从业人员、西南财经大学师生讲授“清廉金融第一课”。2020 年 10 月，由四川银保监局相关干部、银行保险机构高管组成的讲师团队正式开始在西南财经大学开展清廉金融系列专题讲座。清廉金融系列专题讲座纳入学历教育，成绩纳入学分管理，成为清廉金融进校园的一个亮点。2020 年 12 月，在实践基础上，作为清廉金融教育基地的建设内容之一，双方协商并联合成立《清廉金融》编委会，启动《清廉金融》教材编写工作。历经大半年的编写和修改完善，教材如期付梓，呈现给广大读者。

《清廉金融》编委会由西南财经大学、四川银保监局、四川省银行业协会、四川省保险行业协会以及银行保险机构人员共同组成。编委会主任为西南财经大学校长、党委副书记卓志教授和四川银保监局党委书记、局长陈育林；编委会副主任为西南财经大学党委副书记、纪委书记范卫宏和四川银保监局党委委员、纪委书记陈志法；编委会委员包括西南财经大学教务处处长汤火箭教授、西南财经大学金融学院张桥云教授、西南财经大学金融学院副院长罗荣华教授、西南财经大学金融学院周玮副教授、四川银保监局银行机构检查处处长徐亮、四川银保监局人事处处长朱旭旭、四川银保监局纪委办公室副主任罗世禄、国宝人寿监事长张锐和中国工商银行四川省分行纪委办公室主任唐斌。

在历时半年多的编写时间里，编委会最初根据四川银保监局和银行保险机构提供的编写素材与资料，按照写作分工进行编写。初稿完成后，在编委会主任、副主任的领导下，编委会全体成员多次召开会议，对书稿内容进行讨论、修改、打磨与不断完善，最终形成定稿。《清廉金融》教材是编委会全体编写人员辛勤努力工作的成果，是集体智慧的结晶，希望以此为我国清廉金融建设与发展贡献绵薄之力。

推动实施清廉金融教育和文化建设，是防患于未然之举。试点清廉金融进入学历教育，把清廉金融教育内嵌入不限于财经类高校课程体系之中，帮助在校学生初步树立执业守纪意识和红线意识，是西南财经大学与四川银保监局在全国范围内的率先探索。通过多种途径加强对银行、保险、证券等机构高管人员及其他金融从业人员的底线意识教育，强化职业道德意识和对法纪的敬畏之心，也是西南财经大学和四川银保监局携手编写《清廉金融》教材的初心与使命。希望各位读者能够从本书中有所感、有所思、有所用，继而推动清廉金融建设不断创新发展，再上新的台阶。

本书最终撰写完成，得益于编委会主任、副主任的高度重视和科学指导，得益于编委会成员的辛勤付出。除感谢编委会成员外，我们还要感谢以下人员的努力与贡献：四川银保监局一级巡视员曹昌伦，眉山分局党委书记、局长劳海燕，财产保险监管处处长王咪妮，原纪委办公室主任陈川，纪委办公室主任王竹，政策法规处副处长周述文，德阳分局党委委员、纪委书记赵国涛，纪委办公室二级调研员向忠惠，纪委办公室审理监督科科长张强等；西南财经大学金融学院徐加根教授、倪剑教授、申宇副教授、韩琪副教授、郭琳副教授、陈勇老师、傅立立老师等；四川省银行业协会秘书长杨蕾、副秘书长杨欢、自律部章成龙；四川省保险行业协会常务副会长兼秘书长周虎、副秘书长陈莺、法律部主任助理江洋；中国工商银行四川省分行内控合规部副总经理张夏、纪委办公室副主任熊文杰、纪委办公室经理陈宇；中国银行四川省分行法律合规部副总经理李乐静、纪委办公室副主任周哲娟、纪委办公室主办级纪检员苏伟；国宝人寿健康险事业部总经理尤力；中航安盟总裁阮江；人保财险四川省分公司原纪委办公室主任朱艳、纪委办公室高级主管蒲华冀；中国人寿四川省分公司风险管理部主管刘蓓；平安集团四川统管纪委委员、平安财险四川分公司法律合规部经理何玉梅；泰康人寿四川分公司法律合规风险管理部经理张春雷。同时，对西南财经大学出版社社长冯卫东、总编辑曾召友和责任编辑李晓嵩以及出版社其他同志的指导与支持，对本书参考文献的作者以及为本书提供过帮助的所有人，致以诚挚的谢意！

在西南财经大学和四川银保监局领导的高度重视、大力推动与悉心指导下，在高校、行业自律组织的联动配合和银行保险机构的主动参与下，编委会在全国范围内率先编写并出版了这本《清廉金融》教材。虽然我们在编写过程中反复酝酿、推敲、校对、审核，但难免百密一疏，加之成书时间有限，书中不足难以避免，敬请批评指正。随着时代的不断发展，本书还需要不断进行修订与完善。

《清廉金融》编委会

2021 年 9 月